Filosofía: quién la necesita

Filosofía: quién la necesita

AYN RAND

Traducción de Domingo García

Ariel

Obra editada en colaboración con Editorial Planeta - España

Título original: *Philosophy: Who Needs It*

Ayn Rand

Revisión de la traducción: Javier Cuesta

Bajo el sello editorial ARIEL M.R.
Avenida Presidente Masarik núm. 111,
Piso 2, Polanco V Sección, Miguel Hidalgo
C.P. 11560, Ciudad de México
www.planetadelibros.com.mx
www.paidos.com.mx

Primera edición impresa en España: junio de 2021
ISBN: 978-84-234-3258-5

Primera edición impresa en México: enero de 2022
ISBN: 978-607-569-181-7

Impreso en los talleres de Impregráfica Digital, S.A. de C.V.
Av. Coyoacán 100-D, Valle Norte, Benito Juárez
Ciudad De Mexico, C.P. 03103
Impreso en México – Printed in Mexico

Sumario

Introducción

Ayn Rand no sólo fue una novelista y una filósofa, fue también una vendedora de filosofía, la mejor vendedora que la filosofía ha tenido jamás.

¿Qué otra persona podría escribir un bestseller romántico como *La rebelión de Atlas*, en el que los héroes y los malos están diferenciados fundamentalmente por sus metafísicas, en el que se muestra cómo la epistemología errada lleva a accidentes de tren, a estallidos de calderas de vapor y a impotencia sexual, en el que se muestra cómo la ética correcta es el medio indispensable para reconstruir la ciudad de Nueva York y el alma del hombre? ¿Qué otra persona podría escribir un libro titulado *Filosofía: quién la necesita* y tener una respuesta que ofrecer?

El poder de Ayn Rand para vender filosofía es una consecuencia de su filosofía específica: el Objetivismo.

«No soy *principalmente* un paladín del capitalismo, sino del egoísmo», escribió en septiembre de 1971; «y no soy *principalmente* un paladín del egoísmo, sino de la razón. Si uno acepta la supremacía de la razón y la aplica consistentemente, todo el resto sigue. Eso —la supremacía de la razón— fue, es y será la principal preocupación de mi trabajo, y la esencia del Objetivismo» (*The Objectivist*).

La razón, según el Objetivismo, no es meramente un atributo

distintivo del hombre; es su atributo fundamental, su medio básico de supervivencia. Por consiguiente, lo que la razón requiera para poder funcionar es una necesidad de la vida humana.

La razón funciona integrando datos perceptuales en conceptos. Ese proceso, dice Ayn Rand, al final requiere las integraciones más amplias, las que le dan al hombre el conocimiento del universo en el que actúa, de sus medios de conocimiento y de sus valores adecuados.

El hombre, por lo tanto, necesita metafísica, epistemología y ética, o sea, necesita filosofía. La necesita por la naturaleza esencial del hombre, y para un fin práctico: para poder pensar, actuar y vivir.

En el mundo actual, esa visión del papel de la filosofía es única, así como, en la cultura neomística actual, la defensa de la razón por parte del Objetivismo es prácticamente única.

Para Ayn Rand, la filosofía no es una serie de abstracciones sin sentido creadas para complementar el ritual de veladas de cócteles o de misas los domingos. No es un tedioso lamento de futilidad resonando con connotaciones orientales. No es un juego de ajedrez divorciado de la realidad y diseñado por profesores británicos para colegas que deberían estar desempleados. Para Ayn Rand, la filosofía es el factor fundamental en la vida humana; es la fuerza básica que moldea la mente y el carácter de los hombres y el destino de las naciones. Y los moldea para bien o para mal, según el tipo de filosofía que los hombres acepten.

La opción de un hombre, según Ayn Rand, no es si tener o no una filosofía, sino qué filosofía tener. Su única opción es si su filosofía va a ser consciente, explícita, lógica y, por lo tanto, práctica..., o si va a ser al azar, no identificada, contradictoria y, por lo tanto, letal.

En estos ensayos, Ayn Rand explica algunos de los pasos necesarios para llegar a una filosofía consciente y racional. Ella le enseña al lector cómo identificar y, luego, cómo evaluar las premisas ocultas que están funcionando en su propia alma o en su propio país. Ella deja claro el mecanismo por el cual la filosofía rige a los hombres y a las sociedades, las formas que la teoría abstracta asume en la vida diaria y las profundas consecuencias existenciales que derivan incluso de las ideas más abstrusas, de ideas que a primera vista pueden tener un interés meramente académico. Ella muestra que, cuando una idea es racional, su consecuencia, a la larga, es la preservación de la vida del hombre; y que, cuando una idea es irracional, su consecuencia es lo opuesto.

Contrariamente a los mandatos que les han sido impuestos a los hombres durante milenios, Ayn Rand no equiparó objetividad con «desinterés»; ella estaba *interesada* en filosofía, en el sentido objetivista de un «interés propio»; ella quiso, interesadamente, por el bien de sus propias acciones y de su propia vida, saber qué ideas eran las correctas. Si el hombre necesita filosofía, mantenía ella, necesita una que sea *verdad*, es decir, que esté de acuerdo con la realidad.

Filosofía: quién la necesita es la última obra que había planeado Ayn Rand antes de su muerte, en marzo de 1982.

El libro le fue sugerido por primera vez por un objetivista canadiense, Walter Huebscher. En otoño de 1981, él le escribió a Ayn Rand: «En sus artículos, usted detalla enfáticamente cómo todo el mundo, a través de cada afirmación que hace, usa premisas filosóficas... Si esos artículos fuesen publicados en un único volumen, creo que eso centraría directamente la atención sobre la poderosa influencia de la filosofía, identificaría las raíces filosóficas de algunas de las tendencias más peligrosas del presente y mostraría que es posible revertir una tendencia cultural, que todo el mundo puede y debería involucrarse en hacer exactamente eso».

A Ayn Rand le encantó la idea del señor Huebscher de reunir artículos provenientes en su mayoría de su boletín informativo, *The Ayn Rand Letter*, y puso como título el de uno de sus artículos favoritos: «Filosofía: quién la necesita», que fue originalmente un discurso pronunciado en la Academia Militar de West Point. En los meses siguientes, con su editora de Bobbs-Merrill, Grace Shaw, y con amigos y asociados, comentó varias veces su concepto para el libro e indicó su contenido y su estructura en términos generales. También mencionó los artículos cuya inclusión sería obligatoria, y otros que consideraba opcionales. Pero ella no vivió lo suficiente, sin embargo, para determinar la selección final de los ensayos y su secuencia. Ha recaído sobre mí el tomar esas decisiones, guiado, en la medida de lo posible, por los deseos explícitos de Ayn Rand.

Siguiendo su política para otras antologías, he colocado los artículos más teóricos en la primera parte del libro, y a continuación otras aplicaciones de ellos o los artículos más concretos o más esencialmente críticos. Ninguno de los ensayos ha sido publicado antes en forma de libro.

El artículo que le da el título al libro es seguido por otro originalmente escrito como complemento. Luego sigue un grupo de artículos que tratan de la filosofía objetivista. El primero de ellos (capítulo 3), el análisis de Ayn Rand de lo que está o no abierto al cambio, representa el tratamiento por escrito más profundo que ha hecho Ayn Rand sobre un elemento de la metafísica objetivista: la primacía de la existencia. Las siguientes discusiones de la mentalidad anticonceptual (capítulos 4 y 5) son una demostración, en forma invertida, de un elemento de la epistemología objetivista: muestran lo que pasa con los hombres que nunca han desarrollado del todo la forma *humana* de conocer: los conceptos. La carta abierta a Borís Spasski (capítulo 6), el maestro soviético de ajedrez, es un *tour de force* que resume, en forma de un sorprendente ejemplo, el papel en la vida del hombre en cada una de las ramas de la filosofía.

Con una excepción, todos los artículos de este libro fueron escritos entre 1970 y 1975. La excepción es «Fe y fuerza: los destructores del mundo moderno» (capítulo 7), un discurso pronunciado inicialmente en la Universidad de Yale en 1960, un par de años después de la publicación de *La rebelión de Atlas*. Ese discurso es una excelente y simple introducción al Objetivismo y a la visión de Ayn Rand del mundo actual. Hasta ahora, ese escrito no ha estado fácilmente disponible. Quienes no estén familiarizados con la obra de Ayn Rand harían bien en empezar leyendo ese capítulo.

Luego sigue una sección esencialmente crítica (capítulos 8-13) que trata de Kant y de varios de sus herederos, como el movimiento igualitario y B. F. Skinner.

A Ayn Rand le preguntaban con frecuencia por qué hay tan pocos defensores de las buenas ideas en posiciones de poder hoy día. Para indicar su respuesta, al menos en parte, he incluido dos obras políticas (capítulos 14 y 15); éstas analizan algunos de los métodos actuales usados por el Gobierno para corromper nuestra vida cultural. A ellos los siguen dos artículos (capítulos 16 y 17) que tienen que ver con otra pregunta que le hacían a Ayn Rand repetidamente: ¿qué puede hacer alguien en cuanto al estado actual del mundo?

He finalizado el libro como creo que Ayn Rand lo habría finalizado. «No lo dejes ir» presenta el sentido de vida estadounidense como base de la esperanza para el futuro de este país.

Cuando artículos escritos en años diferentes son publicados en forma de libro, a veces son necesarios algunos cambios editoriales. He incluido esos cambios entre corchetes. En algunos casos, donde Ayn Rand usa un término que sería extraño para nuevos lectores, he ofrecido breves definiciones en notas al pie. Aparte de eso, y aparte de algunas correcciones insignificantes al manuscrito original, el texto es exactamente como lo escribió (y, en algunos casos, como lo reescribió más tarde) la propia Ayn Rand. (Por favor, téngase en cuenta que los corchetes dentro de una cita son, en cualquier caso, siempre los de Ayn Rand, y representan sus propios añadidos o comentarios sobre la cita.)

Si estás a punto de leer estos ensayos por primera vez, te envidio, por las cosas que todavía vas a descubrir. Ayn Rand ha cambiado las mentes y las vidas de muchas personas. Quizá cambie la tuya también.

LEONARD PEIKOFF

Nueva York, mayo de 1982

1

Filosofía: quién la necesita

Discurso de Ayn Rand a los cadetes diplomados de la Academia Militar de West Point, en Nueva York (Estados Unidos), el 6 de marzo de 1974.

Como soy una escritora de ficción, comencemos con una corta historieta. Suponte que eres un astronauta cuya nave pierde el control y se estrella en un planeta desconocido. Al recuperar la consciencia y ver que no estás herido de gravedad, las tres primeras preguntas que te vendrían a la mente serían: ¿dónde estoy?, ¿cómo puedo descubrirlo?, ¿qué debo hacer?

Afuera ves vegetación que te resulta poco familiar, y hay aire para respirar; la luz del sol te parece más pálida de lo que recuerdas, y más fría. Te vuelves para mirar al cielo, pero te paras. Te invade una sensación repentina: si no miras, no tendrás que saber que estás, quizá, demasiado lejos de la Tierra y que no hay retorno posible; mientras dejes de saberlo, eres libre de creer lo que desees..., y sientes una cierta esperanza indefinida y agradable, aunque un poco culpable.

Te diriges a tus instrumentos: puede que estén dañados, no sabes hasta qué punto. Pero te detienes, sacudido por un repentino temor: ¿cómo puedes confiar en esos instrumentos?; ¿cómo puedes estar seguro de que no te van a engañar?; ¿cómo puedes saber si funcionan en un mundo diferente? Te apartas de los instrumentos.

Ahora empiezas a preguntarte por qué no tienes ganas de hacer nada. Parece mucho más seguro esperar simplemente a que algo ocurra, de alguna forma; es mejor, te dices a ti mismo, no tocar nada que pueda hacer zozobrar la nave. En la distancia, ves algo que parecen seres vivos acercándose; no sabes si son humanos, pero andan sobre dos pies. *Ellos*, decides, te dirán lo que hacer.

Nunca más se sabe de ti.

¿Eso es fantasía, dices? ¿Tú no actuarías así, y ningún otro astronauta lo haría jamás? Tal vez no. Pero ésa es la forma en que la mayoría de los hombres viven sus vidas aquí, en la Tierra.

La mayoría de los hombres se pasa los días procurando evadir tres preguntas, cuyas respuestas son la base de cada pensamiento, sentimiento y acción del hombre, sea consciente de ello o no: ¿dónde estoy?; ¿cómo lo sé?; ¿qué debo hacer?

Desde que tienen edad suficiente para entender esas preguntas, los hombres creen que saben las respuestas. ¿Dónde estoy? Digamos, en Nueva York. ¿Cómo lo sé? Es obvio. ¿Qué debo hacer? Sobre eso no están tan seguros, pero la respuesta habitual es: lo que haga todo el mundo. El único problema parece ser que no son muy activos, no tienen mucha confianza en sí mismos, no son muy felices y sienten a veces un miedo infundado y una culpa indefinible que no pueden ni explicar ni erradicar.

Ellos nunca han descubierto el hecho de que el problema proviene de las tres preguntas sin respuesta, y que sólo hay una ciencia que las puede responder: la *filosofía*.

La filosofía estudia la naturaleza *fundamental* de la existencia, del hombre y de la relación del hombre con la existencia. Contrariamente a las ciencias particulares, que tratan sólo de aspectos concretos, la filosofía trata de aquellos aspectos del universo que tienen que ver con todo lo que existe. En la esfera de la cognición, las ciencias particulares son los árboles, pero la filosofía es el suelo sobre el que crece el bosque.

La filosofía no te dirá, por ejemplo, si estás en Nueva York o en Zanzíbar (aunque te daría los medios para averiguarlo). Pero esto es lo que *sí* te dirá: ¿estás en un universo gobernado por leyes naturales y, por lo tanto, estable, firme, absoluto... y cognoscible?, ¿o estás en un caos incomprensible, un reino de milagros inexplicables, un flujo impredecible e imprevisible, que tu mente es impotente para captar?; ¿las cosas que ves a tu alrededor, son reales... o son sólo una ilusión?; ¿existen independientemente de cualquier observador... o son creadas por el observador?; ¿son ellas el objeto o el sujeto de la consciencia del hombre?; ¿son *lo que son*... o pueden ser modificadas por un mero acto de tu consciencia, como, por ejemplo, un deseo?

La naturaleza de tus acciones —y de tu ambición— será diferente dependiendo del conjunto de respuestas que aceptes. Esas respuestas pertenecen al ámbito de la *metafísica* —el estudio de la existencia como tal o, en palabras de Aristóteles, del «ser *cual* ser»—, la rama básica de la filosofía.

Independientemente de las conclusiones a las que llegues, te verás obligado a responder a otra pregunta como corolario, a una pregunta que se sigue de forma lógica: ¿cómo lo sé? Ya que el hombre no es ni omnisciente ni infalible, tienes que descubrir qué puedes considerar conocimiento y cómo puedes *demostrar* la validez de tus conclusiones. ¿El hombre adquiere conocimiento mediante un proceso de razón... o por una revelación instantánea que proviene de un poder sobrenatural? ¿Es la razón una facultad que identifica e integra el material provisto por los sentidos del hombre... o se alimenta de ideas innatas que han sido implantadas en la mente del hombre antes de nacer? ¿Es la razón competente para percibir la realidad... o posee el hombre alguna otra facultad cognitiva superior a la razón? ¿Puede el hombre llegar a tener certeza... o está condenado a la duda perpetua?

El grado de confianza en ti mismo —y de tu éxito— será diferente dependiendo del conjunto de respuestas que aceptes. Esas respuestas pertenecen al ámbito de la epistemología, la teoría del conocimiento, que estudia los medios de conocimiento del hombre.

Esas dos ramas constituyen el fundamento teórico de la filosofía. La tercera rama, la *ética*, puede ser considerada como su tecnología. La ética no se aplica a todo lo que existe, sino sólo al hombre, pero se aplica a todos los aspectos de la vida del hombre: a su carácter, a sus acciones, a sus valores, a su relación con la totalidad de la existencia... La ética (o moralidad) define un código de valores para guiar las decisiones y las acciones del hombre, las decisiones y las acciones que determinan el curso de su vida.

Así como el astronauta de mi historia no supo qué hacer, porque se negó a saber dónde estaba y cómo descubrirlo, tú tampoco puedes saber lo que debes hacer hasta que conozcas la naturaleza del universo con el que estás tratando, la naturaleza de tus medios de conocimiento y tu propia naturaleza. Antes de llegar a la ética, tienes que responder a las preguntas formuladas por la metafísica y la epistemología: ¿es el hombre un ser racional, capaz de lidiar con la realidad... o es un impotente ciego e incapaz, una mota de polvo zarandeada por el vaivén universal?; ¿son posibles el triunfo y el disfrute para el hombre en la Tierra... o está condenado al fracaso y a la desgracia? Dependiendo de las respuestas, puedes proceder a examinar las cuestiones planteadas por la ética: ¿qué es bueno o malo para el hombre..., y por qué?; ¿debe ser la principal preocupación del hombre buscar la felicidad... o escapar del sufrimiento?; ¿debe el hombre considerar la autorrealización o la autodestrucción... como el objetivo de su vida?; ¿debe el hombre perseguir sus valores... o debe colocar los intereses de otros por encima de los suyos?; ¿debe el hombre buscar la felicidad... o el autosacrificio?

No tengo que señalar las distintas consecuencias de esos dos grupos de respuestas. Puedes verlas por todas partes: dentro de ti y a tu alrededor.

Las respuestas dadas por la ética determinan cómo el hombre debe tratar a otros hombres, y eso determina la cuarta rama de la filosofía, la *política*, la cual define los principios de un sistema social apropiado. Como ejemplo de la función de la filosofía, la filosofía política no te dirá cuál va a ser tu racionamiento de gasolina en qué día de la semana; lo que te dirá es si el Gobierno tiene derecho a imponer cualquier racionamiento sobre cualquier cosa.

La quinta y última rama de la filosofía es la *estética*, el estudio del arte, que está basada en la metafísica, la epistemología y la ética. El arte trata de las necesidades —del reabastecimiento— de la consciencia del hombre.

Ahora, alguno de vosotros podría decir, como hace mucha gente: «¡Ah, yo nunca pienso en términos tan abstractos; yo quiero lidiar con problemas concretos, específicos, de la vida real, ¿para qué necesito filosofía?». Mi respuesta es: para que puedas lidiar con problemas concretos, específicos, de la vida real —o sea, para que puedas vivir en la Tierra.

Podrías alegar, como hace la mayoría de la gente, que tú nunca has sido influenciado por la filosofía. Te voy a pedir que cuestiones esa alegación. ¿Alguna vez has pensado o has dicho lo siguiente?: «No estés tan seguro; nadie puede estar seguro de nada». Esa noción la tomaste de David Hume (y de muchos, muchos otros), aunque ni siquiera hayas oído hablar de él. O: «Eso puede ser bueno en teoría, pero no funciona en la práctica». Lo tomaste de Platón. O: «Fue un acto horrible, pero es sólo humano, nadie es perfecto en este mundo». Lo tomaste de San Agustín. O bien: «Puede ser verdad para ti, pero no es verdad para mí». Lo tomaste de William James. O bien: «¡No pude evitarlo! ¡Nadie puede evitar nada de lo que hace!». Lo tomaste de Hegel. O bien: «No puedo demostrarlo, pero *siento* que es verdad». Lo tomaste de Kant. O bien: «Es lógico, pero la lógica no tiene nada que ver con la realidad». Lo tomaste de Kant. O bien: «Es malo, porque es egoísta». Lo tomaste de Kant. ¿Has oído a los activistas modernos decir: «Actúa primero, piensa después»? Lo tomaron de John Dewey.

Algunas personas podrían responder: «Claro, he dicho esas cosas en momentos diferentes, pero no tengo por qué creer esas cosas *todo* el tiempo. Puede haber sido verdad ayer, pero no es verdad hoy». Lo tomaron de Hegel. Podrían decir: «La consistencia es el duende de las mentes pequeñas». Lo tomaron de una mente muy pequeña, de Emerson. Podrían decir: «Pero ¿uno no puede ceder y tomar prestadas ideas diferentes de filosofías diferentes según la conveniencia del momento?». Lo tomaron de Richard Nixon..., quien lo tomó de William James.

Ahora pregúntate: si no estás interesado en ideas abstractas, ¿por qué tú (y todos los hombres) te sientes obligado a usarlas? El hecho es que las ideas abstractas son integraciones conceptuales que engloban un número ilimitado de concretos, y que sin ideas abstractas no serías capaz de lidiar con problemas concretos, específicos, de la vida real. Estarías en la situación en la que está un recién nacido, para quien cada objeto es un fenómeno único y sin precedentes. La diferencia entre su estado mental y el tuyo radica en el número de integraciones conceptuales que tu mente ha realizado.

No tienes opción en cuanto a la necesidad de integrar tus observaciones, tus experiencias y tu conocimiento en ideas abstractas, es decir, en principios. Tu única opción es si esos principios son verdaderos o falsos, si representan tus convicciones conscientes y racionales o si son un revoltijo de nociones pilladas al azar, cuyas fuentes, validez, contexto y consecuencias desconoces, nociones que, muy probablemente, largarías sin ceremonias si las conocieses.

Pero los principios que tú aceptas (consciente o inconscientemente) pueden chocar o contradecirse entre ellos; ellos, también, tienen que ser integrados. ¿Qué los integra? La filosofía. Un sistema filosófico es una visión integrada de la existencia. Como ser humano, no tienes elección sobre el hecho de que necesitas una filosofía. Tu única opción es si defines tu filosofía a través de un proceso consciente, racional y disciplinado de pensamiento, a través de una deliberación escrupulosamente lógica..., o si dejas que tu subconsciente acumule un montón de conclusiones injustificadas, generalizaciones falsas, contradicciones indefinidas, proverbios sin digerir, deseos sin identificar, dudas y temores, todos ellos mezclados al azar, pero integrados por tu subconsciente en una especie de filosofía incongruente y fundidos en una única y sólida tara: la *duda en ti mismo*, como una bola y una cadena en el lugar donde las alas de tu mente deberían haber crecido.

Podrías decir, como hace mucha gente, que no es siempre fácil actuar bajo principios abstractos. No, no es fácil. Pero ¿no es mucho más difícil tener que actuar basándose en ellos sin saber lo que son?

Tu subconsciente es como un ordenador —un ordenador más complejo que cualquiera que los hombres puedan construir— y su principal función es la integración de tus ideas. ¿Quién lo programa? Tu mente consciente. Si fracasas, si no alcanzas convicciones firmes, tu subconsciente queda programado por el azar, y te entregas al poder de unas ideas que no sabes que has aceptado. Pero, de una forma u otra, tu ordenador te da informes, todos los días y a todas horas, en forma de *emociones*, que son estimaciones relámpago de las cosas a tu alrededor, estimaciones calculadas de acuerdo con tus valores. Si programaste tu ordenador con el pensamiento consciente, conoces la naturaleza de tus valores y de tus emociones. Si no lo hiciste, no la conoces.

Muchas personas, especialmente hoy día, afirman que el hombre no puede vivir sólo por la lógica, que hay que considerar el elemento emocional de su naturaleza, y que ellos se dejan guiar por sus emociones. Bueno, eso es lo que hizo el astronauta de mi historia. Quien lo paga es él..., y ellas: los valores y las emociones del hombre son el resultado de su visión fundamental de la vida. El programador final de su subconsciente es la *filosofía*: la ciencia que, según los emocionalistas, es impotente para influir o penetrar en los tenebrosos misterios de sus emociones.

La calidad de lo que sale de un ordenador, su *output*, está determinado por la calidad de lo que entra en él, su *input*. Si tu subconsciente está programado por la casualidad, lo que él produzca tendrá las mismas características. Probablemente has oído el elocuente término que usan los analistas informáticos: GIGO, o *garbage-in, garbage-out* («basura entra, basura sale»). La misma fórmula se aplica a la relación entre el pensamiento de un hombre y sus emociones.

Un hombre que se deja llevar por sus emociones es como un hombre que se deja guiar por un ordenador cuyos informes no puede leer. Él no sabe si su programación es verdadera o falsa, correcta o incorrecta; si lo está llevando a él al éxito o a la destrucción; si sirve a sus objetivos o a los de algún poder maléfico e incognoscible... Él está ciego en dos frentes: ciego al mundo que lo rodea; y ciego a su propio mundo interior. No es capaz de captar ni la realidad ni sus propios motivos, y vive con un miedo crónico a ambos. Las emociones no son herramientas de conocimiento. Los hombres que no están interesados en filosofía son los que más urgentemente la necesitan: ellos son los que están más desesperadamente en su poder.

Los hombres que no están interesados en filosofía absorben sus principios a través de la atmósfera cultural que los rodea: a través de escuelas, universidades, libros, revistas, periódicos, películas, televisión, etcétera. ¿Quién establece el tono de una cultura? Un pequeño puñado de hombres: los filósofos. Los demás siguen su ejemplo, ya sea por convicción o por defecto. Desde hace unos doscientos años, bajo la influencia de Immanuel Kant, la tendencia dominante de la filosofía se ha centrado en un único objetivo: destruir la mente del hombre, destruir su confianza en el poder de la razón. Hoy estamos viendo el clímax de esa tendencia.

Cuando los hombres abandonan la razón, no sólo descubren que sus emociones no pueden guiarlos, sino que no pueden sentir ninguna emoción excepto una: terror. El aumento de la adicción a la droga entre jóvenes educados a la moda intelectual de hoy es prueba del insoportable estado interior de hombres que han sido privados de sus medios de conocimiento y que buscan escapar de la realidad, que buscan escapar del terror de su propia impotencia para hacer frente a la existencia. Observad el temor de esos jóvenes a la independencia y su frenético deseo de «pertenecer», de unirse a algún grupo, a alguna pandilla o a alguna banda. La mayoría de ellos nunca ha oído hablar de filosofía, pero sienten que necesitan respuestas fundamentales a preguntas que no se atreven a formular, y esperan que la tribu les diga *cómo vivir*. Ellos están listos para ser conquistados por cualquier hechicero, gurú o dictador. Una de las cosas más peligrosas que un hombre puede hacer es cederle su autonomía moral a los demás: como el astronauta de mi historia, él no sabe si son humanos, aunque anden sobre dos pies.

Ahora puedes preguntar: si la filosofía puede ser tan malvada, ¿por qué debería uno estudiarla? En concreto, ¿para qué debería uno estudiar las teorías filosóficas que son descaradamente falsas, que no tienen ningún sentido y que no guardan ninguna relación con la vida real?

Mi respuesta es: para tu propia protección... y para defender la verdad, la justicia, la libertad y cualquier otro valor que hayas podido tener o puedas tener algún día.

No todas las filosofías son malvadas, aunque demasiadas de ellas lo son, sobre todo en la historia moderna. Por otra parte, en la raíz de todo logro civilizado, como la ciencia, la tecnología, el progreso y la libertad —en la raíz de todos los valores que hoy disfrutamos, como el nacimiento de Estados Unidos—, encontrarás el logro de *un hombre* que vivió hace más de dos mil años: Aristóteles.

Si lo único que sientes es aburrimiento cuando lees las teorías prácticamente ininteligibles de *algunos* filósofos, coincido totalmente contigo. Pero, si las descartas completamente, diciendo «¿Por qué tengo que estudiar esas cosas cuando *sé* que son tonterías?», estás equivocado. *Son* tonterías, pero tú *no* lo sabes; no lo sabes mientras continúes aceptando todas sus conclusiones, todas las monstruosas «frases hechas» que han producido esos filósofos. Y no puedes dejar de aceptarlas hasta que seas capaz de *refutarlas*.

Esas tonterías tratan de los asuntos más cruciales, de las cuestiones de vida o muerte de la existencia del hombre. En el fondo de cualquier teoría filosófica significativa existe un tema legítimo, en el sentido de que la consciencia del hombre tiene necesidades reales, las cuales algunas teorías intentan clarificar y otras intentan ofuscar y corromper para impedir que el hombre jamás las descubra. La batalla de los filósofos es una batalla por la mente del hombre. Si no entiendes sus teorías, eres vulnerable a lo peor de ellas.

La mejor forma de estudiar filosofía es abordarla como uno aborda una novela de misterio: sigue cualquier pista, cualquier rastro y cualquier implicación, para así poder descubrir quién es el asesino y quién es el héroe. El criterio de detección son dos preguntas: ¿por qué? y ¿cómo? Si un principio dado parece ser cierto: ¿por qué? Si otro parece ser falso: ¿por qué? y ¿cómo defiende su posición? No vas a encontrar todas las respuestas de inmediato, pero vas a adquirir una característica valiosísima: la capacidad de pensar en términos de esenciales.

Nada le es dado al hombre automáticamente, ni conocimiento, ni confianza en sí mismo, ni serenidad interior, ni la forma correcta de usar su mente. Cada valor que él necesita o que él quiere tiene que ser descubierto, aprendido y adquirido, incluso la postura correcta de su cuerpo. En este contexto, quiero decir que siempre he admirado la postura de los graduados de West Point, una postura que proyecta al hombre con un control orgulloso y disciplinado de su cuerpo. Pues bien, el entrenamiento filosófico le da al hombre la postura *intelectual* adecuada: un control orgulloso y disciplinado de su mente.

En vuestra propia profesión, en la ciencia militar, vosotros sabéis la importancia de seguirles la pista a las armas, a la estrategia y a las tácticas del enemigo, y de estar listos para contrarrestarlas. Lo mismo es verdad en filosofía: tenéis que entender las ideas del enemigo y estar preparados para refutarlas, tenéis que conocer sus argumentos básicos y ser capaces de demolerlos.

En la guerra física, no enviarías a tus hombres a caer en una emboscada: harías todo lo posible por descubrir la ubicación de esa emboscada. Pues bien, el sistema de Kant es la emboscada más grande y más compleja de la historia de la filosofía; pero está tan llena de fallos que, una vez que captas su artimaña, puedes desactivarla sin ningún problema y seguir caminando por encima de ella con total seguridad. Y, una vez desactivada, los kantianos de segunda clase —los rangos inferiores de su ejército de filósofos, los sargentos, los soldados rasos, los mercenarios de hoy— caen por su propio peso (por su propia *falta* de peso), en una reacción en cadena.

Hay una razón especial por la que vosotros, los futuros líderes del ejército de Estados Unidos, debéis estar filosóficamente armados hoy. Vosotros sois el blanco de un ataque especial por el sistema kantiano-hegeliano-colectivista que domina nuestras instituciones culturales en la actualidad. Vosotros sois el ejército del último país medio libre que queda en la Tierra, y aun así se os acusa de ser un instrumento del imperialismo; «imperialismo» es como llaman a la política exterior de este país, que nunca inició conquistas militares y no se aprovechó de las dos guerras mundiales, las cuales él no inició, aunque participó en ellas y las ganó. (Fue, por cierto, una política demasiado absurda y generosa lo que hizo a este país derrochar su riqueza en ayudas tanto a sus aliados como a sus antiguos enemigos.) A algo que llaman «el complejo militar-industrial» —que es un mito, o algo peor— es a lo que se culpa por todos los males de este país. Matones universitarios exigen a gritos que se les prohíba a las unidades militares entrar en las universidades. Nuestro presupuesto de defensa está siendo atacado, denunciado y minado por gente que proclama que hay que dar prioridad financiera a jardines ecológicos de rosas y a clases de autoexpresión estética para residentes de los barrios bajos.

Algunos de vosotros podéis sentiros desconcertados por esa campaña, y podéis estar preguntándoos, de buena fe, qué error habéis cometido para llegar a eso. Si es así, es de extrema urgencia que entendáis la naturaleza del enemigo. Estáis siendo atacados, no por vuestros errores o vuestros defectos, sino por vuestras virtudes. Estáis siendo denunciados, no por vuestras debilidades, sino por vuestra fuerza y vuestra competencia. Estáis siendo penalizados por ser los protectores de Estados Unidos. A un nivel inferior sobre el mismo tema, un tipo de campaña similar se está llevando a cabo contra la policía. Los que tratan de destruir este país están tratando de desarmarlo intelectual y físicamente. Pero no es una mera cuestión política; la política no es la causa, sino la consecuencia última de las ideas filosóficas. No es una conspiración comunista, aunque algunos comunistas pueden estar involucrados, como gusanos aprovechándose de un desastre que no tuvieron la capacidad de causar. La motivación de los destructores no es el amor al comunismo, sino el odio a Estados Unidos. ¿Por qué ese odio? Porque Estados Unidos es la refutación viviente del universo kantiano.

La empalagosa preocupación actual por el débil —por el deficiente, por el que sufre, por el culpable— es un tapujo para enmascarar un odio profundamente kantiano por el inocente, por el fuerte, por el capaz, por el triunfador, por el virtuoso, por el seguro de sí mismo, por el que es feliz. Una filosofía empeñada en destruir la mente del hombre es necesariamente una filosofía de odio por el hombre, por la vida del hombre y por todo valor humano. El odio a lo bueno por ser lo bueno es el sello distintivo del siglo xx. *Ése* es el enemigo que estás enfrentando.

Una batalla de ese tipo requiere armas especiales. Tiene que ser combatida con un total entendimiento de tu causa, con una total confianza en ti mismo, y con plena certeza de la rectitud *moral* de ambas. Sólo la filosofía puede proporcionarte esas armas.

La tarea que me propuse para esta noche no fue convenceros de *mi* filosofía, sino de la filosofía como tal. Sin embargo, he estado hablando implícitamente de mi filosofía en cada frase, puesto que ninguno de nosotros (y nada de lo que digamos) puede escapar de las premisas filosóficas. ¿Cuál es mi interés *egoísta* en el asunto? Estoy lo suficientemente segura como para pensar que si aceptáis la importancia de la filosofía y la tarea de examinarla críticamente, será mi filosofía la que aceptaréis. Formalmente, la llamo Objetivismo, pero informalmente la llamo una filosofía para vivir en la Tierra. Encontraréis una presentación explícita de ella en mis libros, sobre todo en *La rebelión de Atlas*.

Para concluir, permitidme que hable en términos personales. El evento de esta noche significa mucho para mí. Me siento profundamente honrada por la oportunidad de dirigirme a vosotros. Puedo decir —no como un bromuro patriótico, sino con pleno conocimiento de las raíces metafísicas, epistemológicas, éticas, políticas y estéticas necesarias— que los Estados Unidos de América es el más grandioso, el más noble y, en sus principios fundadores originales, el *único* país moral en la historia del mundo. Hay una especie de aura de tranquilidad asociada en mi mente con el nombre de West Point, porque habéis conservado el espíritu de esos principios fundadores originales y sois el símbolo de su espíritu. Había contradicciones y omisiones en esos principios, y puede que los haya en los vuestros, pero estoy hablando de lo esencial. Puede que algunos individuos en vuestra historia no estuvieran a la altura de vuestros más altos estándares —como pasa en cualquier institución—, puesto que ninguna institución y ningún sistema social puede garantizar la perfección automática de cada uno de sus miembros; eso depende del libre albedrío de cada individuo. Estoy hablando de vuestros estándares. Habéis conservado tres cualidades de carácter que eran típicas en la época del nacimiento de Estados Unidos pero que prácticamente han desaparecido hoy: seriedad..., dedicación..., sentido del honor. Honor es autoestima hecha visible en acción.

Habéis decidido arriesgar vuestras vidas en defensa de este país. No voy a insultaros diciendo que estáis dedicados a un servicio desinteresado: eso no es una virtud en mi moralidad. En mi moralidad, la defensa del propio país significa que un hombre personalmente se niega a vivir como el esclavo conquistado de cualquier enemigo, sea extranjero o nacional. *Eso* es una enorme virtud. Puede que algunos no seáis totalmente conscientes de eso. Quiero ayudaros a que os deis cuenta.

El ejército de un país libre tiene una gran responsabilidad: el derecho a usar la fuerza, pero no como instrumento de coacción y de conquista bruta —como han hecho los ejércitos de otros países en sus historias—, sino sólo como instrumento para la defensa propia de una nación libre, lo cual significa: para la defensa de los derechos individuales del hombre. El principio de usar la fuerza sólo como represalia contra los que inician su uso es el principio de la subordinación del poder al derecho. Para esa tarea se requieren la más alta integridad y el mayor sentido del honor. Ningún otro ejército en el mundo lo ha conseguido. Vosotros sí.

West Point le ha dado a Estados Unidos una larga lista de héroes, conocidos y desconocidos. Vosotros, los graduados de este año, tenéis una gloriosa tradición que mantener, la cual admiro profundamente, no por ser una tradición, sino por ser *gloriosa*.

Como llegué de un país culpable de la peor tiranía de la Tierra, me siento especialmente capacitada para apreciar el significado, la grandeza y el valor supremo de lo que estáis defendiendo. Así, en mi propio nombre y en el nombre de los muchos que piensan como yo, os quiero decir, a todos los hombres de West Point, pasados, presentes y futuros: gracias.

2

Detección filosófica

El ensayo anterior lo dediqué a presentar brevemente un tema amplísimo: «Filosofía: quién la necesita». Hablé de lo esencial, pero una discusión más detallada sobre ciertos puntos les será útil a quienes deseen estudiar filosofía (sobre todo hoy día, porque la filosofía ha sido abolida por dos escuelas que están muy de moda: el análisis lingüístico y el existencialismo).

Dije que la mejor forma de estudiar filosofía es abordarla como uno aborda una novela policíaca. Un detective trata de descubrir la verdad sobre un crimen. Un detective filosófico debe tratar de determinar la verdad o la falsedad de un sistema abstracto, descubriendo así si está lidiando con un gran logro o con un crimen intelectual. Un detective sabe qué buscar, o qué pistas considerar relevantes. Un detective filosófico debe recordar que todo el conocimiento humano tiene una estructura jerárquica; debe aprender a distinguir lo *fundamental* de lo secundario, y, al juzgar un sistema filosófico dado, debe mirar —ante todo y sobre todo— a sus fundamentos. Si los cimientos no aguantan el peso, ninguna otra cosa lo hará.

En filosofía, esos fundamentos son la metafísica y la epistemología. Partiendo de la base de un universo cognoscible y de la competencia de una facultad racional para comprenderlo, tú puedes definir la ética, la política y la estética que son apropiadas para el hombre. (Y si cometes un error, sigues teniendo los medios y el marco de referencia necesarios para corregirlo.) Pero ¿qué conseguirás si defiendes la honestidad en ética, y a la vez les dices a los hombres que no existen cosas como la verdad, los hechos o la realidad? ¿Qué harás si defiendes la libertad política con base en que *sientes* que es buena, y de pronto te encuentras con un matón agresivo diciendo que él siente algo totalmente diferente?

El error del lego, cuando hablamos de filosofía, es la tendencia a aceptar las consecuencias e ignorar las causas: a aceptar el resultado final de una larga secuencia de pensamiento como lo dado, y considerarlo «evidente», como si fuera una premisa irreductible, mientras negamos sus precondiciones. Los ejemplos abundan, sobre todo en política. Hay izquierdistas que quieren preservar la libertad individual mientras niegan su fuente: los derechos individuales. Hay conservadores religiosos que alegan apoyar el capitalismo mientras atacan su raíz: la razón. Hay diversos «libertarios» que plagian la teoría objetivista de la política mientras rechazan la metafísica, la epistemología y la ética sobre las que esa política descansa. Esa actitud, por supuesto, no se limita a la filosofía: su ejemplo más simple son las personas que claman que necesitan más gasolina... y que la industria petrolera debe ser gravada con impuestos hasta llevarla a la quiebra.

Como detective filosófico, debes recordar que nada es evidente excepto el material de la percepción sensorial, y que lo primario e irreductible es un hecho que no puede ser analizado (es decir, dividido en sus componentes) o derivado de hechos antecedentes. Debes examinar tus propias convicciones y cualquier idea o teoría que estudies, preguntando: ¿es esto una primaria irreductible? Y si no lo es, ¿de qué depende? Debes hacerte la misma pregunta sobre cualquier respuesta que consigas, hasta llegar a una primaria irreductible: si una idea determinada contradice a una primaria, la idea es falsa. Ese proceso te llevará al campo de la metafísica y la epistemología, y descubrirás de qué forma todos los aspectos del conocimiento del hombre dependen de ese campo, y cómo se sustentan o se vienen abajo con él.

Hay una antigua fábula que leí en ruso (no sé si existe en inglés). Un cerdo encuentra un roble, devora las bellotas esparcidas sobre la tierra, y una vez que tiene la barriga llena comienza a cavar el suelo para destruir las raíces del roble. Un pájaro posado en una rama allá arriba lo recrimina, diciendo: «Si levantases el hocico, te darías cuenta de que las bellotas crecen en este árbol».

Para poder evitar el papel del cerdo en el bosque del intelecto, uno debe conocer y proteger el árbol metafísico-epistemológico que produce las bellotas de las convicciones, de los objetivos y de los deseos de uno. Y al contrario, uno no debe tragarse cualquier fruta colorida que encuentre sin antes preocuparse de descubrir si proviene de un árbol venenoso. Si los legos aprendieran como mínimo a identificar la naturaleza de esa fruta y dejaran de comerla o de compartirla, dejarían de ser las víctimas y los incautos transmisores de veneno filosófico. Pero eso requiere un entendimiento básico de filosofía.

Si un lego inteligente y honesto tradujese su racionalidad implícita, su racionalidad de sentido común (que él acepta totalmente), en premisas filosóficas explícitas, él mantendría que el mundo que percibe es real (la existencia existe), que las cosas son lo que son (la ley de identidad), que la razón es el único medio para adquirir conocimiento y que la lógica es el método de usar la razón. Asumiendo esa base, os voy a dar un ejemplo de lo que un detective filosófico haría con algunos de los aforismos que cité en «Filosofía: quién la necesita».

«Puede ser verdad para ti, pero no lo es para mí.» ¿Cuál es el significado del concepto «verdad»? «Verdad» es el reconocimiento de la realidad (ésa es la llamada teoría de la correspondencia). La misma cosa no puede ser verdadera y falsa al mismo tiempo y en el mismo sentido. Ese aforismo, por lo tanto, quiere decir: a) que la ley de identidad no es válida; b) que no hay una realidad objetivamente perceptible, sólo algún flujo indefinido que no es nada específico, o sea, que no hay ninguna realidad (en cuyo caso, no puede haber tal cosa como verdad); o c) que quienes discuten están percibiendo dos universos diferentes (en cuyo caso, no hay debate posible). (El objetivo de ese aforismo es destruir la objetividad.)

«No estés tan seguro; nadie puede estar seguro de nada.» Por mucho que el galimatías de Bertrand Russell argumente lo contrario, esa declaración lo incluye también a él mismo; por lo tanto, uno no puede estar seguro de no estar seguro de algo. La afirmación significa que ningún conocimiento de ningún tipo es posible para el hombre, o sea, que el hombre no es consciente. Además, si uno intentase aceptar ese aforismo, uno descubriría que la segunda parte contradice a la primera: si nadie puede estar seguro de nada, entonces todo el mundo puede estar seguro de todo lo que se le antoje, puesto que nadie puede refutarlo, y él puede afirmar que no está seguro de estar seguro (y ése es el objetivo de esa noción).

«Puede ser bueno en teoría, pero no funciona en la práctica.» ¿Qué es una teoría? Es un conjunto de principios abstractos que pretenden ser, o bien una descripción correcta de la realidad, o bien un conjunto de guías para las acciones del hombre. Su correspondencia con la realidad es el estándar de valor a la hora de juzgar cualquier teoría. Si una teoría es inaplicable a la realidad, ¿bajo qué criterio puede ser considerada «buena»? Si uno llegase a aceptar esa noción, eso significaría: a) que la actividad de la mente del hombre no tiene nada que ver con la realidad; b) que la finalidad de pensar no es ni adquirir conocimiento ni guiar las acciones del hombre. (El objetivo de ese aforismo es invalidar la facultad conceptual del hombre.)

«Es lógico, pero la lógica no tiene nada que ver con la realidad.» La lógica es el arte o la capacidad de identificación no contradictoria. La lógica tiene una sola ley: la ley de identidad, y sus varios corolarios. Si la lógica no tiene nada que ver con la realidad, eso quiere decir que la ley de identidad no es aplicable a la realidad. Si es así, entonces: a) las cosas no son lo que son; b) las cosas pueden ser y no ser al mismo tiempo y en el mismo sentido, o sea, la realidad está hecha de contradicciones. Si es así, ¿a través de qué medios pudo alguien descubrirlo? A través de medios ilógicos (de esto último puedes estar seguro). El objetivo de esa noción es burdamente obvio. Su verdadero significado no es: «La lógica no tiene nada que ver con la realidad»; sino: «Yo (el que habla) no tengo nada que ver con la lógica (o con la realidad)». Cuando las personas usan ese aforismo, lo que quieren decir es, o bien: «Es lógico, pero yo prefiero no ser lógico»; o: «Es lógico, pero la gente no es lógica, no piensa; y yo voy a aprovecharme de su irracionalidad».

Eso es una pista para descubrir el tipo de error (o la falta de rigor epistemológico) que permite la difusión de tales aforismos. La mayoría de la gente los usa en algún caso concreto y específico, sin darse cuenta de que están expresando una generalización metafísica devastadora. Cuando dicen: «Puede ser verdad para ti, pero no es verdad para mí», normalmente se refieren a alguna cuestión opcional, de gustos, que incluye algún juicio de valor secundario. El significado que pretenden transmitir se acerca más a: «Puede que te guste a ti, pero no me gusta a mí». La idea que nadie cuestiona —que las preferencias de valor y las emociones son algo primario para lo que no hay explicación— es la raíz de esa afirmación. Y, para defender su incapacidad de hacer introspección, a ellos no les importa acabar irresponsablemente con la existencia del universo.

Cuando la gente oye el aforismo: «Puede haber sido verdad ayer, pero no es verdad hoy», normalmente piensan en cuestiones o en costumbres practicadas por el hombre, como por ejemplo: «Los hombres se batían en duelo ayer, pero no hoy»; o: «Las mujeres vestían faldas de aro ayer, pero no hoy»; o: «Ya no estamos en la época de los caballos y las carretas». Quienes proponen esos aforismos rara vez son inocentes, y los ejemplos que dan suelen ser del tipo que hemos mencionado. Pero, luego, sus víctimas —que nunca han descubierto la diferencia entre lo metafísico y lo hecho por el hombre— se sienten totalmente confusas, y son incapaces de refutar conclusiones como: «La libertad era un valor ayer, pero no lo es hoy»; o bien: «El trabajo era una necesidad humana ayer, pero no lo es hoy»; o: «La razón era válida ayer, pero no lo es hoy».

Ahora observa el método que yo he usado para analizar esos aforismos. Debes darles a las palabras significados claros y concretos; o sea, debes ser capaz de identificar sus referentes en la realidad. Eso es una precondición sin la cual no son posibles ni un juicio crítico ni un pensamiento de ningún tipo. Todas las estafas filosóficas cuentan con que tú uses las palabras como vagas aproximaciones. No debes aceptar ningún aforismo —ni ninguna afirmación abstracta— como si fuese algo aproximado. Tómalo literalmente. No lo traduzcas, no lo ensalces, no cometas el error de pensar, como hace mucha gente: «¡Oh, nadie podría realmente querer decir eso!»; y no pases luego a darle algún significado difuminado que se te ocurra. Tómalo como es, exactamente por *lo que dice* y por lo que quiere decir.

En vez de descartar el aforismo, *acéptalo*..., aunque sólo sea por unos breves momentos.

Plantéate a ti mismo, en efecto: «Si yo lo aceptase como verdadero, ¿qué seguiría después?». Ésa es la mejor forma de desenmascarar cualquier fraude filosófico. El viejo dicho sobre los estafadores vulgares se aplica también a los estafadores intelectuales: «No puedes engañar a un hombre honesto». La honestidad intelectual consiste en tomarse las ideas en serio. Y tomarse las ideas en serio significa que estás dispuesto a vivir por cualquier idea que aceptes como verdadera, que estás dispuesto a *practicarla*. La filosofía le proporciona al hombre una visión global de la vida. Para poder evaluarla correctamente, pregúntate lo que una teoría concreta, una vez aceptada, haría para una vida humana, empezando por la tuya propia.

A la mayoría de la gente le sorprendería ese método. Ellos creen que el pensamiento abstracto debe ser «impersonal», o sea, que las ideas no deben tener ningún significado, ningún valor ni ninguna importancia personal para el pensador. Esa noción se basa en la premisa de que el interés personal es un agente de distorsión. Pero «personal» no quiere decir «no objetivo»; depende del tipo de persona que seas. Si tu pensamiento está determinado por tus emociones, entonces no serás capaz de juzgar nada, ni personal ni impersonalmente. Pero si eres el tipo de persona que sabe que la realidad no es tu enemigo, que la verdad y el conocimiento tienen una importancia crucial, personal y *egoísta* para ti y para tu vida, entonces cuanto más apasionadamente personal sea el pensamiento, más claro y más verdadero será.

¿Estarías dispuesto *tú* —y serías capaz de hacerlo— a actuar, diariamente y consistentemente, bajo la creencia de que la realidad es una ilusión? ¿Que las cosas que ves a tu alrededor no existen? ¿Que da igual que conduzcas tu coche por una carretera o por un precipicio?, ¿o que comas o que te mueras de hambre?, ¿o que salves la vida de la persona a la que amas o la empujes a la hoguera? Es especialmente importante aplicar ese análisis a cualquier teoría moral. ¿Estarías *tú* dispuesto a —y serías capaz de— actuar bajo la creencia de que el altruismo es un ideal moral?, ¿que tú debes sacrificarlo todo —todo lo que amas, buscas, posees o deseas, incluyendo tu vida— en beneficio de todos y de cualquier desconocido?

No evadas tales asuntos degradándote, diciendo: «Es posible que la realidad sea irreal, pero yo no soy lo suficientemente sabio como para trascender mi esclavitud rastrera y materialista»; o bien: «Sí, el altruismo es un ideal, pero yo no soy lo suficientemente bueno para practicarlo». La autodegradación no es respuesta, ni tampoco es una excusa para aplicarles a otros los preceptos de los cuales tú te eximes; no es más que una trampa que te han puesto los propios filósofos a quienes tú estás tratando de juzgar. Ellos han dedicado un prodigioso esfuerzo a enseñarte a asumir una culpa inmerecida. Una vez que la asumes, estás declarando que tu mente es incompetente para juzgar, estás renunciando a la moralidad, a la integridad y al pensamiento, y te estás condenando a la niebla gris de lo aproximado, de lo incierto, de lo aburrido, de lo anodino, a la niebla a través de la cual la mayoría de los hombres arrastran sus vidas..., lo cual es el objetivo de esa trampa.

Aceptar una culpa inmerecida es una de las principales causas de pasividad filosófica. Hay otras causas, y otros tipos de culpabilidad que *sí* son merecidos.

Una causa fundamental de la culpa *merecida* de los hombres en relación con la filosofía —así como en relación con sus propias mentes y con sus propias vidas— es ser incapaces de hacer introspección. Concretamente, es no ser capaces de identificar la naturaleza y las causas de sus emociones.

Una emoción como tal no te dice nada sobre la realidad, más allá del hecho de que algo te hace sentir algo. Sin un compromiso despiadadamente honesto con la introspección —con la identificación conceptual de tus estados internos— no descubrirás qué es lo que sientes, qué es lo que despierta ese sentimiento, o bien si tu sentimiento es una respuesta apropiada a los hechos de la realidad, o una respuesta equivocada, o una ilusión malvada producida por años de autoengaño. Los hombres que desprecian o temen la introspección dan por hechos sus estados internos, como una primaria irreductible e irresistible, y dejan que sus emociones determinen sus acciones. Eso significa que ellos deciden actuar sin conocer el contexto (la realidad), las causas (los motivos) y las consecuencias (los objetivos) de sus acciones.

El campo de la extrospección está basado en dos preguntas cardinales: ¿qué sé? y ¿cómo lo sé? En el campo de la introspección, las dos preguntas rectoras son: *¿qué* siento? y *¿por qué* lo siento?

La mayoría de los hombres pueden darse a sí mismos sólo algunas respuestas primitivas y superficiales —y se pasan la vida luchando con incomprensibles conflictos internos, pasando de reprimir sus emociones a permitirse arrebatos emocionales, lamentándolo, volviendo a perder el control, rebelándose contra el misterio de su caos interior, intentando descifrarlo, desistiendo, decidiendo no sentir nada— y sienten la creciente presión del miedo, de la culpa, de la duda en sí mismos, todo lo cual hace que las respuestas sean cada vez más difíciles de encontrar.

Como una emoción es experimentada como algo primario e inmediato, pero es, de hecho, una suma compleja y derivada, eso les permite a los hombres practicar uno de los fenómenos psicológicos más grotescos: la *racionalización*. Racionalizar es encubrir, es el proceso de darles a las propias emociones una identidad falsa, de inventarse justificaciones y explicaciones ficticias para poder ocultar los motivos de uno, no sólo ocultarlos de otros, sino principalmente de uno mismo. El precio de la racionalización es obstaculizar, distorsionar y, finalmente, destruir la facultad cognitiva de uno mismo. La racionalización no es un proceso por el que se percibe la realidad, sino por el que se intenta hacer que la realidad se adapte a las emociones de uno.

Los aforismos filosóficos son medios muy convenientes de

racionalización. Esos aforismos son citados, repetidos y perpetuados con el fin de justificar emociones que los hombres son reacios a admitir.

«Nadie puede estar seguro de nada» es un aforismo que racionaliza una emoción de envidia y de odio hacia quienes *sí* están seguros. «Puede ser verdad para ti, pero no es verdad para mí» racionaliza la incapacidad y la falta de voluntad que uno tiene para demostrar la validez de sus alegaciones. «Nadie es perfecto en este mundo» racionaliza el deseo de seguir consintiendo en las imperfecciones de uno, es decir, el deseo de escapar de la moralidad. «Nadie puede evitar nada de lo que hace» es una racionalización para escapar de la responsabilidad moral. «Puede que haya sido verdad ayer, pero no es verdad hoy» racionaliza el deseo de poder permitirte contradicciones. «La lógica no tiene nada que ver con la realidad» es una burda racionalización por el deseo de subordinar la realidad a los caprichos de uno.

«No puedo demostrarlo, pero *siento* que es verdad» es más que una racionalización: es la descripción del proceso de racionalizar. Los hombres no aceptan un aforismo al que han llegado por un proceso de pensamiento; ellos se aferran a un aforismo —a *cualquier* aforismo— porque encaja con sus emociones. Tales hombres no juzgan la verdad de una afirmación por su correspondencia con la realidad; juzgan la realidad por su correspondencia con las emociones que ellos tienen.

Si, en el curso de una detección filosófica, te encuentras a veces frenado por la indignante y desconcertante pregunta siguiente: «¿Cómo puede alguien concluir semejante disparate?», entonces empezarás a entender la respuesta al descubrir que *las filosofías malvadas son sistemas de racionalización.*

Lo absurdo nunca es un accidente, si te fijas en los asuntos de los que trata. Las elaboradas estructuras con las que es presentado nunca dejan de tener un objetivo. Puedes encontrar una terrible prueba del poder de la realidad en el hecho de que el irracional más mordazmente rabioso siente la naturaleza secundaria de las emociones y no proclama su primacía y su soberanía sin causa, sino que trata de justificarlas como si fueran respuestas a la realidad; y si la realidad las contradice, entonces inventará otra realidad de la cual las emociones son humildes reflejos, no las soberanas.

En la historia moderna, la filosofía de Kant es una racionalización sistemática de todos y cada uno de los principales vicios psicológicos. La inferioridad metafísica de este mundo (como un mundo «fenoménico» de meras «apariencias») es una racionalización para el odio a la realidad. La noción de que la razón es incapaz de percibir la realidad y trata sólo con «apariencias» es una racionalización para el odio a la razón; es también la racionalización para un profundo igualitarismo epistemológico que reduce la razón a una holgazanería inútil de soñadores «idealistas». La superioridad metafísica del mundo «nouménico» es una racionalización para la supremacía de las emociones, a las que se atribuye el poder de conocer lo incognoscible por medios inefables.

La queja de que el hombre puede percibir cosas sólo a través de su propia consciencia, no a través de ningún otro tipo de consciencia, es una racionalización para el más profundo parasitismo jamás confesado por escrito: es el lamento de un hombre torturado por la perpetua preocupación por lo que otros piensen y por la incapacidad de decidir a quiénes de esos otros debería adaptarse él. El deseo de percibir «las cosas en sí mismas», sin ser procesadas por ninguna consciencia, es una racionalización para el deseo de librarse del esfuerzo y de la responsabilidad de la cognición... a través de la omnisciencia automática que un adorador de caprichos les atribuye a sus emociones. El imperativo moral del deber de sacrificarse uno mismo al deber, un sacrificio sin beneficiarios, es una burda racionalización para la imagen (y para el alma) de un monje austero y ascético que te hace un guiño con un placer obscenamente sádico: el placer de quebrantar el espíritu del hombre, de quebrantar su ambición, su éxito, su autoestima y su disfrute de la vida en la Tierra. Etcétera. Ésos son sólo algunos de los ejemplos más destacados.

Observa que la historia de la filosofía reproduce —a cámara lenta, en una pantalla macrocósmica— el funcionamiento de las ideas en la mente de un hombre individual. Un hombre que ha aceptado premisas falsas es libre de rechazarlas; pero a menos que, y hasta que, lo haga, esas ideas no se quedan quietas en su mente, sino que crecen sin la participación consciente de su dueño, hasta llegar a sus conclusiones lógicas finales. Un proceso similar tiene lugar en una cultura: si las premisas falsas de un filósofo influyente no son cuestionadas, muchas generaciones de seguidores —actuando como el subconsciente de la cultura— las exprimirán hasta sus últimas consecuencias.

Puesto que Kant sustituyó lo objetivo por lo colectivo (en forma de «categorías» que en su conjunto creaban un mundo «fenoménico»), el siguiente paso fue la filosofía de Hegel, que es una racionalización para el *subjetivismo*, para el ansia de poder de una élite ambiciosa que crearía un mundo «nouménico», no material (estableciendo la fuerza bruta de un Estado absoluto en el mundo «fenoménico», en el mundo material). Puesto que no se podía esperar que los que estaban fuera de la élite obedecieran o aceptaran un futuro así, el siguiente paso fue el pragmatismo, que es una racionalización para las mentalidades limitadas a lo concreto, para las mentalidades inmediatistas y anticonceptuales, para las mentalidades que anhelan librarse de los principios y del futuro.

Hoy tenemos la filosofía del análisis lingüístico, que es una racionalización para hombres que son capaces de centrar su atención en palabras sueltas, pero incapaces de integrarlas en párrafos, en oraciones o en sistemas filosóficos, y que, a pesar de eso, pretenden ser filósofos. Y tenemos la filosofía del existencialismo, que descarta la cortesía de la racionalización, se traga a Kant sin aderezos y proclama la supremacía de las emociones en un antimundo incognoscible, incomprensible, inexplicable y nauseabundo.

Observa que, a pesar de las diferencias en esas filosofías, el altruismo es el común denominador, intocable e indiscutible, en la ética de todas ellas. Es la fuente principal y más rica de racionalizaciones. Una moralidad que no puede ser practicada es una excusa ilimitada para cualquier práctica. El altruismo es la racionalización para la matanza masiva en la Rusia soviética; para el pillaje legalizado del estado de bienestar; para el ansia de poder de políticos que alegan servir al «bien común»; para el concepto de un «bien común»; para la envidia, el odio, la malicia y la brutalidad; para los incendios, los robos, los secuestros, los raptos y los asesinatos perpetrados por los caritativos defensores de múltiples causas colectivistas; para sacrificio tras sacrificio y para la infinidad de víctimas inmoladas. Cuando una teoría no logra nada más que lo opuesto a sus supuestos objetivos, pero sus defensores ni se inmutan por ello, puedes estar seguro de que esa teoría no es una convicción o un «ideal», sino una racionalización.

Las racionalizaciones filosóficas no siempre son fáciles de detectar. Algunas de ellas son tan complejas que un hombre inocente puede ser convencido y quedar paralizado por una confusión intelectual. En su primer encuentro con la filosofía moderna, mucha gente comete el error de descartarla y salir corriendo, pensando: «*Sé* que es falsa, pero no puedo demostrarlo. Sé que hay algo mal ahí, pero no puedo dedicar tiempo y esfuerzo a tratar de desentrañarlo». Éste es el peligro de tal actitud: puedes llegar a olvidar todo lo relacionado con las «categorías» de Kant y con su mundo «nouménico»; pero, algún día, bajo la presión de enfrentar alguna decisión dolorosa y difícil, cuando te sientas tentado de evadir la responsabilidad o de tomar una decisión deshonesta, cuando necesites toda tu fuerza interior, toda tu confianza y todo tu valor, te encontrarás pensando: «¿Cómo sé lo que es verdad? Nadie lo sabe. Nadie puede estar seguro de nada». *Eso* es lo único que Kant quería de ti.

Un pensador como Kant no quiere que tú estés de acuerdo con él: lo único que quiere es que le concedas el beneficio de la duda. Él sabe que tu subconsciente hace el resto. Lo que él teme es tu mente consciente: una vez que entiendes el significado de sus teorías, ellas pierden su poder de amenazarte, como una máscara de Halloween a plena luz del día.

Una sugerencia más: si emprendes la tarea de investigación filosófica, descarta el peligroso aforismo que aconseja que mantengas una «mente abierta». Hay una frasecita muy peligrosa que te aconseja mantener una «mente abierta». Ése es un término muy ambiguo, como quedó demostrado por un hombre que una vez acusó a un famoso político de tener una «mente ampliamente abierta». El término es un anticoncepto. Por «mente abierta» se entiende normalmente una actitud objetiva e imparcial hacia las ideas, pero se usa como una llamada al escepticismo perpetuo, a no mantener convicciones firmes y a no otorgarle validez a nada. Por «mente cerrada» se entiende normalmente la actitud de un hombre imperturbable frente a ideas, argumentos, hechos y lógica, la actitud de alguien que se aferra testarudamente a alguna mezcla de premisas injustificadas, frases de moda, prejuicios primitivos y emociones. Pero eso no es una mente «cerrada», es una mente *pasiva*. Es una mente que ha rechazado (o que nunca ha adquirido) la práctica de pensar o de juzgar, y que se siente amenazada cuando se le pide que considere cualquier cosa.

Lo que la objetividad y el estudio de la filosofía requieren no es una «mente abierta», sino una mente *activa*, una mente capaz y deseosa de examinar ideas, pero de examinarlas *críticamente*. Una mente activa no le concede el mismo estatus a la verdad y a la falsedad, no se queda flotando para siempre en un vacío estancado de neutralidad y de incertidumbre; al asumir la responsabilidad de juzgar, alcanza convicciones firmes, y las mantiene. Al ser capaz de demostrar sus convicciones, una mente activa consigue una certeza impregnable en las confrontaciones con asaltantes: es una certeza sin manchas de fe ciega, de aproximaciones, de evasiones y de miedo.

Si mantienes una mente activa, descubrirás (suponiendo que empieces con una racionalidad de sentido común) que cada desafío que analices fortalecerá tus convicciones; que el rechazo consciente y razonado de teorías falsas te ayudará a aclarar y a ampliar las verdaderas; que tus enemigos ideológicos te harán invulnerable, al darte innumerables confirmaciones de su propia impotencia.

No, no tienes que mantener tu mente permanentemente abierta a la tarea de examinar cualquier nueva variante de las mismas viejas falsedades. Descubrirás que ellas son variantes de, o ataques a, ciertas esencias filosóficas, y que toda la gigantesca batalla de la filosofía (y de la historia humana) se reduce a mantener o destruir esas esencias. Aprenderás a reconocer a primera vista la posición de cada teoría sobre esas esencias y a rechazar los ataques sin pensarlo dos veces, porque sabrás (y serás capaz de *demostrar*) de qué forma cada ataque, viejo o nuevo, está hecho de contradicciones y de «conceptos robados».[1]

Enumeraré esas esencias para tu referencia futura. Pero no intentes tomar el atajo de aceptarlas como artículos de fe (o como aproximaciones y abstracciones flotantes captadas a medias). Eso sería una contradicción fundamental, y no funcionaría.

Las esencias son: en metafísica, la *ley de identidad*; en epistemología, la *supremacía de la razón*; en ética, el *egoísmo racional*; en política, los *derechos individuales* (o sea, el capitalismo); en estética, los *valores metafísicos*.

Si llega el día en que adoptas esas esencias como tus absolutos, habrás entrado en la Atlántida, al menos psicológicamente, lo cual es una precondición para la posibilidad de entrar en ella alguna vez existencialmente.

1. La falacia del «concepto robado», identificada por primera vez por Ayn Rand, es el artificio de usar un concepto a la vez que se niega la validez de sus raíces genéticas, o sea, de uno o más conceptos anteriores de los que lógicamente depende. Véase *The Objectivist Newsletter*, vol. II (1), enero de 1963.

3

Lo metafísico versus lo hecho por el hombre

«Señor, dame serenidad para aceptar las cosas que no puedo cambiar, valor para cambiar las cosas que sí puedo cambiar y sabiduría para entender la diferencia.»

Esa extraordinaria declaración se le atribuye a un teólogo con cuyas ideas disiento en todos los aspectos fundamentales: Reinhold Niebuhr. Pero —ignorando la forma de plegaria, o sea, la implicación de que los estados mentales y emocionales de uno son un regalo de Dios— la declaración es profundamente cierta, como resumen y como guía: nombra la actitud mental que un hombre racional debe tratar de lograr. La declaración es muy bella en su elocuente simplicidad; pero lograr esa actitud tiene que ver con los temas morales y metafísicos más profundos de la filosofía.

Me sorprendí al enterarme de que esa declaración ha sido adoptada como una plegaria por Alcohólicos Anónimos, que no es exactamente una organización filosófica. En vista del hecho de que las teorías sociopsicológicas de hoy enfatizan las necesidades y frustraciones emocionales, no las intelectuales, como si fueran la causa del sufrimiento humano (por ejemplo, la falta de «amor»), es impresionante que esa organización haya descubierto que tal plegaria es relevante para los problemas de los alcohólicos, que el sufrimiento que produce la confusión sobre esos tey esos valores a su vez determinan las emociones y el carácter de ese hombre. Es en ese sentido en el que el hombre es un ser que crea su propia alma.)

La facultad de volición del hombre, como tal, no es una contradicción de la naturaleza, sino que abre la puerta a una gran cantidad de contradicciones, cuando y si los hombres no captan *la diferencia crucial entre lo metafísicamente dado y cualquier objeto, institución, método o regla de conducta hecha por el hombre.*

Es lo metafísicamente dado lo que debe ser aceptado: no puede ser cambiado. Es lo hecho por el hombre lo que nunca debe ser aceptado acríticamente: eso debe ser juzgado, y luego aceptado, o rechazado y cambiado si es necesario. El hombre no es omnisciente ni infalible: él puede cometer errores inocentes por falta de conocimiento..., o puede mentir, engañar y falsear. Lo hecho por el hombre puede ser un producto del genio, de la capacidad de percepción, de la ingeniosidad..., o puede ser un producto de la estupidez, del engaño, de la malicia, de la maldad. Un hombre puede tener razón y todo el resto de la gente puede estar equivocada, o viceversa (o cualquier división numérica entre esos extremos). La naturaleza no le da al hombre ninguna garantía automática de que sus juicios sean verdaderos (y *ése* es un hecho metafísicamente dado, el cual debe ser aceptado). ¿Quién, entonces, ha de juzgar? Cada hombre, con toda la capacidad y la honradez de que sea capaz. ¿Cuál es su estándar para juzgar? *Lo metafísicamente dado.*

Lo metafísicamente dado no puede ser ni verdadero ni falso, simplemente *es*; y el hombre determina la verdad o la falsedad de sus juicios según se correspondan a los hechos de la realidad o la contradigan. Lo metafísicamente dado no puede ser correcto o incorrecto: es el estándar de lo correcto y lo incorrecto, un estándar por el cual un hombre juzga sus metas, sus valores, sus elecciones. Lo metafísicamente dado es, fue, será y tuvo que ser. Nada hecho por el hombre tuvo que ser: fue hecho por elección.

Rebelarse contra lo metafísicamente dado es embarcarse en un intento inútil de negar la existencia. Aceptar que lo hecho por el hombre no puede ser cuestionado es embarcarse en un intento exitoso de negar la propia consciencia de uno. La serenidad proviene de la capacidad para decir «sí» a la existencia. El valor proviene de la capacidad para decir «no» a las malas decisiones tomadas por otros.

Cualquier fenómeno natural, es decir, cualquier acontecimiento que ocurra sin la participación humana, es lo metafísicamente dado, y no podría haber ocurrido de modo diferente o haber dejado de ocurrir; cualquier fenómeno que tenga que ver con la acción humana es lo hecho por el hombre, y podría haber sido diferente. Por ejemplo, una inundación que ocurre en un terreno deshabitado es lo metafísicamente dado; una represa construida para contener la inundación es lo hecho por el hombre; si los constructores calculan mal y la represa se rompe, el desastre es metafísico en su origen, pero queda intensificado por la acción del hombre en cuanto a sus consecuencias. Para corregir la situación, los hombres deben obedecer a la naturaleza, estudiando las causas y las potencialidades de la inundación, y luego deben comandar la naturaleza construyendo mejores controles para la inundación.

Pero afirmar que todos los esfuerzos del hombre para mejorar las condiciones de su existencia son inútiles, afirmar que la naturaleza es incognoscible porque no podemos demostrar que habrá una inundación el año siguiente, aunque haya habido una cada uno de los años que se recuerdan, afirmar que el conocimiento humano es ilusorio porque los constructores originales estaban seguros de que la represa aguantaría, pero no lo hizo..., eso es llevar de vuelta a los hombres a la confusión primordial sobre la relación entre consciencia y existencia, y de esa forma robarles a los hombres toda la serenidad y todo el valor (así como muchas otras cosas). Y, sin embargo, eso es lo que la filosofía moderna ha estado afirmando durante más de doscientos años.

Observa que el sistema filosófico basado en el axioma de la primacía de la existencia (o sea, en reconocer el absolutismo de la realidad) lleva al reconocimiento de la identidad del hombre y de sus *derechos*. Pero los sistemas filosóficos basados en la primacía de la consciencia (o sea, en la noción aparentemente megalómana de que la naturaleza es cualquier cosa que el hombre quiera que sea) llevan a la posición de que el hombre no posee identidad, que él es infinitamente flexible, maleable, utilizable y desechable. Pregúntate por qué.

Una gran parte del ataque de los filósofos contra la mente del hombre está dedicada a obliterar la diferencia entre lo metafísicamente dado y lo hecho por el hombre. La confusión sobre ese tema empezó como un antiguo error (al cual incluso Aristóteles contribuyó con algunos de sus aspectos platónicos); pero hoy esa confusión está deliberada e inexcusablemente fuera de control.

Un típico paquete gato por liebre, usado por profesores de filosofía, es el siguiente: para demostrar la afirmación de que no existe tal cosa como la «necesidad» en el universo, un profesor declara que Estados Unidos no *tuvo* que tener cincuenta estados, que pudieron haber sido cuarenta y ocho o cincuenta y dos; y, de la misma forma, el sistema solar no *tuvo* que tener nueve planetas, pudo haber tenido siete o doce. No es suficiente, declara el profesor, demostrar que algo es, uno también debe demostrar que *tuvo que ser*; y como no hay nada que tuvo que ser, nada es cierto, y todo vale.

La técnica para menoscabar la mente humana consiste en considerar lo hecho por el hombre como si fuera lo metafísicamente dado, atribuyéndole a la naturaleza los conceptos que se refieren sólo a la falta de conocimiento del hombre, como la «casualidad» o la «contingencia», y luego invirtiendo los dos elementos del paquete gato por liebre. De la afirmación: «El hombre es imprevisible, por lo tanto la naturaleza es imprevisible», el argumento pasa a: «La naturaleza posee volición, el hombre no; la naturaleza es libre, el hombre está regulado por fuerzas incognoscibles; la naturaleza no ha de ser conquistada, el hombre sí».

La mayoría de la gente cree que un tema de ese tipo es puro parloteo académico, sin ningún significado práctico para nadie; pero eso deja a las personas ciegas a las consecuencias que el tema tiene en sus propias vidas. Si uno les dijera que el paquete gato por liebre que se hace de ese tema es parte de la fastidiosa incertidumbre, de la callada desesperanza, de la gris desesperación de su estado interior diario, ellas lo negarían: no lo reconocerían introspectivamente. Pero la incapacidad de hacer introspección es una de las consecuencias de ese paquete gato por liebre.

La mayoría de los hombres no tienen conocimiento de la naturaleza o del funcionamiento de la consciencia humana, y, por lo tanto, no tienen ningún conocimiento de lo que es posible para ellos o no lo es, de lo que uno puede exigir de uno mismo y de otros o no puede exigir, de lo que es culpa de uno o no lo es. Bajo la premisa implícita de que la consciencia no tiene identidad, los hombres alternan entre la sensación de que ellos poseen algún tipo de poder omnipotente sobre su consciencia y pueden abusar de ella impunemente («Da igual, está sólo en mi mente») y la sensación de que ellos no tienen ninguna opción, ningún control, que el contenido de la consciencia es innato y predeterminado, que ellos son víctimas del misterio impenetrable dentro de sus propios cráneos, prisioneros de un enemigo incognoscible, autómatas indefensos movidos por emociones inexplicables («No puedo evitarlo, así es como yo soy»).

Muchos hombres se ven paralizados por la influencia de esa incertidumbre. Cuando un hombre como ésos piensa en un objetivo que tiene o en un deseo que quiere lograr, la primera pregunta en su mente es: «¿Puedo hacerlo?»; y no: «¿Qué se requiere para hacerlo?». Su pregunta significa: «¿Tengo la habilidad innata?». Por ejemplo: «Lo que más quiero en el mundo es ser compositor, pero no tengo ni idea de cómo se hace. ¿Tengo yo ese talento misterioso que lo hará por mí, de alguna manera?». Él nunca ha oído hablar de una premisa como la primacía de la consciencia, pero ésa es la premisa que lo mueve cuando se embarca en una búsqueda desesperada a través del oscuro laberinto de su consciencia (desesperada porque, sin referencia a la existencia, nada puede ser aprendido sobre la consciencia de uno).

Si no abandona su deseo en ese mismo momento, él va dando tumbos inciertamente para intentar conseguirlo. Cualquier pequeño triunfo aumenta su ansiedad: no sabe qué lo causó ni si él puede repetirlo. Cualquier pequeño fracaso es un golpe devastador: lo toma como prueba de que a él le falta el talento místico. Cuando comete un error, no se pregunta: «¿Qué necesito aprender?», sino: «¿Qué hay de malo en mí?». Él cuenta con una inspiración automática y omnipotente que nunca llega. Se pasa años en una lucha desgraciada, con sus ojos enfocados hacia dentro en el monstruo creciente y lascivo de la duda en sí mismo, mientras que la existencia le pasa de largo, sin ser vista, en la periferia de su visión mental. Con el tiempo, se da por vencido.

Sustituye «compositor» por cualquier otra profesión, por cualquier otra meta o cualquier otro deseo —ser científico, empresario, periodista o *maître*, ganar dinero, tener amigos, adelgazar—, y el patrón sigue siendo el mismo. Algunas de las víctimas de ese patrón son farsantes, pero no todas. Es imposible saber la cantidad de verdadera inteligencia, especialmente en las artes, que ha sido obstaculizada, atrofiada o aplastada por el mito del «talento innato».

Incapaces de determinar lo que pueden y lo que no pueden cambiar, algunos hombres tratan de «reescribir la realidad», es decir, de alterar la naturaleza de lo metafísicamente dado. Algunos sueñan con un universo en el que el hombre no experimente nada más que felicidad —ni dolor, ni frustración, ni enfermedad—, y se preguntan por qué pierden el deseo de mejorar su vida en la Tierra. Algunos sienten que serían valientes, honestos y ambiciosos en un mundo en el que todos automáticamente compartiesen esas virtudes..., pero no en el mundo como es. Algunos temen la idea de que llegue la muerte..., y nunca emprenden la tarea de vivir. Algunos le conceden omnisciencia al paso del tiempo, y consideran la tradición como lo equivalente a la naturaleza: si los hombres han creído en una idea durante siglos, sienten ellos, debe ser verdad. Algunos le conceden omnipotencia y el estatus de lo metafísicamente dado no ya a las ideas de la gente, sino a las *emociones* de la gente, y les consienten la irracionalidad a otros, les consienten sus emociones ciegas (tales como prejuicios, supersticiones, envidia), independientemente de la verdad o la falsedad de los temas implicados, partiendo de la premisa de que «da igual que eso sea verdad o no, si la gente *siente* que es verdad».

Algunos hombres les pasan a otros (que están indefensos en el tema) la culpa por sus propias acciones; algunos hombres (los que están indefensos en el tema) aceptan la culpa por las acciones de otros. Algunos se sienten culpables porque no saben lo que no tienen forma de saber. Algunos se sienten culpables por no haber sabido ayer lo que han aprendido hoy. Algunos se sienten culpables por no ser capaces de convertir a todo el mundo a sus propias ideas, sin esfuerzo, y de un día para otro.

La cuestión de cómo lidiar con la naturaleza es comprendida parcialmente, al menos por algunas personas; pero la cuestión de cómo lidiar con los hombres y cómo juzgarlos está todavía en el estado de una jungla primitiva. Es la facultad de volición del hombre la que hace que él sea diferente (incluso a ojos de quienes niegan la existencia de esa facultad), y también la que hace que los hombres se vean a sí mismos y a otros como ininteligibles, como incognoscibles, exentos de la ley de identidad.

Pero nada está exento de la ley de identidad. Un producto hecho por el hombre no tuvo necesariamente que existir; pero, una vez hecho, el producto *existe*. Las acciones de un hombre no tuvieron necesariamente que ser realizadas; pero, una vez realizadas, son *hechos* de la realidad. Lo mismo es verdad del carácter de un hombre: él no tuvo necesariamente que tomar las decisiones que tomó; pero, una vez que ha formado su carácter, ese carácter es un *hecho*, y es su *identidad* personal. (La volición del hombre le da muchísimas opciones, aunque no ilimitadas, para cambiar su carácter; si lo hace, el cambio se convierte en un *hecho*.)

Las cosas de origen humano (sean físicas o psicológicas) pueden ser llamadas «hechos producidos por el hombre», para distinguirlas de los hechos metafísicamente dados. Un rascacielos es un hecho producido por el hombre, una montaña es un hecho metafísicamente dado. Uno puede alterar un rascacielos o puede hacerlo estallar (igual que uno puede alterar o hacer estallar una montaña); pero, mientras esas cosas existan, uno no puede pretender que no están allí o que no son lo que son. El mismo principio se aplica a las acciones y a las personalidades de los hombres. Un hombre no tiene que ser un sinvergüenza despreciable; pero, mientras decida serlo, él es un sinvergüenza despreciable y debe ser tratado como tal; tratarlo de otro modo es contradecir un *hecho*. Un hombre no tiene que ser un héroe triunfador; pero, mientras decida serlo, él es un héroe triunfador y debe ser tratado como tal; tratarlo de otro modo es contradecir un *hecho*. Los hombres no tuvieron que construir un rascacielos; pero, una vez que lo hicieron, es peor que una contradicción el considerar un rascacielos como una montaña, como un hecho metafísicamente dado que, desde ese punto de vista, «simplemente sucede que ocurrió».

La facultad de la volición le da al hombre un estatus especial en dos aspectos cruciales: 1) a diferencia de lo metafísicamente dado, los productos del hombre, ya sean materiales o intelectuales, no deben ser aceptados sin crítica; y 2) por *su naturaleza metafísicamente dada*, la volición de un hombre está fuera del poder de otros hombres. Lo que los componentes básicos inalterables son para la naturaleza, el atributo de una consciencia volitiva es para la entidad «hombre». Nada puede obligar a un hombre a pensar. Otros pueden ofrecerle incentivos o impedimentos, recompensas o castigos; ellos pueden destruir su cerebro con drogas o golpeándolo con un palo, pero ellos no pueden obligar a su mente a funcionar: *eso* está en el poder exclusivo y soberano de él. El hombre no ha de ser obedecido ni ha de ser comandado.

Lo que ha de ser «obedecido» es la naturaleza metafísicamente dada del hombre, en el sentido en que uno «obedece» la naturaleza de todos los existentes; eso significa, en el caso del hombre, que uno debe reconocer el hecho de que su mente no ha de ser «comandada» en ningún sentido, incluyendo el sentido aplicable al resto de la naturaleza. Los objetos naturales pueden ser remodelados para servir a los fines de los hombres, y han de ser considerados como medios para los fines de los hombres, pero el hombre como tal no puede serlo y no lo es.

En cuanto a la naturaleza, «aceptar las cosas que no puedo cambiar» significa aceptar lo metafísicamente dado; «cambiar las cosas que sí puedo cambiar» significa esforzarse por reacomodar lo dado a través de la adquisición de conocimiento, como lo están haciendo la ciencia y la tecnología (por ejemplo, la medicina); «entender la diferencia» significa saber que uno no puede rebelarse contra la naturaleza; y que, cuando ninguna acción es posible, uno debe aceptar la naturaleza serenamente.

En cuanto al hombre, «aceptar» no significa *estar de acuerdo*, y «cambiar» no significa *forzar*. Lo que uno debe aceptar es el hecho de que las mentes de otros hombres no están en el poder de uno, igual que la mente de uno no está en el poder de ellos; uno debe aceptar el derecho de ellos a tomar sus propias decisiones, y uno debe estar de acuerdo con ellos o disentir, aceptarlos o rechazarlos, asociarse u oponerse a ellos, según dicte la mente de uno. El único medio de «cambiar» a los hombres es el mismo medio de «cambiar» la naturaleza: el conocimiento, el cual, en lo que respecta a los hombres, ha de ser usado como un proceso de *persuasión*, cuando (y si) sus mentes están activas; cuando no lo están, uno debe dejarlos que sufran las consecuencias de sus errores. «Entender la diferencia» significa que uno nunca debe aceptar las maldades hechas por el hombre (no hay otras) resignándose en silencio, uno nunca debe someterse a ellas voluntariamente; e incluso si uno está preso en la cárcel de alguna horrible dictadura, donde ninguna acción es posible, la serenidad proviene del conocimiento de que uno *no* lo acepta.

Tratar con los hombres por la fuerza es tan impráctico como tratar con la naturaleza por la persuasión, lo cual es la política de los salvajes, quienes dominan a los hombres por la fuerza y suplican a la naturaleza por medio de oraciones, conjuros y sobornos (sacrificios). Eso no funciona y no ha funcionado en ninguna sociedad humana en toda la historia. Y, sin embargo, ésa es la política a la cual los filósofos modernos le instan a la humanidad a volver, igual que ellos han vuelto a la noción de la primacía de la consciencia. Ellos incitan a adoptar una sumisión pasiva, mística y «ecológica» a la naturaleza, y a adoptar la regla de la fuerza bruta para los hombres.

Que los filósofos nieguen la ley de identidad les permite evadir la identidad del hombre y los requerimientos de su supervivencia. Les permite evadir el hecho de que el hombre no puede sobrevivir por mucho tiempo en un estado natural, que la razón es su herramienta de supervivencia, que él sobrevive por medio de los productos hechos por el hombre, y que la fuente de los productos hechos por el hombre es la *inteligencia* del hombre. La inteligencia es la capacidad de entender los hechos de la realidad y de lidiar con ellos a largo plazo (es decir, conceptualmente). Bajo el axioma de la primacía de la existencia, la inteligencia es el atributo más precioso del hombre. Pero la inteligencia no tiene lugar en una sociedad regida por la primacía de la consciencia, ya que es el enemigo más mortífero de ese tipo de sociedad.

Hoy, la inteligencia no es reconocida ni premiada, sino que está siendo sistemáticamente extinguida en una inundación creciente de irracionalidad ostentada con todo descaro. Como solo ejemplo de hasta qué punto la cultura actual está dominada por la primacía de la consciencia, observa lo siguiente: en política, la gente mantiene una actitud despiadada y absolutista hacia las elecciones, una actitud de «todo o nada»; esperan que un hombre gane o no gane, y se preocupan sólo por el ganador, ignorando al perdedor por completo (aunque, en algunos casos, el perdedor tuviera razón); en cambio, en economía, en el área de la producción, ellos evaden el absolutismo de la realidad, el hecho de que un hombre produce o no produce, y destruyen a los ganadores en favor de los perdedores. Para ellos, las decisiones de los hombres son un absoluto; las exigencias de la realidad no lo son.

El clímax de esa tendencia, el premio final del paquete gato por liebre de lo metafísico y lo hecho por el hombre, es el movimiento igualitario y su manifiesto filosófico, *Teoría de la justicia*, de John Rawls.[3] Esa teoría obscenamente malvada se propone subordinar la naturaleza y la mente del hombre a los deseos (incluyendo la envidia) no meramente de los especímenes humanos más bajos, sino de los inexistentes más bajos —a las emociones que ellos habrían sentido antes de nacer—, y requiere que los hombres tomen decisiones para toda la vida bajo la premisa de que todos están igualmente desprovistos de cerebro. El hecho de que un cerebro no pueda proyectar una alteración de su propia naturaleza y su propio poder, que un genio no pueda pro-

3. Hay una discusión más detallada sobre las ideas de Rawls en el capítulo 11.

yectarse a sí mismo al estado de un retrasado mental, y viceversa, que las necesidades y los deseos de un genio y de un retrasado mental no son idénticos, que un genio reducido al nivel existencial de un retrasado mental perecería en una abominable agonía y que un retrasado mental elevado al nivel existencial de un genio pintaría grafitis en los lados de un ordenador, y luego se moriría de hambre..., nada de eso entra en los cráneos de hombres que han prescindido de la ley de identidad (y, por consiguiente, de la realidad), que demandan «resultados iguales» sin tener en cuenta causas desiguales, y que proponen alterar los hechos metafísicos con el poder de caprichos y de armas.

Eso es lo que se predica, se pregona y se exige hoy. No puede haber neutralidad intelectual —ni moral— en un tema así. Los cobardes morales que intentan evadirlo alegando ignorancia, confusión o impotencia, que se quedan callados y evitan la batalla, pero que experimentan una creciente sensación de terror culpable sobre la cuestión de qué pueden ellos cambiar o no, están allanando el camino para las atrocidades de los igualitarios, y acabarán como los marginados a quienes Alcohólicos Anónimos se esfuerza por ayudar.

Lo mínimo que cualquier hombre decente puede hacer hoy es oponerse a la doctrina de ese libro, oponerse a ella de modo intransigente por razones *morales*. Una propuesta de aniquilar la inteligencia mediante la tortura lenta no puede ser tratada como una civilizada «diferencia de opinión».

Si algún hombre siente que el mundo es demasiado complejo y que su maldad es demasiado grande para hacerle frente, que recuerde que es demasiado grande para ahogarla en un vaso de whisky.

4

El eslabón perdido

Empezaré dándoos cuatro ejemplos y pidiéndoos que identifiquéis el elemento psicológico que tienen en común.

1. Una vez conocí a un empresario en una gran ciudad del Medio Oeste; era una persona extraordinariamente trabajadora, activa y enérgica. Había construido un pequeño negocio que era suyo propio y había salido de la indigencia hasta llegar a la opulencia. Era consejero y protector de un enorme conglomerado de parientes, amigos y amigos de amigos, quienes acudían a él no sólo queriendo que les prestase dinero, sino también para pedirle ayuda con problemas de cualquier índole. Tenía casi cuarenta años, pero se comportaba como una especie de patriarca tribal.

Era difícil saber si ese papel le gustaba o le molestaba; parecía aceptarlo, darlo por hecho, como una especie de deber metafísico: a él probablemente nunca se le había ocurrido cuestionarlo. Sin embargo, le gustaba actuar como un pequeño pez gordo y hacerle favores a la gente, y en eso era muy generoso. Tenía, aparentemente, algunas conexiones marginales con la maquinaria política de su distrito y le encantaba obtener para sus amigos el tipo de favores que eran inalcanzables sin una influencia especial, como conseguir cupones adicionales (en la Segunda Guerra Mundial) o resolver el pago de multas por infracciones de tráfico. El concepto de «amigos» tenía un cierto significado especial para él. Vigilaba las intenciones de sus amigos igual que un hipocondríaco vigila su salud, de una forma que proyectaba una pizca de recelo y una fiera lealtad hacia algún código moral que no estaba escrito.

Políticamente, él tendía a ser conservador, y solía quejarse de las tendencias imperantes en su país. Un día, lanzó una apasionada crítica de los liberales, del Gobierno, de la injusticia hacia los comerciantes, del poder arbitrario de las maquinarias políticas. «¿Sabes lo poderosas que son?», me preguntó amargamente, y a continuación me dijo que había intentado presentarse como candidato para algún minúsculo departamento de la ciudad, pero que «ellos» le habían ordenado retirar su candidatura, o de lo contrario sufriría las consecuencias, y él había accedido.

Yo le dije que tales problemas seguirían existiendo siempre, mientras los controles gubernamentales existieran, y que la única solución era un sistema de capitalismo total, de capitalismo *laissez-faire*, bajo el cual ninguno de los grupos podría adquirir privilegios económicos o influencias especiales, un sistema en el que todo el mundo tendría que valerse por sí mismo. «¡Eso es imposible!», espetó; su voz era particularmente tensa, abrupta, defensiva, como si él estuviera dando un portazo mental ante algún hecho que apenas había vislumbrado; la voz expresaba temor. Yo no seguí hablando del tema: había captado un tema psicológico que era nuevo para mí.

2. Una novelista muy conocida escribió una vez un ensayo sobre la naturaleza de la ficción. Adoptando una posición naturalista extrema, declaró: «La marca distintiva de la novela es su preocupación por el mundo real, por el mundo de los hechos...». Y por «hechos», ella se refería a hechos inmediatamente disponibles, «el elemento empírico en la experiencia». «La novela no permite que ocurran cosas fuera del orden de la naturaleza: milagros... Recuerda cómo, en *Los hermanos Karamázov*, cuando muere el anciano y sabio Zósima, su facción (la mayor parte de los personajes compasivos en el libro) espera un milagro: que su cuerpo permanezca incorrupto y fresco, porque ha muerto "en olor de santidad". Pero en vez de eso, él comienza a heder. El hedor del anciano Zósima es el olor natural, el olor genérico de la

novela. Por la misma ley, una novela no puede ser situada en el futuro, puesto que el futuro, hasta que ocurre, está fuera del orden de la naturaleza...»

La novelista declaró: «El tono característico de la novela es de parloteo y chismorreo... Aquí hay otro criterio: si el olor de escándalo no ha influido en el libro, ese libro no es una novela... Los escándalos de un pueblo o de una provincia, los escándalos de una nación o los que ocurren en altamar se alimentan de hechos y engendran especulación. Pero está en la esencia de un escándalo el que sea finito... Es imposible, excepto para los teólogos, concebir un escándalo a nivel mundial o un escándalo universal; la prueba de eso es la forma en que la gente se ha acostumbrado a vivir con la fisión nuclear, con el envenenamiento por radiación, con las bombas de hidrógeno, con los satélites y los cohetes espaciales». Por qué los hechos de ese tipo deberían ser considerados como pertenecientes al campo de la teología ella no lo explica. «Y, sin embargo, esos "escándalos", en el sentido teológico, del gran mundo y del universo, han empequeñecido a los escándalos finitos del pueblo y de la provincia...»

La novelista entonces se pone a explicar lo que ella considera «el dilema del novelista»: nos olvidamos o ignoramos los acontecimientos del mundo moderno, «porque esos acontecimientos tienen la cualidad especial de hacer tambalear las creencias». Pero si pensamos en ellos, «nuestra vida diaria se torna increíble para nosotros... La coexistencia de ese gran mundo y de nosotros, cuando se contempla, parece imposible». De todo eso, ella derivó una conclusión: puesto que el novelista está motivado por su amor a la verdad, por «la verdad ordinaria, común, reconocible por todos», la novela es, «de todas las formas, la menos adaptada para abarcar el mundo moderno, cuya característica principal es la irrealidad. Y eso, a mi entender, es la causa de que la novela está muriendo».

3. La siguiente historia me la contó un empresario norteamericano. En su juventud, él aceptó un puesto como asesor especializado en eficiencia, trabajando para el gerente de una fábrica en Sudamérica. La fábrica estaba usando máquinas americanas, pero estaba obteniendo sólo el 45 por ciento de la productividad

potencial de las máquinas. Al observar lo baja que era la escala de salarios, el asesor llegó a la conclusión de que los obreros no tenían ningún incentivo para trabajar, y sugirió que se les pagara a destajo. El viejo gerente le dijo, con una sonrisa escéptica, que eso sería inútil, pero estuvo de acuerdo en probarlo.

En las primeras tres semanas del nuevo plan, la productividad subió muchísimo. En la cuarta semana, nadie se presentó a trabajar: prácticamente toda la fuerza laboral desapareció..., y no regresó hasta una semana después. Como habían ganado el sueldo de un mes en tres semanas, los trabajadores no vieron ninguna razón para trabajar esa semana adicional; no les interesaba en absoluto ganar más de lo que habían estado ganando. Ningún argumento consiguió persuadirlos; el plan fue suspendido.

4. Un profesor de Filosofía me invitó una vez a dirigirme a su clase para hablar de ética; los alumnos estaban estudiando el tema de la «justicia», y él me pidió que presentara la posición objetivista sobre la justicia. El formato que él propuso fue una presentación de quince minutos, seguida de un período de preguntas y respuestas. Le hice ver que sería muy difícil presentar, en quince minutos, los fundamentos de la ética objetivista, y de esa forma poder dar las razones para mi definición de justicia. «Oh, no tiene que dar las razones —dijo—, sólo tiene que presentar sus puntos de vista.» (No accedí.)

Las circunstancias y las personas en esos cuatro ejemplos son diferentes; el tipo de mentalidad que exhiben es el mismo. Esa mentalidad es autocreada, pero muchos factores diferentes pueden contribuir a su formación. Esos factores pueden ser sociales (como en el caso de los trabajadores de Sudamérica), o personales (como en el caso de la novelista), o ambas cosas (como en el caso del empresario del Medio Oeste). En cuanto al profesor de Filosofía, la tendencia moderna de su profesión es el factor responsable de todo lo demás.

Esos casos son ejemplos de la *mentalidad anticonceptual*.

La característica principal de esa mentalidad es un tipo especial de pasividad: no la pasividad como tal, ni la pasividad en general, sino la pasividad más allá de un cierto límite. Es una mentalidad que ha decidido, al llegar a un cierto punto en su desarrollo, que ya sabe lo suficiente y que no va a mirar más allá. ¿Qué es lo que acepta como «lo suficiente»? Lo inmediatamente dado, los concretos directamente perceptibles de su entorno: «el elemento empírico en la experiencia».

Para captar tales concretos y lidiar con ellos, un ser humano necesita un cierto grado de desarrollo conceptual, un proceso que el cerebro de un animal no puede realizar. Pero después de la hazaña inicial de aprender a hablar, un niño puede realizar ese proceso casi automáticamente, memorizando e imitando. La mentalidad anticonceptual se detiene en este nivel de desarrollo —en los primeros niveles de abstracciones, que identifican el material perceptual que consiste predominantemente en objetos físicos— y decide no dar el siguiente paso, el paso crucial y totalmente volitivo: los niveles más elevados de abstracciones a partir de abstracciones, lo cual es algo que no se puede aprender por imitación. (Véase mi libro *Introducción a la epistemología objetivista.*) Una mente así puede captar los escándalos de un pueblo o de una provincia o (indirectamente) los de una nación, pero no puede captar los conceptos de «mundo» o de «universo»..., o el hecho de que los acontecimientos que en ellos suceden no son «escándalos».

La mentalidad anticonceptual asume que la mayoría de las cosas son primarias irreductibles, y las considera «autoevidentes». Trata los conceptos como si fuesen perceptos (memorizados); trata las abstracciones como si fuesen concretos *perceptuales*. Para tal mentalidad, todo es lo dado: el paso del tiempo, las cuatro estaciones, la institución del matrimonio, el clima, la educación de los niños, una inundación, un incendio, un terremoto, una revolución, un libro..., todo ello son fenómenos del mismo orden. La distinción entre lo metafísico y lo hecho por el hombre no es simplemente desconocida para esa mentalidad, es incomunicable.

Las dos preguntas cardinales, la fuerza motriz de una mente humana —«¿por qué?» y «¿para qué?»—, son desconocidas para una mentalidad anticonceptual. Si les preguntan, ellos no dicen nada que vaya más allá de las respuestas convencionalmente aceptadas. Las respuestas son normalmente algo que equivale a: «Así es la vida» o «Es lo que se supone que uno debe hacer». La vida... *¿de quién*? Evasión. Se supone..., ¿por quién? Evasión.

La falta de interés por el «¿por qué?» elimina el concepto de causalidad y corta de raíz el pasado. La falta de interés por el «¿para qué?» elimina el objetivo a largo plazo y corta de raíz el futuro. Así, sólo el presente es totalmente real para una mentalidad anticonceptual. Algo del pasado sigue ahí, en forma de pedacitos estancados de una crónica aleatoria, como un tipo de conversación trivial en la memoria, sin objetivo ni significado. Pero el futuro es un vacío; el futuro no puede ser captado perceptualmente.

En ese sentido, y de manera curiosamente paradójica, el tradicionalista intransigente y el activista universitario moderno son dos caras de la misma moneda psicoepistemológica.[4] El tradicionalista intransigente busca librarse del terror de un futuro incognoscible refugiándose en la supuesta sabiduría del pasado. («¡Lo que fue suficientemente bueno para mi padre es suficientemente bueno para mí!») El activista universitario moderno trata de escapar al terror de un pasado incomprensible clamando que quiere llegar a un futuro indefinible. («¡Si no fue bueno para mi padre, es lo suficientemente bueno para mí!») Y, de manera curiosamente paradójica, ninguno de ellos es capaz de vivir en el presente..., porque la extensión de vida del hombre es un continuo cuyo único integrador es su facultad *conceptual*.

En el cerebro de una persona anticonceptual, el proceso de integración es en su mayor parte reemplazado por un proceso de asociación. Lo que su subconsciente almacena y automatiza no son ideas, sino una acumulación indiscriminada de concre-

4. La psicoepistemología, un término acuñado por Ayn Rand, tiene que ver no con el contenido de las ideas de un hombre, sino con su método de ser consciente; es decir, con el método por el cual su mente lidia con su propio contenido. La psicoepistemología es el estudio de los procesos cognitivos del hombre desde el punto de vista de la interacción entre la mente consciente del hombre y las funciones automáticas de su subconsciente. (Véase «The Comprachicos», en Ayn Rand, *The New Left: the anti-industrial revolution*, New American Library, Nueva York, 1971.)

tos diversos, de hechos aleatorios y de sentimientos no identificados, amontonados en carpetas mentales sin etiquetar. Eso funciona hasta cierto punto, o sea, mientras esa persona trate con otras personas cuyas carpetas están llenas de lo mismo, y por lo tanto cuando ninguna búsqueda a través de todo el sistema de archivos sea requerida jamás. Dentro de esos límites, una persona puede ser muy activa y estar dispuesta a trabajar mucho..., como el empresario del Medio Oeste, que desplegaba una enorme iniciativa y una gran creatividad, dentro de los límites establecidos por su distrito particular en la ciudad..., o como la novelista, que escribió muchos libros, dentro de los términos establecidos por sus profesores universitarios..., o como el profesor de Filosofía, que se pasaba el tiempo analizando resultados, sin preocuparse por sus causas.

Una persona con esa mentalidad puede mantener algunos principios abstractos, o profesar tener algunas convicciones intelectuales (sin recordar dónde o cómo las adquirió). Pero si uno le pregunta a esa persona qué entiende por una idea determinada, no será capaz de contestar. Si uno le pregunta las *razones* de sus convicciones, uno descubrirá que son una fina y frágil película flotando sobre un vacío, como una mancha de petróleo en el espacio..., y uno quedará impresionado por el número de preguntas que a esa persona nunca se le había ocurrido formular.

Ese tipo de psicoepistemología funciona siempre que ninguna parte de ella sea cuestionada. Pero todo se viene abajo cuando lo es, porque lo que está amenazado entonces no es una idea concreta, sino toda la estructura de esa mente. Lo que se viene abajo es una gama que va del miedo al resentimiento, a la obstinada evasión, a la hostilidad, al pánico, a la malicia y al odio.

El mejor ejemplo de una mentalidad anticonceptual lo ilustra un pequeño incidente en una novela publicada años atrás, cuyo título, lamentablemente, no recuerdo. Un tipo bastante común de rubia tiene una cita con un joven universitario; cuando más tarde le preguntan si lo pasó bien, ella responde: «No. Él fue terriblemente aburrido. En ningún momento dijo nada que yo ya hubiera oído antes».

La mentalidad limitada por lo concreto, la mentalidad anticonceptual, puede tratar sólo con hombres que están limitados por los mismos concretos: por el mismo tipo de mundo «finito». Para esa mentalidad, eso significa un mundo en el que los hombres no tienen que lidiar con principios abstractos: los principios son reemplazados por reglas de comportamiento memorizadas que son aceptadas sin cuestionar, como si fueran algo dado. Lo que es «finito» en un mundo así no es su extensión, sino el grado de esfuerzo mental que requiere de sus habitantes. Cuando dicen «finito», ellos quieren decir «perceptual».

Dentro de los límites de sus reglas (que normalmente son llamadas «tradiciones»), los habitantes de esos mundos tienen libertad para funcionar, es decir, para tratar con concretos sin preocuparse de las consecuencias, para tratar con resultados sin preocuparse de las causas, para tratar con «hechos» como fenómenos discretos, sin las trabas de los «intangibles» de la teoría..., y para sentirse *seguros*. Seguros ¿ante qué? Conscientemente, ellos responderían: «Seguros ante extraños». En realidad, la respuesta es: seguros por no necesitar lidiar con principios fundamentales (y, por lo tanto, seguros por no aceptar plena responsabilidad por la propia vida de uno).

Son los fundamentos de la filosofía (especialmente, de la ética), lo que una persona anticonceptual teme por encima de todo. Entender y aplicar esos fundamentos requiere una larga cadena conceptual, y él ha hecho que su mente sea incapaz de mantenerlos más allá de los primeros enlaces rudimentarios. Si las creencias que profesa —o sea, las reglas y los eslóganes de su grupo— son desafiados, él siente que su consciencia se está disolviendo en una niebla. De ahí su miedo a los extraños. La palabra «extraños», para él, significa el mundo entero que se extiende más allá de los confines de su aldea, de su pueblo o de su pandilla, el mundo de todas aquellas personas que no viven según las «reglas» de él. Él no sabe por qué siente que los extraños son una amenaza mortal para él, y por qué ellos lo llenan de un terror desesperado. La amenaza no es existencial, sino psicoepistemológica: lidiar con ellos requiere que él se eleve por encima de las «reglas» que ellos tienen y que llegue al nivel de principios abstractos. Él preferiría morir antes que intentarlo.

«Protección contra extraños» es el beneficio que él busca al aferrarse a su grupo. Lo que el grupo exige a cambio es obediencia a sus reglas, las cuales él está deseoso de obedecer: esas reglas *son* su protección, su protección contra el temible reino del pensamiento abstracto. ¿Por quién son establecidas esas reglas? En teoría, por la tradición. De hecho, por los que resultan ser los líderes de su grupo; la forma en que eso está en su mente es: por los que conocen los misterios que él no tiene que conocer.

Así, su supervivencia depende de sustituir ideas por *hombres*, y de subordinar lo metafísico a lo hecho por el hombre. Lo metafísico sobrepasa los límites de su comprensión —las leyes de la naturaleza no pueden ser captadas perceptualmente—, pero las reglas hechas por el hombre son absolutos que lo protegen de lo incognoscible, tanto psicológica como existencialmente. El grupo viene en su ayuda si él tiene problemas, y él no tiene que *ganarse* su ayuda, esa ayuda le es dada a él automáticamente, no está a la precaria merced de sus propias virtudes, de sus propios fallos o de sus errores, es suya gracias al hecho de que él pertenece al grupo.

Como ejemplo del principio de que lo racional es lo moral, observa que lo anticonceptual es lo profundamente antimoral. El mandato básico de todos esos grupos, que tiene prioridad sobre cualquier otra regla, es: *lealtad al grupo*; no a las ideas, sino a las personas; no a las creencias del grupo, que son mínimas y mayormente rituales, sino a los miembros y a los líderes del grupo. Da igual que un miembro concreto del grupo tenga razón o no, los demás deben protegerlo contra extraños; da igual que sea inocente o culpable, los demás deben ponerse de su lado contra extraños; da igual que sea competente o no, los demás deben darle trabajo o comerciar con él dándole preferencia respecto a los extraños. Por lo tanto, una cualidad puramente física —el accidente de haber nacido en un determinado pueblo o en una determinada tribu— tiene prioridad sobre la moralidad y la justicia. (Pero lo físico es solamente la cualificación más a menudo aparente y superficial, puesto que tales grupos rechazan a los hijos inconformistas de sus propios miembros. La verdadera cualificación es psicoepistemológica: los hombres están unidos por los mismos concretos.)

Las tribus primitivas son un ejemplo evidente de la mentalidad anticonceptual, quizá con alguna justificación: los salvajes, como los niños, están a un nivel preconceptual de desarrollo. Sus homólogos más recientes, sin embargo, demuestran que esa mentalidad no es producto de la ignorancia (ni está causada por una falta de inteligencia): esa mentalidad se hace a sí misma, o sea, se limita a sí misma. Esa mentalidad ha resistido el ascenso de la civilización y se ha manifestado de innumerables maneras a lo largo de la historia. Su síntoma es siempre un intento de esquivar la realidad sustituyendo ideas por hombres, lo metafísico por lo hecho por el hombre, derechos por favores, mérito por enchufe especial; o sea, se trata de un intento de reducir la vida del hombre a un pequeño patio (o a una pequeña madriguera) exento del absolutismo de la razón. (La motivación que generan esos intentos es más profunda que la ambición de poder: los que rigen esos grupos buscan estar protegidos de la realidad tan ansiosamente como los que los siguen.)

El racismo es una obvia manifestación de la mentalidad anticonceptual.

También lo es la xenofobia: el miedo a los extranjeros («extraños») o el odio hacia ellos. También lo es cualquier sistema de castas que prescribe el estatus de un hombre (es decir, que lo asigna a una tribu) de acuerdo con dónde nació; un sistema de castas se perpetúa a través de un cierto tipo de esnobismo (es decir, de lealtad al grupo) no meramente entre los aristócratas, sino, y quizá con más fiereza aún, entre los plebeyos o incluso entre los siervos, quienes prefieren saber cuál es su lugar y lo guardan celosamente contra los extraños de arriba o de abajo. También lo es el socialismo gremial. También lo es cualquier adoración a los antepasados o a la «solidaridad» familiar (a la familia extensa, que incluye a tíos, tías y primos terceros). También lo es cualquier pandilla criminal.

El tribalismo (que es el mejor nombre que se le puede dar a todas las manifestaciones grupales de la mentalidad anticonceptual) es un elemento dominante en Europa, como causa (y como efecto, reforzándose mutuamente) de la larga historia europea del sistema de castas, del chauvinismo nacional y local (provincial), del dominio de la fuerza bruta, y de guerras interminables y sangrientas. Como ejemplo, mira las naciones balcánicas, que están permanentemente decididas a exterminarse unas a otras por minúsculas diferencias de tradición o de lenguaje. El tribalismo no se arraigó en Estados Unidos... hasta décadas recientes. No pudo echar raíces aquí, sus simientes importadas se fueron marchitando y convirtiéndose en escoria en el crisol cuyo fuego estaba alimentado por dos fuentes inagotables de energía: los derechos individuales y la ley objetiva; esos dos eran la única protección que el hombre necesitaba.

Los restos del tribalismo europeo, importado por los inmigrantes más tímidos, tomaron la forma inocua de barrios «étnicos» en las ciudades, con cada barrio ofreciendo sus propias costumbres, sus propios festivales tradicionales, sus restaurantes de cocina típica y sus palabras en sus idiomas nativos en estropeados letreros de negocios. Esos letreros estaban estropeados porque los hombres que se aferraban a la regla tribal de darle prioridad al comercio con sus colegas tribales se quedaron en las aguas estancadas de barrios empobrecidos, mientras que el torrente de energía productiva que ponía al mérito por encima de la tribu les pasó de largo, llevándose consigo a los mejores de sus hijos.

No había nada de malo en esas aguas estancadas, siempre que nadie fuese forzado a permanecer en ellas. La presión del ejemplo de la ilustración fue minando la lealtad al grupo de las mentalidades anticonceptuales más tercas, impulsándolas a aventurarse a ese gran mundo en el que ningún hombre es un «extraño» (o todos los hombres lo son, si estamos hablando de privilegios especiales).

La desintegración de la filosofía invirtió esa tendencia. El tribalismo es producto del miedo, y el miedo es la emoción dominante en cualquier persona, cultura o sociedad que rechaza el poder para sobrevivir que tiene el hombre: el de la razón. Al ir bajando la filosofía al pantano primitivo del irracionalismo, los hombres se vieron impulsados —existencial y psicológicamente— hacia su corolario primordial: el tribalismo. Existencialmente, el crecimiento del estado de bienestar dividió al país en grupos de presión, cada uno de ellos luchando por privilegios especiales a costa de los otros, de forma que un individuo no afiliado a ningún grupo se convertía en presa fácil para los depredadores tribales. Psicológicamente, el pragmatismo lobotomizó a los intelectuales del país: la teoría de la educación «progresista» de John Dewey (que ha dominado las escuelas durante más de medio siglo) estableció un método para mutilar la facultad conceptual de un niño y reemplazar la cognición por el «ajuste social». Eso fue y sigue siendo un intento sistemático de forjar mentalidades tribales. (Véase mi artículo «The Comprachicos», en *The New Left: the anti-industrial revolution* [*La nueva izquierda: la anti-revolución industrial*].)

Observa que el resurgimiento actual del tribalismo no es un producto de las clases inferiores —de los pobres, los desvalidos, los ignorantes—, sino de los intelectuales, de los «elitistas» (un término puramente tribal) educados en las universidades. Observa la proliferación de pandillas y de rebaños grotescos —de *hippies*, *yippies*, *beatniks*, pacifistas, feministas, defensores de la liberación gay, cristianos renacidos, hijos de la Tierra— que no son tribus, sino conglomerados cambiantes de gente desesperadamente buscando «protección» tribal.

El común denominador de todas esas pandillas es creer en el movimiento (en demostraciones masivas), no en la acción; en dar gritos, no en discutir; en exigir, no en lograr; en sentir, no en pensar; en denunciar a los «extraños», no en perseguir valores; en centrarse sólo en el «ahora», en el «hoy» sin el «mañana»; en buscar un regreso a la «naturaleza», a la «tierra», al barro, al trabajo físico, o sea, a todas las cosas con las que una mentalidad *perceptual* es capaz de lidiar. Tú no ves a los abogados de la razón y de la ciencia obstruyendo una calle, creyendo que usando sus cuerpos para parar el tránsito van a solucionar algún problema.

La mayoría de esas bandas tribales embrionarias son izquierdistas o colectivistas. Pero como prueba del hecho de que la causa del tribalismo es más profunda que la política, hay tribalistas aún más alejados de la realidad, que alegan ser derechistas. Ellos son paladines del individualismo, dicen, y lo definen como el derecho a formar su propia pandilla y a usar la fuerza física contra otros; y tienen intención de preservar el capitalismo, dicen, sustituyéndolo por el anarquismo (estableciendo gobiernos «privados» o «competidores», o sea, el gobierno tribal). El común denominador de tales individualistas es el deseo de escapar de la *objetividad* (la objetividad requiere una larguísima cadena conceptual, y principios muy abstractos), para actuar por capricho y para tratar con hombres en vez de con ideas: o sea, con los hombres de su propia pandilla, limitados por los mismos concretos.

La distancia a la que esos derechistas están de la realidad puede ser medida por el hecho de que ellos son incapaces de reconocer los ejemplos reales de sus ideales en la práctica. Uno de esos ejemplos es la mafia. La mafia (o la «familia») es un «gobierno privado», con súbditos que deciden unirse a él voluntariamente, con un conjunto rígido de reglas implementadas de forma rígida, eficiente y sangrienta; es un «gobierno» que asume la tarea de protegerte de los «extraños» y de hacer cumplir tus intereses inmediatos..., al precio de que tú vendas tu alma, es decir, de tu obediencia total a cualquier «favor» que ese gobierno pueda exigir. Otro ejemplo de un «gobierno» sin soberanía territorial es el que ofrecen los guerrilleros palestinos, quienes no tienen un país propio pero perpetran ataques terroristas y matanzas de «extraños» en cualquier lugar del mundo.

Las manifestaciones activistas del tribalismo moderno, de izquierdas o de «derechas», son extremos brutos. Son las manifestaciones más sutiles de la mentalidad anticonceptual las que son más trágicas y más difíciles de enfrentar. Son las «economías mixtas» del espíritu —los hombres desgarrados interiormente entre emociones tribales y fragmentos dispersos de pensamiento— los productos de la educación moderna a quienes no les gusta la naturaleza de lo que sienten, pero que nunca han aprendido a pensar.

Desde su más temprana infancia, sus emociones han sido condicionadas por la premisa tribal de que uno debe «pertenecer», uno debe estar «dentro», uno debe nadar con la «corriente»; uno debe seguir el camino de «los que saben». La mente frustrada de un hombre le añade otra emoción al condicionamiento tribal: un resentimiento ciego y amargo por su propia sumisión intelectual. Los hombres modernos son gregarios y antisociales al mismo tiempo. No tienen la menor noción de qué es lo que constituye una asociación humana racional.

Hay una diferencia crucial entre una asociación y una tribu. Así como una sociedad válida está regida por leyes y no por hombres, así también una asociación válida está unida por ideas, no por hombres, y sus miembros son leales a las ideas, no al grupo. Es eminentemente razonable que los hombres traten de asociarse con quienes comparten sus convicciones y sus valores. Es imposible tratar o incluso comunicarse con hombres cuyas ideas son fundamentalmente opuestas a las propias ideas de uno (y uno debería ser libre de no tratar con ellos). Todas las asociaciones válidas están formadas por la decisión individual de unirse a ellas, y con base en razones conscientes e intelectuales (profesionales, filosóficas, políticas, etc.), no por el accidente fisiológico o geográfico del nacimiento, ni por razones de tradición. Cuando los hombres están unidos por ideas, o sea, por principios explícitos, no hay lugar para favores, caprichos o poderes arbitrarios: los principios sirven como criterio *objetivo* para determinar las acciones y para *juzgar* a los hombres, sean líderes o simplemente miembros.

Eso requiere un alto grado de desarrollo conceptual y de independencia, y la mentalidad anticonceptual está desesperadamente luchando por evitarlos. Pero ésa es la única forma en que los hombres pueden trabajar juntos con justicia, con benevolencia... y con *seguridad.* No hay forma de que los hombres sobrevivan al nivel perceptual de la consciencia.

Yo no soy una estudiosa de la teoría de la evolución y, por lo tanto, no estoy ni a favor ni en contra de ella. Pero una cierta hipótesis me ha intrigado durante años; quiero enfatizar que no es más que una hipótesis. Hay una brecha enorme de continuidad entre el hombre y todas las otras especies vivas. La diferencia radica en la naturaleza de la consciencia humana, en su característica distintiva: su facultad conceptual. Es como si, después de eones de desarrollo fisiológico, el proceso evolutivo hubiera alterado su curso, y las etapas superiores de desarrollo se hubiesen centrado principalmente en la consciencia de la especie, no en su cuerpo. Pero el desarrollo de la consciencia del hombre es volitivo: independientemente de su nivel innato de inteligencia, él debe desarrollarla, debe aprender a usarla, debe convertirse en un ser humano por elección. ¿Y si decide no hacerlo? Entonces se convierte en un fenómeno transitorio, en una criatura desesperada luchando frenéticamente contra su propia naturaleza, anhelando la «seguridad» sin esfuerzo que tiene la consciencia de un animal, la cual él no puede recuperar, y rebelándose contra una consciencia humana, la cual él tiene miedo de adquirir.

Durante años, los científicos han estado buscando un «eslabón perdido» entre el hombre y los animales. Tal vez ese eslabón perdido sea la mentalidad anticonceptual.

5

Egoísmo sin ego

En el ensayo anterior, «El eslabón perdido», analicé la mentalidad anticonceptual y sus manifestaciones sociales (tribales). Todos los tribalistas son anticonceptuales en distintos grados, pero no todas las mentalidades anticonceptuales son tribalistas. Algunas son *lobos* solitarios (enfatizando las características más depredadoras de la especie).

La mayoría de esos lobos son tribalistas frustrados, o sea, personas rechazadas por la tribu (o por las personas de su entorno inmediato): ellos son demasiado informales para acatar las reglas convencionales, y son manipuladores demasiado obvios para competir por el poder tribal. Dado que una mentalidad perceptual no puede proveer a un hombre de una forma de supervivencia, ese hombre, dejado a sus propios recursos, se convierte en un cierto tipo de vagabundo intelectual, dando tumbos como un ecléctico parásito mental, alguien que va recogiendo pedacitos de ideas al azar, modificándolas a su antojo, con sólo una constante en su comportamiento: ir saltando de un grupo a otro, con la necesidad de aferrarse a las personas, a cualquier tipo de personas, y de manipularlas.

Independientemente de los montajes teóricos que él sea capaz de urdir y con los que hacer malabarismos en campos diversos, es el campo de la ética el que lo llena de la más profunda sensación de terror y de su propia impotencia. La ética es una disciplina conceptual; la lealtad a un código de valores requiere poder captar principios abstractos y saber aplicarlos a situaciones y a acciones concretas (incluso al nivel más primitivo de practicar algunos rudimentarios mandamientos morales). El lobo solitario tribal no consigue captar directamente los valores. Él siente que eso es una falta que él debe encubrir a cualquier precio, y que ese asunto, para él, es el más difícil de falsear. Los caprichos que lo guían y que cambian de un momento a otro o de un año a otro no pueden ayudarle a concebir un estado interior con el que dedicarse de por vida a los valores que uno ha escogido. Sus caprichos lo condicionan a lo contrario: ellos automatizan el evitar cualquier compromiso permanente con algo o con alguien. Sin valores personales, un hombre no puede tener ningún sentido de lo bueno o de lo malo. El lobo solitario tribal es un *amoralista* de pies a cabeza.

El síntoma más claro por el cual uno puede reconocer a ese tipo de persona es su incapacidad absoluta para juzgarse a sí mismo, sus acciones o su trabajo con algún tipo de estándar. El patrón normal de autoevaluación requiere una referencia a alguna virtud o a algún valor abstracto; por ejemplo: «Soy bueno porque soy racional»; o bien: «Soy bueno porque soy honesto» (incluso la noción del parásito mental: «Soy bueno porque le caigo bien a la gente»). Independientemente de si los patrones de valor involucrados son verdaderos o falsos, esos ejemplos implican el reconocimiento de un principio moral esencial: que el propio valor de uno ha de ser *ganado*.

El patrón implícito de autovaloración del amoralista (que él rara vez identifica o admite) es: «Soy bueno porque soy *yo*».

Después de una edad de entre tres y cinco años (o sea, después del nivel perceptual de desarrollo mental), eso no es una expresión de orgullo o de autoestima, sino de lo contrario: de un vacío, de una mentalidad estancada y paralizada que confiesa su impotencia para lograr cualquier virtud o cualquier valor personal.

No confundas ese patrón con el subjetivismo psicológico. Un subjetivista psicológico es incapaz de identificar totalmente sus valores, o de demostrar su validez objetiva, pero él puede ser profundamente consistente y fiel a ellos en la práctica (aunque con una terrible dificultad psicoepistemológica). El amoralista no mantiene valores subjetivos; él no mantiene *ningún* valor. El patrón implícito de todas sus evaluaciones lo reflejan las siguientes afirmaciones: «Es bueno porque *a mí* me gusta»; «Es correcto porque *yo* lo he hecho»; «Es verdad porque *yo* quiero que sea verdad». ¿Qué es el «yo» en esas afirmaciones? Un cascarón vacío movido por una ansiedad crónica.

Los ejemplos que encontramos con más frecuencia de ese patrón son: el escritor que reprocesa algunas antiguas frases trilladas y siente que su trabajo es nuevo... porque él lo escribió; el artista no objetivo que siente que sus garabatos son superiores a los hechos por el rabo de un mono... porque él los ha hecho; el empresario que contrata a personas mediocres porque le caen bien; el político «idealista» que afirma que el racismo es bueno si lo practica una minoría (la que *él* elige), pero es malvado si lo practica una mayoría; y cualquiera que abogue por cualquier tipo de doble estándar.

Pero incluso esos mezquinos sustitutos de la moralidad son sólo un pretexto: el amoralista no cree en eso de «soy bueno porque soy yo». Esa política implícita es su protección contra su convicción más profunda, una que jamás ha de ser identificada: «Yo no soy bueno de pies a cabeza».

El amor es una respuesta a los valores. La verdadera autovaloración del amoralista es revelada en su necesidad anormal de ser amado (pero no en el sentido racional de la palabra), de ser «amado por él mismo», o sea, *sin causa*. James Taggart[5] revela la naturaleza de una necesidad así: «Yo no quiero ser amado *por* nada. Quiero ser amado por mí mismo..., no por nada que yo haga, tenga, diga o piense. Por mí mismo..., no por mi cuerpo o mi mente o mis palabras o mi trabajo o mis acciones» (*La rebelión de Atlas*). Y su esposa le pregunta: «Pero, entonces, ¿qué *es* ese tú mismo?»; pero él no tiene respuesta.

Daré un ejemplo de la vida real... Hace años conocí a una mujer ya mayor que era una escritora y una persona muy inteligente, pero inclinada al misticismo, amargada, hostil, solitaria y muy infeliz. Su opinión sobre el amor y la amistad eran similares a las del personaje James Taggart. En la época en que se publicó

5. Personaje de *La rebelión de Atlas*, hermano de la protagonista, Dagny Taggart. *(N. del e.)*

El manantial, yo le dije que le estaba muy agradecida a Archibald Ogden, el editor que había amenazado con renunciar a su trabajo si sus superiores no lo publicaban. Ella escuchó con un gesto típico de escepticismo o de desaprobación, y luego dijo: «Usted no tiene por qué sentir agradecimiento hacia él. Él no lo hizo por *usted*. Lo hizo para favorecer su propia carrera, porque pensó que era un buen libro». Yo me quedé realmente horrorizada. Pregunté: «¿Quiere usted decir que su acción habría sido mejor —y que yo debería preferirla— si él hubiese pensado que era un libro sin valor y que habría luchado por su publicación por razones de su *caridad* hacia mí?». Ella no quiso responder, y cambió de tema. Fui incapaz de conseguir una explicación de su parte. Necesité muchos años para empezar a entender.

Un fenómeno parecido, que me desconcertó durante mucho tiempo, puede ser observado en política. Los comentaristas a menudo exhortan a algún político a colocar los intereses del país por encima de los suyos propios (o de los de su partido) y ceder ante sus adversarios; y esas exhortaciones no van dirigidas a personas informales o irresponsables, sino a hombres serios. ¿Qué significa eso? Si el político está convencido de que sus ideas son correctas, es al país a quien él traicionaría al hacer concesiones. Si está convencido de que las ideas de sus adversarios están equivocadas, es al país al que él estaría perjudicando. Si él no está seguro de ninguna de las dos cosas, entonces debería verificar sus propios puntos de vista, por su propio bien, no sólo por el del país, porque la verdad o la falsedad de sus ideas debería ser de un supremo interés *personal* para él.

Pero esas consideraciones presuponen una consciencia conceptual que se toma las ideas en serio, es decir, que deriva sus puntos de vista de principios derivados de la realidad. Una consciencia perceptual es incapaz de creer que las ideas puedan tener una importancia *personal* para alguien; considera las ideas como una cuestión de elección arbitraria, como medios para lograr algunos fines inmediatos. Desde esa perspectiva, un hombre no trata de ser elegido para un cargo público con el fin de implementar determinadas políticas, sino que está a favor de determinadas políticas para poder ser elegido. Si es así, entonces, ¿por qué demonios querría él ser elegido? Las mentalidades perceptuales nunca hacen tal pregunta: el concepto de un objetivo a largo plazo está más allá de sus límites. (Hay un montón de políticos y un montón de comentaristas de ese tipo; y dado que la mentalidad es considerada como correcta y normal, ¿qué indica eso sobre el estado intelectual de la cultura actual?)

Si un hombre subordina las ideas y los principios a sus «intereses personales», ¿cuáles son sus intereses personales, y a través de qué medios los determina? Pensemos en el trabajo esclavizado, sin sentido y desprendido, al que un político se condena a sí mismo si el objetivo de su trabajo —la administración correcta del país— no tiene ningún interés personal para él, o en el trabajo de un abogado, si la justicia no tiene ningún interés personal para él; o en el de un escritor, si el valor objetivo de sus libros no tiene ningún interés personal para él..., como la mujer que mencioné antes estaba sugiriendo. Pero una mentalidad perceptual es incapaz de generar valores o metas, y tiene que elegirlas de segunda mano, como si fuera algo dado, y luego hacer lo que se espera de ella. (No todos los hombres así son lobos solitarios tribales —algunos son leales y aturullados tribalistas sin profundidad psicoepistemológica—, pero todos ellos son mentalidades anticonceptuales.)

Con todo el énfasis que pone en «él mismo» (y en ser «amado por él mismo»), el lobo solitario tribal no tiene ego y no tiene intereses personales, sólo tiene caprichos momentáneos. Él es consciente de sus sensaciones inmediatas y de muy poco más. Observa que cada vez que él se arriesga a hablar de valores espirituales (es decir, intelectuales) —de las cosas que él personalmente ama o admira—, uno se sorprende por la trivialidad, la vulgaridad y la basura prestada que sale de él.

Un lobo solitario tribal siente que su «ego» está desvinculado de sus acciones, de su trabajo, de sus objetivos, de sus ideas. Todo eso, siente él, son cosas que algún poder externo —la sociedad o la realidad o el universo material— de alguna forma le ha impuesto a él. Su verdadero «ego», siente él, es alguna entidad inefable carente de atributos. Una cosa es verdad: su «ego» es inefable, o sea, no existe. El «ego» de un hombre es su mente, la facultad que percibe la realidad, que forma juicios, que elige valores. Para un lobo solitario tribal, «la realidad» es un término sin significado; su metafísica consiste en un sentimiento crónico de que la vida, de alguna forma, es una conspiración de personas y de cosas contra *él*, y él está dispuesto a pisar montones de cadáveres —¿para poder afirmarse a sí mismo?..., no— para esconder (o llenar) el persistente vacío interior que ha dejado su abortado ego.

El chiste sin gracia para la humanidad es el hecho de que *él* es considerado un símbolo del *egoísmo*. Eso lo anima en sus depredaciones: le da la esperanza del éxito al falsificar un carácter que él sabe que está fuera de su poder. El egoísmo es un logro profundamente filosófico y *conceptual*. Cualquiera que considere a un lobo solitario tribal como una imagen del egoísmo está confesando la naturaleza perceptual de su propio funcionamiento mental.

En cualquier caso, los tribalistas siguen proclamando que la moralidad es un fenómeno exclusivamente social, y que la adhesión a una tribu —a cualquier tribu— es la única forma de hacer que los hombres sean morales. Pero los dóciles miembros de una tribu no son mejores que el lobuno hermano que han rechazado, y son tan amorales como él: el estándar de ellos es «nosotros somos buenos porque somos nosotros».

La abdicación y el encogimiento del ego es una característica destacada de todas las mentalidades perceptuales, sean de tribalistas o de lobos solitarios. Todas ellas temen depender de ellas mismas; todas ellas temen las responsabilidades que sólo un yo, un ego (es decir, una consciencia conceptual) puede realizar, y tratan de huir de las dos actividades que un hombre verdaderamente egoísta defendería con su vida: juzgar y decidir. Ellos le temen a la razón (que es ejercida volitivamente) y confían en sus emociones (que son automáticas); prefieren los parientes (un accidente de nacimiento) a los amigos (una cuestión de elección); prefieren la tribu (lo dado) a los extraños (lo nuevo); prefieren los mandamientos (lo memorizado) a los principios (lo comprendido); aprueban todas las teorías del determinismo, cada noción que les permite gritar: «¡No pude evitarlo!».

Es obvio por qué la moralidad del *altruismo* es un fenómeno tribal. Los hombres prehistóricos eran físicamente incapaces de sobrevivir sin aferrarse a una tribu que los liderara y los protegiera de otras tribus. La causa de que el altruismo se perpetuase en las épocas civilizadas no es física, sino psicoepistemológica: los hombres de mentalidad autolimitada y perceptual son incapaces de sobrevivir sin liderazgo tribal y sin «protección» contra la realidad. La doctrina del autosacrificio no les ofende: ellos no tienen ningún sentido del ego o de un valor personal; no saben qué es lo que se les pide que sacrifiquen; no tienen la menor noción, por lo menos de primera mano, de cosas tales como la integridad intelectual, el amor a la verdad, los valores personalmente escogidos o la dedicación apasionada a una idea. Cuando oyen algo contra el «egoísmo», creen que a lo que deben renunciar es a la bruta e insensata adoración al capricho de un lobo solitario tribal. Pero sus líderes —los teóricos del altruismo— sí saben lo que están diciendo. Immanuel Kant lo sabía; John Dewey lo sabía; B. F. Skinner lo sabía; John Rawls lo sabía. Observa que no es el bruto insensato, sino la razón, la inteligencia, la habilidad, el mérito, la confianza en uno mismo, la autoestima... lo que ellos están determinados a destruir.

Hoy estamos viendo un espectáculo espantoso: una magnífica civilización científica dominada por la moralidad de un salvajismo prehistórico. El fenómeno que lo hace posible es la psicoepistemología dividida de mentes «compartimentadas». Su mejor ejemplo son los hombres que se *refugian* en las ciencias físicas (o en la tecnología, la industria o los negocios) esperando encontrar en ellas protección contra la irracionalidad humana, y abandonando el campo de las ideas a los enemigos de la razón. Esos refugiados incluyen a muchos de los mejores cerebros de la humanidad. Pero tal refugio no es posible. Esos hombres, que realizan hazañas de integración conceptual y de pensamiento racional en su trabajo, se vuelven impotentemente anticonceptuales en todos los demás aspectos de sus vidas, sobre todo en relaciones humanas y en temas sociales. (Por ejemplo, compara el logro científico de Einstein con sus puntos de vista políticos.)

El progreso del hombre requiere especialización. Pero una sociedad con una división del trabajo no puede sobrevivir sin una filosofía racional, sin una base firme de principios fundamentales cuyo objetivo es entrenar a una mente humana a ser humana, es decir, *conceptual*.

6

Carta abierta a Borís Spasski

Estimado camarada Spasski:

He estado siguiendo con gran interés sus partidas con Bobby Fischer en el campeonato mundial de ajedrez. No soy una entusiasta del ajedrez, ni siquiera una jugadora, y sólo conozco las reglas básicas del juego. Soy filósofa y novelista de profesión.

Pero he visto algunas de sus partidas, reproducidas jugada a jugada en televisión, y me han parecido ser una fascinante demostración de la enorme complejidad de pensamiento y de planificación que es requerida de un jugador de ajedrez; es una demostración de cuántas consideraciones él tiene que tener en mente, de cuántos elementos tiene que integrar, de cuántas contingencias debe estar preparado a afrontar, de cuántas jugadas en el futuro él tiene que prever y planificar. Es obvio que usted y su adversario poseen una capacidad intelectual excepcional.

Entonces me sorprendió darme cuenta de que tanto el juego en sí como el virtuosismo mental de los jugadores son posibles gracias al *absolutismo metafísico* de la realidad con la que tratan. El juego está regido por la ley de identidad y por su corolario, la ley de causalidad. Cada pieza es lo que es: una dama es una dama, un alfil es un alfil..., y las acciones que cada una puede realizar están determinadas por su naturaleza: una dama puede ser movida a cualquier distancia en cualquier línea abierta, tanto horizontal y verticalmente como en diagonal, pero un alfil no; una torre puede ser movida de un lado a otro del tablero, pero un peón no; etcétera. Sus identidades y las reglas de sus movimientos son inmutables, y eso le permite a la mente del jugador idear una estrategia compleja y a largo plazo, para que el juego dependa sólo del poder de su ingenio (y del de su adversario).

Eso me llevó a algunas preguntas que me gustaría hacerle a usted.

1. ¿Sería usted capaz de jugar si, en un momento crucial —cuando, después de horas de increíble esfuerzo mental, usted hubiera logrado acorralar a su adversario—, un poder desconocido y arbitrario cambiara de repente las reglas del juego en favor de él, permitiendo, digamos, que sus alfiles se movieran como damas? Usted no sería capaz de continuar, ¿verdad? Y sin embargo, en el mundo en que vivimos, ésa es la ley de su país, y ésa es la condición en la que se espera que sus compatriotas no solo jueguen, sino vivan.

2. ¿Sería usted capaz de jugar si las reglas del ajedrez fuesen actualizadas para ajustarse a una realidad dialéctica en la que los opuestos se fusionan, de forma que, en un momento crucial, su dama cambiara repentinamente de blanca a negra, pasando a ser la dama de su adversario, y luego cambiara a gris, perteneciendo a ambos jugadores? Usted no sería capaz de continuar, ¿verdad? Y, sin embargo, en el mundo en que vivimos, ésa es la visión de la realidad que sus compatriotas se ven obligados a aceptar, a absorber, y por la cual deben vivir.

3. ¿Sería usted capaz de jugar si tuviese que hacerlo en equipo, es decir, si a usted se le prohibiera pensar o actuar solo, y tuviera que jugar no con un grupo de asesores, sino con un equipo que determinara cada una de sus jugadas mediante el voto? Puesto que, al ser usted un campeón, usted tiene la mejor mente de todos ellos, ¿cuánto tiempo y cuánto esfuerzo tendría usted que dedicar a persuadir al equipo de que la estrategia *de usted* es la mejor? ¿Tendría usted posibilidades de ganar? ¿Y qué haría usted si algunas mentalidades pragmáticas, que no ven más allá del momento inmediato, votaran por comerse el caballo de un

adversario a costa de un jaque mate tres jugadas después? Usted no sería capaz de continuar, ¿verdad? Y, sin embargo, en el mundo en que vivimos, ése es el ideal teórico de su país, y el método por el cual propone lidiar (algún día) con la investigación científica, con la producción industrial y con todas las demás actividades requeridas para la supervivencia del hombre.

4. ¿Sería usted capaz de jugar si el engorroso mecanismo del trabajo en equipo fuese automatizado y sus jugadas fuesen dictadas simplemente por un hombre que está de pie detrás de usted, con una pistola apuntada a su espalda, un hombre que no explica ni discute, siendo su pistola su único argumento y su única cualificación? Usted no sería capaz de empezar, y menos aún de continuar, ¿verdad? Y, sin embargo, en el mundo en que vivimos, ésa es la política práctica bajo la cual los hombres viven —y mueren— en su país.

5. ¿Sería usted capaz de jugar —o de disfrutar del aprecio profesional, del interés y del aplauso de una Federación Internacional de Ajedrez— si las reglas del juego fuesen divididas, y si usted jugase por las reglas «prolctarias» mientras que su adversario juega por las reglas «burguesas»? ¿Diría usted que tal «pluralismo de reglas» es aún más absurdo que el polilogismo? Y sin embargo, en el mundo en que vivimos, su país profesa buscar la armonía y la comprensión global, mientras proclama que sigue una lógica «proletaria» y que los otros siguen una lógica «burguesa», o una lógica «aria», o una lógica «tercermundista», etcétera.

6. ¿Sería usted capaz de jugar si las reglas del juego siguieran siendo como son en la actualidad pero con una excepción: que los peones fuesen reconocidos como las piezas más valiosas e imprescindibles (puesto que ellos pueden simbolizar a las masas), unas piezas que deberían ser protegidas al precio de sacrificar las más eficaces (los individuos)? Usted podría decir que son tablas al responder a esa pregunta, porque no es sólo su país, sino el mundo entero, el que acepta ese tipo de regla en moralidad.

7. ¿Se *molestaría* usted en jugar si las reglas del juego permanecieran sin cambiar pero la distribución de las recompensas fuese cambiada de acuerdo con principios igualitarios: si los pre-

mios, los honores y la fama les fuesen dados no al ganador, sino al perdedor; si ganar fuese considerado un síntoma de egoísmo, y el ganador fuese penalizado por el crimen de poseer una inteligencia superior, y si la pena consistiera en la suspensión por un año, para poder darles una oportunidad a otros? ¿Intentarían jugar, usted y su adversario, no para ganar, sino para perder? ¿Qué le causaría eso a su mente?

No tiene que responderme, camarada. Usted no es libre para hablar y ni siquiera para pensar en tales preguntas..., y yo sé las respuestas. No, usted no sería capaz de jugar bajo ninguna de las condiciones mencionadas arriba. Es para escapar de fenómenos de esa índole por lo que usted se refugió en el mundo del ajedrez.

Oh, sí, camarada, el ajedrez es un escape: un escape de la realidad. Es una «salida», una forma de «poder funcionar» para un hombre de inteligencia superior a la media, de alguien que tenía miedo de vivir, pero no podía dejar su mente ociosa y consagrada a un placebo, cediéndole de esa forma a otros el mundo real que él había rechazado como dándolo por demasiado difícil de entender.

Por favor, no crea que eso significa que yo me opongo al juego como tal: los juegos son una parte importante de la vida del hombre, le dan un necesario descanso, y el ajedrez puede hacer eso para hombres que viven bajo la constante presión de un trabajo que tiene un significado real. Además, algunos juegos —como los campeonatos deportivos, por ejemplo— nos ofrecen una oportunidad de ver ciertas habilidades humanas desarrolladas hasta un nivel de perfección.

Pero ¿qué pensaría usted de un corredor que es campeón mundial y que en la vida real se desplazara en una silla de ruedas? ¿O de un campeón de salto de altura que fuese andando a cuatro patas? Ustedes, los profesionales del ajedrez, son considerados los símbolos de la más preciosa de las capacidades humanas: el poder intelectual; pero ese poder los abandona a ustedes más allá de los confines de las sesenta y cuatro casillas de un tablero de ajedrez, dejándolos confundidos, ansiosos, e impotentemente desenfocados. Porque, ve usted, el tablero de ajedrez no es un campo de entrenamiento, sino un *sustituto* de la realidad.

Un joven superdotado y precoz se encuentra a menudo desconcertado ante el mundo; es a la *gente* a la que él no puede comprender, es su comportamiento inexplicable, contradictorio y enredado lo que le asusta. El enemigo que él correctamente detecta, pero decide no combatir, es la *irracionalidad* humana. Entonces se retira, se da por vencido, y corre, buscando algún santuario en el que su mente sea valorada..., y cae en la trampa del ajedrez.

Ustedes, los profesionales del ajedrez, viven en un mundo especial, un mundo seguro, protegido, ordenado, en el cual todos los grandes principios fundamentales de la existencia están tan firmemente establecidos y son tan firmemente obedecidos, que ustedes ni siquiera tienen que darse cuenta de ellos. (Son los principios involucrados en mis siete preguntas.) Ustedes no saben que esos principios son las precondiciones de su juego, y ustedes no tienen que reconocerlos cuando los encuentran, o cuando se encuentran con la violación de esos principios en la realidad. En el mundo *de ustedes*, ustedes no tienen que preocuparse por ellos: lo único que tienen que hacer es *pensar*.

El proceso de pensar es el medio básico de supervivencia del hombre. El placer de realizar ese proceso con éxito —de experimentar la eficacia de la propia mente de uno— es el placer más profundo que es posible para los hombres, y es su necesidad más profunda, sea cual sea el nivel de inteligencia que tengan. Así que uno puede entender lo que lo atrae a usted al ajedrez: usted cree que ha encontrado un mundo en el que todos los obstáculos irrelevantes han sido eliminados, en el que nada importa excepto el ejercicio puro y triunfante del poder de su mente. Pero ¿lo ha encontrado, camarada?

A diferencia del álgebra, el ajedrez no representa la *abstracción* —el patrón básico— del esfuerzo mental; representa lo contrario: enfoca el esfuerzo mental en un conjunto de concretos, y exige cálculos tan complejos que una mente no tiene espacio para nada más. Al crear una ilusión de acción y de lucha, el ajedrez reduce la mente del jugador profesional a una pasividad carente de sentido crítico y de valorización hacia la vida. El ajedrez elimina el motor del esfuerzo intelectual —elimina la pregunta «¿para qué?»— y deja un fenómeno un tanto atemorizante: un esfuerzo intelectual sin ningún objetivo.

Si —por múltiples razones, psicológicas o existenciales— un hombre llega a creer que el mundo real está cerrado para él, que él no tiene nada que buscar o que lograr y que ninguna acción es posible, entonces, el ajedrez se convierte en su antídoto, en el medio de drogar su propia mente rebelde que se niega totalmente a creerlo y a quedarse inmóvil. Ésa, camarada, es la razón por la cual el ajedrez siempre ha sido tan popular en su país, antes del régimen actual y a partir de él, y la razón por la cual no ha habido muchos maestros norteamericanos. Como usted ve, en este país, los hombres todavía son libres para actuar.

Ya que los gobernantes de su país han proclamado que este campeonato es una cuestión ideológica, una contienda entre Rusia y Norteamérica, yo estoy deseando que gane Bobby..., y todos mis amigos también. La razón por la cual esta contienda ha despertado un interés sin precedentes en nuestro país es la indignación y la frustración que sufre desde hace tiempo el pueblo estadounidense por la política de ataques y de provocaciones, por el gamberrismo insolente del país de usted y por la paciencia más que tolerante y más que generosa de nuestro propio Gobierno. Hay un deseo generalizado en nuestro país de ver a la Rusia soviética vencida en cualquier campo, de la forma que sea, y —como todos estamos más que hartos de los choques globales entre las masas anónimas y sin rostro— el drama casi medieval de dos caballeros individuales librando la batalla del bien contra el mal nos atrae simbólicamente. (Pero eso, claro está, es sólo un símbolo; usted no es necesariamente el voluntario defensor del mal; por lo que sabemos, podría ser su víctima, tanto como el resto del mundo es su víctima.)

La conducta de Bobby Fischer, sin embargo, rompe el simbolismo, pero es un ejemplo evidente del choque entre la mente de un experto de ajedrez y la realidad. Ese jugador, que tiene confianza en sí mismo, que es disciplinado, que es obviamente brillante, se viene abajo cuando tiene que lidiar con el mundo real. Tiene berrinches como un niño, rompe acuerdos, hace demandas arbitrarias y se permite el tipo de caprichos que de lejos lo descalificarían para jugar al ajedrez en un torneo de escuela secundaria. Así que él trae al mundo real la misma maldad que lo hizo escapar de él: la *irracionalidad*. Un hombre que tiene miedo de firmar una carta, que teme establecer cualquier compromiso firme, que busca la guía de los edictos arbitrarios de una secta mística para poder aprender cómo vivir su vida..., eso no es una gran mente, una mente segura de sí misma, sino una víctima trágicamente indefensa, destrozada anímicamente por una aguda ansiedad y, quizá, por una sensación de estar traicionando lo que podría haber sido un gran potencial.

Pero, podría usted decir, los principios de la razón no son aplicables fuera de los límites de un tablero de ajedrez, ellos no son más que una invención humana, son impotentes contra el caos que hay allá fuera, no tienen ninguna posibilidad de funcionar en el mundo real. Si eso fuese verdad, ninguno de nosotros habría sobrevivido, y ni siquiera habría nacido, porque la especie humana habría perecido hace mucho tiempo. Si, bajo reglas irracionales como las que he citado arriba, los hombres ni siquiera fuesen capaces de jugar una partida de ajedrez, ¿cómo podrían vivir? No es la razón, sino la irracionalidad, lo que es una invención humana..., o, mejor dicho, un defecto.

La naturaleza (la realidad) es tan absolutista como el ajedrez, y sus reglas (sus leyes) son igual de inmutables (o incluso más); pero sus reglas y la forma de aplicarlas son mucho mucho más complejas, y tienen que ser descubiertas por el hombre. Y así como un hombre puede memorizar las reglas del ajedrez pero tiene que usar su mente para poder aplicarlas, o sea, para poder jugar bien, así también cada hombre tiene que usar su mente para poder aplicar las reglas de la naturaleza, es decir, para poder vivir con éxito. Hace mucho tiempo, el gran maestro de todos los maestros nos dio los principios básicos del método por el cual uno descubre las reglas de la naturaleza y de la vida. Su nombre es Aristóteles.

¿Habría querido usted refugiarse en el ajedrez si viviese en una sociedad basada en principios aristotélicos? Sería un país en el que las reglas serían objetivas, firmes y claras; en el que usted podría usar el poder de su mente al máximo, en cualquier escala que usted quisiese; en el que usted ganaría recompensas por sus logros, y los hombres que decidieran ser irracionales no tendrían el poder de detenerlo a usted ni de perjudicar a nadie más que a ellos mismos. ¿Ese sistema social no puede ser concebido, dice usted? Pues sí, ya *fue* concebido, y estuvo a punto de llegar a existir plenamente..., sólo que las mentalidades que estaban al nivel de jugar a las cartas o a los dados, los hombres con pistolas y con sus hechiceros, no quisieron que la humanidad lo conociera. Lo llamaron: *capitalismo*.

Pero en esa cuestión, camarada, usted también puede decir que son tablas: su país no conoce el significado de esa palabra..., y, hoy, la mayoría de la gente en nuestro país no lo conoce tampoco.

Atentamente,

Ayn Rand

7

Fe y fuerza: los destructores del mundo moderno

Conferencia de Ayn Rand en la Universidad de Yale, el 17 de febrero de 1960; en el Brooklyn College, el 4 de abril de 1960; y en la Universidad de Columbia, el 5 de mayo de 1960.

Si queréis que nombre, en una sola frase, lo que está mal en el mundo moderno, diré que nunca antes ha estado el mundo clamando tan desesperadamente por respuestas a problemas cruciales, y nunca antes ha estado el mundo tan frenéticamente empeñado en la creencia de que ninguna respuesta es posible.

Observa la peculiar naturaleza de esa contradicción, y la peculiar atmósfera emocional de nuestra época. Ha habido períodos en la historia en los que los hombres no han conseguido encontrar respuestas porque eludían la existencia de los problemas, pretendiendo que nada los amenazaba y denunciando a cualquiera que hablara de un desastre inminente. Pero ésa no es la actitud predominante de nuestra época. Hoy, las voces que proclaman el desastre son un bromuro tan de moda que la gente está hundida en la apatía por su monótona insistencia; pero la ansiedad que hay bajo esa apatía es real. Consciente o subconscientemente, intelectual o emocionalmente, la mayoría de las personas saben hoy que el mundo está en una situación terrible y que no puede continuar durante mucho tiempo por el camino que va.

La existencia de los problemas es reconocida, pero, de nuestros supuestos líderes intelectuales, sólo oímos generalidades sin sentido y evasivas vergonzosas. Mires donde mires, sea en publicaciones filosóficas o en revistas intelectuales, o en los editoriales de periódicos, o en discursos políticos de cualquiera de los dos partidos, te encontrarás con la misma actitud mental, formada por dos características: rancidez y superficialidad. La gente parece insistir en hablar, y también en llevar cuidado para no decir nada. El escapismo, la estupidez, la conformidad gris del ruido intelectual de las expresiones actuales suenan como las voces de hombres que están bajo censura, cuando no existe ninguna censura. Nunca jamás ha habido una época caracterizada por esa combinación tan grotesca de cualidades: *desesperación* y *aburrimiento*.

Podrías decir que ése es el cansancio honesto de hombres que han hecho todo lo posible por luchar para encontrar respuestas, y que han fracasado. Pero la dignidad de una resignación honesta (aunque impotente) no es ciertamente la atmósfera emocional de nuestra época. Una resignación honesta no se justificaría o se manifestaría repitiendo los mismos clichés de siempre una y otra vez, y a la vez fingiendo seguir con la búsqueda. Un hombre que está honestamente convencido de que no puede encontrar respuestas no sentiría la necesidad de fingir que las está buscando.

Podrías decir que la explicación radica en nuestro moderno cinismo, y que la gente no consigue encontrar respuestas porque en realidad les da igual. Es verdad que la gente es cínica hoy, pero eso es meramente un síntoma, no una causa. El cinismo actual tiene una peculiaridad especial: estamos tratando con cínicos a quienes *sí* les importa, y el repugnante secreto de nuestra época reside en lo que a ellos les importa, en qué es lo que están buscando.

La verdad en cuanto al estado intelectual del mundo moderno, la característica peculiar del siglo XX que lo distingue de otros períodos de crisis culturales, es el hecho de que lo que la gente está buscando *no son* respuestas a problemas, sino *el alivio de que ninguna respuesta es posible*.

Un amigo mío dijo una vez que la actitud de hoy, parafraseando la Biblia, es: «Perdóname, padre, porque no sé lo que estoy haciendo..., y por favor no me lo digas».

Observa la forma tan escandalosa en que los intelectuales modernos están buscando soluciones para los problemas..., y con qué rapidez descartan la existencia de cualquier teoría o idea, pasada o presente, que les dé la pista a una solución. Observa que esos relativistas modernos —con sus credos de tolerancia intelectual, de mente abierta, de lo antiabsoluto— se convierten en dogmáticos acérrimos que denuncian a cualquiera que afirme poseer conocimiento. Observa que ellos toleran cualquier cosa excepto la certeza, y que aprueban cualquier cosa excepto los valores. Observa que ellos profesan amar a la humanidad, que babean de pena ante cualquier estudio literario sobre asesinos, dipsómanos, drogadictos y psicópatas, ante cualquier despliegue de la depravación de su objeto amado, y gritan encolerizados cuando alguien se atreve a afirmar que el hombre *no es* depravado. Observa que profesan estar motivados por la compasión al ver el sufrimiento humano..., y cierran sus oídos con indignación ante cualquier sugerencia de que el hombre *no tiene* por qué sufrir.

Lo que ves a tu alrededor hoy, entre los intelectuales modernos, es el grotesco espectáculo de atributos como una incertidumbre militante, un cinismo belicoso, un agnosticismo dogmático, una autodegradación arrogante y una depravación hipócrita. Los dos absolutos de los no absolutistas de hoy son que la ignorancia consiste en alegar conocimiento, y que la inmoralidad consiste en pronunciar juicios morales.

Entonces, ¿por qué querría la gente aferrarse a la convicción de que la destrucción, la oscuridad, la depravación y el desastre al que estamos abocados son inevitables? Bueno, los psicólogos te dirán que, cuando un hombre padece de ansiedad neurótica, él se aferra a cualquier racionalización disponible para explicar el miedo a sí mismo, y se aferra a esa racionalización aunque desafíe la lógica, la razón, la realidad o cualquier argumento que le asegure que el peligro puede ser evitado. Él no *quiere* que sea evitado, porque la racionalización le sirve como un velo para ocultar de sí mismo la causa verdadera de su miedo, la causa que él no se atreve a afrontar.

Damas y caballeros, lo que están viendo hoy es la ansiedad neurótica de toda una cultura. La gente no quiere encontrar ninguna respuesta para evitar el peligro en que está: lo único que quiere, lo único que está buscando, es una excusa para gritar: «¡No pude evitarlo!».

Si algunos siglos han sido identificados por sus características dominantes, como la era de la razón o la era de la Ilustración, la nuestra es *la era de la culpa.*

¿Qué es lo que las personas temen..., y qué es de lo que se sienten culpables?

Las personas temen el conocimiento inadmitido de que su cultura está en quiebra. Se sienten culpables, porque saben que *ellas* la han llevado a la quiebra, y que les falta coraje para volver a empezar desde cero.

Ellas temen al conocimiento de que han llegado al callejón sin salida de las evasiones tradicionales de todos los siglos detrás de ellas, de que las contradicciones de la civilización occidental las han alcanzado, de que ya no hay concesiones o términos medios que puedan funcionar, y de que la responsabilidad por resolver esas contradicciones tomando una decisión fundamental es de ellas, ahora, hoy. Ellas están tomándose su tiempo para poder evadir el hecho de que tenemos que revisar nuestras premisas básicas o pagar el precio de todas las contradicciones que hay sin resolver, un precio que es: la destrucción.

Los tres valores que los hombres han mantenido durante siglos y que ahora se han colapsado son: el misticismo, el colectivismo y el altruismo. El misticismo —como poder cultural— murió en la época del Renacimiento. El colectivismo —como ideal político— murió en la Segunda Guerra Mundial. En cuanto al altruismo..., nunca ha estado vivo; es el veneno mortal en la sangre de la civilización occidental, y los hombres sólo han sobrevivido a él en la medida en que ni lo creyeron ni lo practicaron. Pero los ha alcanzado, y *ése* es el asesino que ahora ellos tienen que enfrentar y derrotar. *Ésa* es la decisión básica que ellos tienen que tomar. Para que cualquier civilización pueda sobrevivir, es la moralidad del altruismo la que los hombres tienen que rechazar.

Algunos de vosotros reconoceréis mis siguientes frases. Sí, ésta *es* una época de crisis moral. Sí, *estáis* soportando el castigo por vuestra maldad. Vuestro código moral ha alcanzado su clímax, el callejón sin salida al final de su curso. Y si deseáis seguir viviendo, lo que ahora necesitáis no es *volver* a la moralidad, sino *descubrirla.*

¿Qué *es* la moralidad? Es un código de valores para guiar las elecciones y las acciones del hombre, las elecciones que determinan el *objetivo* y el curso de su vida. Es un código por medio del cual él juzga lo que es correcto o incorrecto, bueno o malo.

¿Cuál es el código moral del altruismo? El principio básico del altruismo es que el hombre no tiene derecho a existir por sí mismo, que el servicio a los demás es la única justificación de su existencia y que sacrificarse es su principal deber, virtud y valor moral.

No confundas altruismo con amabilidad, buena voluntad o respeto por los derechos de otros. Ésas no son causas primarias, sino consecuencias, las cuales, de hecho, el altruismo hace imposibles. La causa irreductible del altruismo, la base absoluta, es el *autosacrificio*, lo que significa: la autoinmolación, la abnegación, la negación de uno mismo, la autodestrucción...; lo que significa: el *ego* como estándar del mal, y el *no ego* como estándar del bien.

No te escondas tras superficialidades como si deberías darle una moneda a un mendigo o no dársela. Ésa no es la cuestión. La cuestión es *si tienes o no* derecho a existir *sin* dársela. La cuestión es si tienes que seguir comprando tu vida, centavo a centavo, de cualquier mendigo que decida aproximarse a ti. La cuestión es si la necesidad de otros es la primera hipoteca sobre tu vida y el propósito moral de tu existencia. La cuestión es si el hombre debe ser considerado como un animal sacrificable. Cualquier hombre con autoestima responderá: «No». El altruismo dice: «Sí».

Hay una frase —una única frase— que puede aniquilar completamente la moralidad del altruismo, y que esa moralidad no puede soportar; la frase es: «¿Por qué?». *¿Por qué* debe el hombre vivir por el bien de los demás? *¿Por qué* debe ser un animal sacrificable? *¿Por qué* es eso el bien? No hay ninguna razón terrenal para eso; y, damas y caballeros, en toda la historia de la filosofía, ninguna razón *terrenal* ha sido ofrecida jamás.

Es sólo el *misticismo* lo que les permite a los moralistas salirse con la suya. Siempre fue el misticismo —lo que está *fuera* de este mundo, lo sobrenatural, lo irracional— el argumento para justificar esa moralidad, o, para ser exactos, para escapar de la necesidad de justificarla. Uno no justifica lo irracional, uno sólo lo acepta por fe. Lo que la mayoría de los moralistas —y unas pocas de sus víctimas— reconocen es que razón y altruismo son incompatibles. Y *ésa* es la contradicción fundamental de la civilización occidental: razón contra altruismo. Ése es el conflicto que tenía que estallar tarde o temprano.

El verdadero conflicto, por supuesto, es razón contra misticismo. Pero, si no fuera por la moralidad altruista, el misticismo habría muerto cuando de hecho murió —en el Renacimiento—, y no habría dejado ningún vampiro que embrujara a la cultura occidental. Un «vampiro» es supuestamente una criatura muerta que sale de su tumba sólo por la noche, sólo en la oscuridad, y que chupa la sangre de los vivos. La descripción, aplicada al altruismo, es exacta.

La civilización occidental fue una criatura y un producto de la razón, a la que llegó a través de la antigua Grecia. En todas las otras civilizaciones, la razón siempre ha sido el lacayo servil —la doncella— del misticismo. Puedes observar los resultados. Sólo ha sido la cultura occidental la que ha estado siempre dominada —aunque de forma imperfecta, incompleta y precaria, y a raros intervalos— por la razón. Puedes observar los resultados de eso.

El conflicto de razón contra misticismo es la cuestión de vida o muerte, de libertad o esclavitud, de progreso o de brutalidad estancada. O, dicho de otra forma, es el conflicto de consciencia contra inconsciencia.

Definamos nuestros términos. ¿Qué es la razón? La razón es la facultad que percibe, identifica e integra el material provisto por los sentidos del hombre. La razón integra las percepciones del hombre al ir formando abstracciones o concepciones, elevando de esa forma el conocimiento del hombre, desde el nivel *perceptual*, que él comparte con los animales, hasta el nivel *conceptual*, al que sólo él puede llegar. El *método* que la razón utiliza en ese proceso es la *lógica*, y la lógica es *el arte de la identificación no contradictoria.*

¿Qué es misticismo? Misticismo es aceptar alegaciones sin evidencia o sin prueba, o bien fuera de, o bien *contra* la evidencia de los sentidos de uno y contra la razón de uno. Misticismo es afirmar poseer algún medio de conocimiento que no es sensorial, no es racional, no es definible y no es identificable, medios tales como «instinto», «intuición», «revelación» o cualquier otra forma de «simplemente conocer».

La razón es la percepción de la realidad, y se basa en un único axioma: la ley de identidad.

Misticismo es alegar estar percibiendo alguna otra realidad —una realidad diferente a ésta en la que vivimos— cuya única definición es que *no es* natural, que es sobrenatural y que puede ser percibida sólo por algún tipo de medio antinatural o sobrenatural.

Tú te das cuenta, por supuesto, de que la *epistemología* —la teoría del conocimiento— es la rama más compleja de la filosofía, y de que no puede ser explicada exhaustivamente en una sola presentación. Así que no intentaré explicarla. Diré solamente que quienes deseen un planteamiento más profundo lo encontrarán en *La rebelión de Atlas.* Para efectos de esta presentación, las definiciones que te he dado contienen la *esencia* del tema, independientemente de la teoría, el argumento o la filosofía que tú decidas aceptar.

Repito: la *razón* es la facultad que percibe, identifica e integra el material provisto por los sentidos del hombre. *Misticismo* es alegar poseer unos medios de conocimiento no sensoriales.

En la civilización occidental, el período dominado por el misticismo es conocido como la Edad Oscura y la Edad Media. Voy a asumir que conocéis la naturaleza de ese período y el estado de la existencia humana en esas épocas. El Renacimiento acabó con el dominio de los místicos. «Renacimiento» significa «nacer de nuevo». Poca gente se preocupará de recordarte que fue un renacimiento de la *razón*: de la mente del hombre.

En vista de lo que vino a continuación —principalmente, en vista de la Revolución Industrial—, nadie puede ahora considerar la fe, la religión, la epifanía o cualquier otra forma de misticismo como su guía básica y exclusiva para la existencia; no de la forma como se consideraba en la Edad Media. Eso no significa que el Renacimiento convirtiera automáticamente a todo el mundo a la racionalidad; nada de eso. Significa solamente que, mientras siga existiendo un solo automóvil, un solo rascacielos o un solo ejemplar de la *Lógica* de Aristóteles, nadie será capaz de despertar esperanza, ansia y entusiasmo en los hombres diciéndoles que se deshagan de su mente y confíen en la fe mística. Por eso dije que el misticismo, como poder cultural, está muerto. Observa que en el intento de reavivar el misticismo hoy, no es a la vida, a la esperanza y a la alegría a lo que los místicos apelan, sino al miedo, a la fatalidad y a la desesperación. «Abandona; tu mente es impotente, la vida es sólo una trinchera»; tal consigna no puede ni podrá revivir una cultura.

Ahora, si me pides que nombre a la persona que más responsabilidad tiene por el actual estado del mundo, al hombre cuya influencia casi ha conseguido destruir los logros del Renacimiento, yo nombraré a Immanuel Kant. Él fue el filósofo que salvó la moralidad del altruismo, y que sabía de qué tenía que ser salvada: de la razón.

Esto no es una mera hipótesis. Es un hecho histórico conocido que la intención y el objetivo de Kant en filosofía fue rescatar la moralidad del altruismo, la cual no podría sobrevivir sin una base mística. Su metafísica y su epistemología fueron concebidas para ese objetivo. Por supuesto, Kant no declaró públicamente que él fuera un místico (pocos lo han hecho desde el Renacimiento). Se declaró a sí mismo como un campeón de la razón..., de la razón «pura».

Hay dos formas de destruir el poder de un concepto: una, por un ataque directo en una discusión abierta; la otra, subvirtiéndolo desde dentro, es decir: minando el significado del concepto, construyendo un hombre de paja y luego refutándolo. Kant hizo lo segundo. Él no atacó a la razón; se limitó a montar una versión de lo que *es* la razón, lo cual hizo que, en comparación, el misticismo pareciera sentido común simple y racional. Él no negó la validez de la razón; meramente afirmó que la razón es «limitada», que nos lleva a contradicciones imposibles, que todo lo que percibimos es una ilusión, y que nunca podemos percibir la realidad o «las cosas como son». Él afirmó, para todos los efectos, que las cosas que percibimos no son reales, *porque* nosotros las percibimos.

Un «hombre de paja» es una curiosa metáfora para referirnos a un montaje tan enorme, tan pesado y tan elaborado como el sistema de epistemología de Kant. Sin embargo, era eso, un hombre de paja; y las dudas, la incertidumbre y el escepticismo que lo siguieron, el escepticismo acerca de la capacidad del hombre para conocer algo alguna vez, no eran, de hecho, aplicables a la consciencia humana, porque no era una consciencia humana lo que el robot de Kant representaba. Pero los filósofos lo aceptaron como tal. Y mientras clamaban que la razón había sido invalidada, no se dieron cuenta de que la razón había sido eliminada por completo de la escena filosófica, y que la facultad sobre la que estaban discutiendo *no era* la razón.

No, Kant no destruyó la razón; él meramente hizo un trabajo concienzudo para socavarla, como nadie podría haberlo hecho jamás.

Si rastreas las raíces de todas nuestras filosofías actuales —como el pragmatismo, el positivismo lógico y todas las demás filosofías neomísticas que anuncian alegremente que no puedes *demostrar* que tú existes—, encontrarás que todas ellas nacieron de Kant.

En cuanto a la versión de Kant de la moralidad altruista, él afirmó que se derivaba de la «razón pura», no de la epifanía, excepto que se basaba en un instinto especial por el *deber*, en un «imperativo categórico» que uno «simplemente conoce». *Su* versión de la moralidad hace que la moralidad cristiana parezca un código de egoísmo sano, alegre y benévolo. El cristianismo sólo le dijo al hombre que amara a su prójimo como a sí mismo; eso no es lo que podemos llamar exactamente racional, pero por lo menos no le prohíbe al hombre amarse a sí mismo. Lo que Kant postulaba era un desprendimiento completo, total y abyecto: él mantenía que una acción es moral *solamente* si la realizas en base a un sentido del deber, y si no obtienes de ella ningún beneficio en absoluto, ni material ni espiritual; si derivas algún beneficio de ella, tu acción deja de ser moral. *Ésa* es la forma más extrema de exigir al hombre que se convierta en un «don nadie», en un místico animalito de las viñetas de tebeos que va por ahí tratando de ser comido por alguien.

Es la versión de Kant del altruismo la que es generalmente aceptada hoy, aunque no sea practicada —¿quién puede practicarla?—, pero es aceptada culpablemente. Es la versión de Kant del altruismo la que las personas que nunca han oído hablar de Kant profesan aceptar cuando equiparan el interés personal con el mal. Es la versión de Kant del altruismo la que opera cada vez que las personas tienen miedo de admitir que están persiguiendo alguna ganancia, algún motivo o placer personal, cada vez que los hombres tienen miedo de confesar que están buscando su propia felicidad, cada vez que los empresarios tienen miedo de decir que están consiguiendo beneficios, cada vez que las víctimas de una dictadura que está creciendo tienen miedo de afirmar sus derechos «egoístas».

El monumento definitivo a Kant y a la moralidad altruista es la Rusia soviética.

Si quieres demostrarte a ti mismo el poder de las ideas —y, concretamente, de la moralidad—, la historia intelectual del siglo XIX sería un buen ejemplo que estudiar. Los mayores acontecimientos y logros sin precedentes e inimaginables estaban ocurriendo delante de los ojos de los hombres..., pero los hombres no los vieron y no entendieron su significado, y siguen sin entenderlos hoy día. Estoy hablando de la Revolución Industrial, de Estados Unidos y del capitalismo. Por primera vez en la historia, los hombres adquirieron control sobre la naturaleza física y se quitaron de encima el control de unos sobre otros, es decir: los hombres descubrieron la ciencia y la libertad política. La energía creativa, la abundancia, la riqueza, el nivel de vida ascendente para *todos* los niveles de la población fueron tales que el siglo XIX parece una utopía de ficción, un deslumbrante estallido de luz en la progresión monótona que fue la mayoría de la historia humana. Si la vida en la Tierra es el estándar de valor de uno, entonces el siglo XIX hizo avanzar a la humanidad más que todos los siglos anteriores juntos.

¿Alguien valoró eso? ¿Alguien lo valora ahora? ¿Alguien identificó las causas de ese milagro histórico?

Nadie lo hizo y nadie lo ha hecho. ¿Qué los cegó? La moralidad del altruismo.

Voy a explicar eso. Hay, fundamentalmente, sólo dos causas del progreso del siglo XIX, las mismas dos causas que encontrarás en la raíz de cualquier época feliz, benevolente y progresiva de la historia humana. Una causa es psicológica, y la otra es existencial; o bien: una tiene que ver con la consciencia del hombre, y la otra con las condiciones físicas de su existencia. La primera es la *razón*, y la segunda es la *libertad*. Y cuando digo «libertad», no estoy tomándome ninguna licencia poética, como en «libertad para desear», «libertad para no tener miedo» o «libertad de la necesidad de ganarse el sustento». Lo que quiero decir es «libertad sin coacción», «libertad sin el dominio de la *fuerza física*». Lo cual significa: libertad *política*.

Esas dos —razón y libertad— son corolarios, y su relación es recíproca: cuando los hombres son racionales, la libertad gana; cuando los hombres son libres, la razón gana.

Sus antagonistas son: *fe* y *fuerza*. Ellas también son corolarios: cada período de la historia dominado por el misticismo fue un período de estatismo, de dictadura y de tiranía. Mira la Edad Media..., y mira los sistemas políticos de hoy.

El siglo XIX fue la expresión y el producto final de la tendencia intelectual del Renacimiento y la era de la razón, lo cual quiere decir: de una filosofía predominantemente aristotélica. Y, por primera vez en la historia, se creó un sistema económico nuevo, la secuela necesaria de la libertad política, un sistema de libre comercio en un mercado libre: el *capitalismo*.

No, no fue un capitalismo completo, perfecto, desregulado, totalmente *laissez-faire*, como debería haber sido. Varios grados de interferencia y de control gubernamental aún quedaron en Estados Unidos, y eso es lo que llevó a la eventual destrucción del capitalismo. Pero la medida en que ciertos países fueron libres fue la medida exacta de su progreso económico. Estados Unidos, el país más libre de todos, fue el que más progresó.

Da igual que hubiera sueldos bajos y unas condiciones de vida muy duras durante los primeros años de capitalismo. Fueron todo lo que las economías nacionales en ese momento podían permitirse. El capitalismo no creó la pobreza: la heredó. En comparación con los siglos de hambrunas precapitalistas, las condiciones de vida de los pobres en los primeros años del capitalismo fueron la primera oportunidad de sobrevivir que los pobres jamás habían tenido. Como prueba de ello tenemos el enorme crecimiento de la población europea durante el siglo XIX: un crecimiento de más del 300 por ciento, comparado con el crecimiento anterior, de un 3 por ciento por siglo.

¿Por qué no fue eso apreciado? ¿Por qué el capitalismo, el verdaderamente magnífico benefactor de la humanidad, no generó nada más que resentimiento, acusaciones y odio, entonces y ahora? ¿Por qué no han parado de disculparse los supuestos defensores del capitalismo, entonces y ahora? Porque, damas y caballeros, *capitalismo y altruismo son incompatibles*.

Ten eso bien claro y díselo a tus colegas republicanos: el capitalismo y el altruismo no pueden coexistir en el mismo hombre o en la misma sociedad.

Díselo a cualquiera que intente justificar el capitalismo con base en el «bien común», o el «bienestar general», o el «servicio a la sociedad», o el beneficio que les trae a los pobres. Todas esas cosas son verdad, pero ellas son los subproductos, las consecuencias secundarias del capitalismo; no son su meta, su objetivo o su justificación moral. La justificación moral del capitalismo es el derecho del hombre a existir por su propio beneficio, ni sacrificándose por otros ni sacrificando a otros por él; es el reconocimiento de que el hombre —cada hombre— es un fin en sí mismo, no un medio para los fines de otros, no un animal sacrificable que sirva a la necesidad de alguien.

Eso está implícito en la función del capitalismo, pero, hasta ahora, nunca ha sido afirmado expresamente, en términos *morales*. ¿Por qué no? Porque ésa es la base de una moralidad diametralmente opuesta a la moralidad del altruismo que, hoy día, la gente tiene miedo de desafiar.

Hay un tipo de elogio, trágico y retorcido, que hacerle a la humanidad en relación con este tema: a pesar de todas sus irracionalidades, incongruencias, hipocresías y evasiones, la mayoría de los hombres no actuarán, en asuntos importantes, sin una sensación de ser *moralmente correctos*, y no se enfrentarán a la moralidad que han aceptado. Ellos la violarán, la desobedecerán, pero no se opondrán a ella; y cuando la violen, se echarán la culpa a ellos mismos. El poder de la moralidad es el más grande de todos los poderes intelectuales, y la tragedia de la humanidad reside en el hecho de que el malvado código moral que los hombres han aceptado los destruye por medio de lo mejor que hay en ellos.

Mientras el altruismo fuese su ideal moral, los hombres tenían que considerar el capitalismo como inmoral; el capitalismo ciertamente no funciona ni puede funcionar bajo el principio del servicio desinteresado y del autosacrificio. Ésa fue la razón por la que la mayoría de los intelectuales del siglo XIX vieron el capitalismo como una necesidad terrenal vulgar, materialista y nada estimulante, y siguieron anhelando su ideal moral de otro mundo. Desde el principio, mientras el capitalismo creaba el esplendor de sus logros, mientras lo creaba en silencio, sin reconocer y sin defender (sin defender *moralmente*), los intelectuales fueron acercándose en números cada vez mayores a un nuevo sueño: el socialismo.

Como breve ilustración de lo ineficaz que fue la defensa del capitalismo por parte de sus partidarios más famosos, voy a mencionar que los socialistas británicos, los fabianos, fueron predominantemente discípulos y admiradores de John Stuart Mill y de Jeremy Bentham.

Los socialistas tenían un cierto tipo de lógica de su lado: si el sacrificio colectivo de todos a todos *es* el ideal moral, entonces ellos quisieron llevar ese ideal a la práctica aquí, en este mundo. Los argumentos de que el socialismo ni funcionaría ni podría funcionar no los detuvieron: el altruismo tampoco funcionó jamás, pero eso no hizo que los hombres se pusieran a cuestionarlo. Sólo la *razón* puede hacer tales cuestionamientos; y la *razón*, les habían dicho a ellos por todos lados, no tiene nada que ver con la moralidad; la moralidad está fuera del reino de la razón, y ninguna *moralidad racional* puede ser definida jamás.

Las falacias y las contradicciones en las teorías económicas del socialismo fueron expuestas y refutadas una y otra vez, tanto en el siglo XIX como en nuestros días. Eso no detuvo ni detiene a nadie: no es cuestión de economía, sino de moralidad. Los intelectuales y los supuestos idealistas estaban decididos a hacer que el socialismo funcionara. ¿Cómo? Por esos medios mágicos que tienen los irracionales: *de alguna manera*.

No fueron los magnates de grandes empresas, no fueron los sindicatos, no fueron las clases obreras; fueron los intelectuales quienes invirtieron el camino hacia la libertad política y revivieron las doctrinas del Estado tiránico, de un régimen totalitario de gobierno, del derecho del Gobierno a controlar las vidas de los ciudadanos como le viniera en gana. Esa vez, no fue en nombre del «derecho divino de los reyes», sino en nombre del derecho divino de las masas. El principio básico fue el mismo: el derecho de hacer cumplir a punta de pistola las doctrinas morales de quienquiera que agarrase el control de la maquinaria del Gobierno.

Hay sólo dos formas por las cuales los hombres pueden tratar unos con otros: las armas o la lógica. La fuerza o la persuasión. Los que saben que no pueden ganar por medio de la lógica siempre han recurrido a las armas.

Pues bien, damas y caballeros, los socialistas consiguieron su sueño. Lo consiguieron en el siglo XX, y lo consiguieron por triplicado, además de muchas copias más calcadas; lo consiguieron en cada variante y en cada forma posible, así que ahora no puede haber error sobre su naturaleza: la Rusia soviética, la Alemania nazi, la Inglaterra socialista.

Ése fue el colapso de la tradición más apreciada de los intelectuales modernos. Fue la Segunda Guerra Mundial la que destruyó el colectivismo como ideal político. Desde luego, la gente sigue repitiendo sus eslóganes, por rutina, por conformidad social y por omisión, pero ya *no es* una cruzada moral. Es una realidad fea y horripilante, y parte de la culpa que sienten los intelectuales modernos es saber que *ellos* la han creado. Ellos han visto de primera mano el sangriento matadero que una vez habían acogido como un noble experimento: la Rusia soviética. Ellos han visto la Alemania nazi, y saben que «nazi» significa «nacional socialismo». Quizá el peor golpe para ellos, el mayor desencanto, fue la Inglaterra socialista: ahí estaba su sueño literal, un socialismo sin sangre, donde la fuerza no era usada para asesinar, sólo para expropiar; donde las vidas no eran destruidas, sólo eran destruidos los productos, el significado y el futuro de esas vidas; ahí había un país que no se había asesinado, sino que había votado por suicidarse. La mayoría de los intelectuales modernos, incluso los más evasivos, ahora han entendido lo que el socialismo —o cualquier forma de colectivismo político y económico— realmente significa.

Hoy, la mecánica defensa del colectivismo que hacen esos intelectuales es tan débil, tan inútil y tan evasiva como la defensa del capitalismo que hacen los supuestos conservadores. El fuego y el fervor moral ya no forman parte de esa defensa. Y cuando oyes a los izquierdistas mascullar que Rusia no es *realmente* socialista, o que todo fue culpa de Stalin, o que el socialismo nunca tuvo una *verdadera* oportunidad en Inglaterra, o que lo que *ellos* apoyan es algo que es diferente *de alguna manera*..., sabes que estás oyendo las voces de hombres que no tienen absolutamente ningún argumento, de hombres reducidos a alguna ambigua esperanza, algo así como: «De algún modo, *mi* pandilla lo habría hecho mejor».

El secreto temor de los intelectuales modernos, tanto de izquierdas como de derechas, el terror no admitido que está en la raíz de su ansiedad, lo que todas sus actuales irracionalidades tratan de eludir y de disfrazar, es el conocimiento implícito de que la Rusia soviética es la encarnación total, real, literal y coherente de la moralidad del altruismo, de que Stalin *no* corrompió un noble ideal, de que ésa es la única forma en que el altruismo tiene que ser o puede alguna vez ser practicado. Si el servicio y el autosacrificio son un ideal moral, y si el «egoísmo» de la naturaleza humana impide que los hombres se arrojen a los hornos crematorios, no hay ninguna razón —ninguna razón que un moralista místico pueda nombrar— por la cual un dictador no debería forzarlos a arrojarse a punta de bayoneta..., por su propio bien, o por el bien de la humanidad, o por el bien de la posteridad, o por el bien del último plan quinquenal del último burócrata. No hay ninguna razón que ellos puedan nombrar para oponerse a *cualquier* atrocidad. ¿El valor de la vida de un hombre? ¿Su derecho a existir? ¿Su derecho a perseguir su propia felicidad? Ésos son conceptos que pertenecen al individualismo y al capitalismo: a la antítesis de la moralidad altruista.

Hace veinte años, los conservadores estaban indecisos, evasivos, moralmente desarmados ante la agresiva rectitud moral autoproclamada de los izquierdistas. Hoy, *ambos* están indecisos, evasivos y moralmente desarmados ante la agresividad de los comunistas. Ya no es una agresividad *moral*, es la simple agresividad de un matón; pero lo que desarma a los intelectuales modernos es ser secretamente conscientes de que un *matón* es el producto inevitable, el final y el único resultado de su preciada moralidad.

He dicho que fe y fuerza son corolarios, y que el misticismo siempre conducirá al imperio de la brutalidad. La causa de que así sea está implícita en la naturaleza misma del misticismo. La *razón* es el único medio *objetivo* de comunicación y de entendimiento entre los hombres; cuando los hombres tratan unos con otros por medio de la razón, la realidad es su estándar y su marco de referencia *objetivo*. Pero cuando los hombres alegan poseer medios sobrenaturales de conocimiento, ninguna persuasión, ninguna comunicación o comprensión es posible. ¿Por qué matamos a los animales salvajes en la selva? Porque ninguna otra forma de lidiar con ellos está a nuestro alcance. Y *ése* es el estado al que el misticismo reduce a la humanidad: un estado en el que, en caso de desacuerdo, los hombres no tienen más remedio que recurrir a la violencia física. Es más: ningún hombre ni ninguna élite mística puede mantener una sociedad entera subyugada por sus afirmaciones, sus edictos y sus caprichos arbitrarios sin el uso de la fuerza. Cualquiera que recurra a la fórmula «es así porque lo digo yo» tendrá que echar mano de un arma, tarde o temprano. Los comunistas, como todos los materialistas, son neomísticos: da igual que uno rechace la mente en pro de revelaciones o en pro de reflejos condicionados. La premisa básica y los resultados son los mismos.

Tal es la naturaleza de esa maldad que los intelectuales modernos han ayudado a desatar en el mundo..., y tal es la naturaleza de su culpa.

Ahora echemos un vistazo al estado del mundo. Las señales y los síntomas de los «años oscuros» están aumentando de nuevo por todo el mundo. El trabajo de esclavos, las ejecuciones sin juicio previo, las cámaras de tortura, los campos de concentración, las matanzas masivas..., todas las cosas que el capitalismo del siglo XIX había abolido en el mundo civilizado están siendo traídas de vuelta ahora por el dominio de los neomísticos.

Mirad el estado de nuestra vida intelectual. En filosofía, el clímax de la versión kantiana de la razón nos ha llevado al punto en el que unos supuestos filósofos, olvidando la existencia de diccionarios y de libros de gramática básica, van por ahí estudiando cuestiones como: «¿Qué queremos decir cuando decimos "La pelota bota"?»; mientras que otros filósofos proclaman que los sustantivos son una ilusión, pero términos como «si..., entonces...», «pero» y «o» tienen un significado filosófico profundo; y mientras que otros tantos juegan con la idea de un «índice de palabras prohibidas» y quieren colocar en él palabras tales como (y cito): «entidad..., esencia..., mente..., materia..., realidad..., cosa».

En psicología, una escuela sostiene que el hombre, por naturaleza, es un autómata indefenso, poseído por la culpa y regido por el instinto, mientras que otra escuela pone reparos diciendo que eso no es verdad, porque no hay ninguna evidencia científica que demuestre que el hombre es consciente.

En literatura, el hombre es presentado como un tullido insensato, viviendo en cubos de basura. En arte, las personas anuncian que ellas no pintan objetos, pintan *emociones*. En los movimientos juveniles —si así pueden ser llamados—, los jóvenes atraen la atención anunciando abiertamente que ellos están «acabados».

El espíritu de todo eso, tanto su causa como su clímax final, está contenido en una cita que voy a leeros. Antes de leerla os diré que, en *La rebelión de Atlas*, yo afirmé que el mundo está siendo destruido por el misticismo y el altruismo, los cuales son antihombre, antimente y antivida. Seguro que habéis oído cómo se me acusa de exagerar. Os voy a leer parte de un escrito de un profesor, publicado por un seminario de graduados de una importante universidad:

> Tal vez, en el futuro, la razón dejará de ser importante. Tal vez, para guiarse en tiempos difíciles, la gente no acudirá al pensamiento humano, sino a la capacidad humana para sufrir. No a universidades con sus pensadores, sino a lugares y a gente en peligro, a los reclusos en asilos y en campos de concentración, a los impotentes burócratas que toman decisiones y a los indefensos soldados en las trincheras; ésos serán los que habrán de iluminar el camino del hombre, de reconvertir su conocimiento del desastre en algo creativo. Puede que estemos entrando en una nueva era. Nuestros héroes pueden no ser gigantes intelectuales como Isaac Newton o Albert Einstein, sino víctimas como Ana Frank; ellas serán quienes nos mostrarán un milagro mayor que el pensamiento. Ellas nos enseñarán cómo aguantar, cómo crear bondad en medio de la maldad y cómo nutrir al amor en presencia de la muerte. Si eso ocurriera, sin embargo, la universidad aún tendría su lugar. Incluso el hombre intelectual puede ser un ejemplo de sufrimiento creativo.

Observa que nosotros no hemos de cuestionar a «los impotentes burócratas que toman decisiones», que no hemos de descubrir que *ellos* son la causa de los campos de concentración, de las trincheras y de víctimas como Ana Frank; que nosotros no hemos de ayudar a esas víctimas, meramente hemos de sufrir y de aprender a sufrir aún más; que nosotros no podemos evitarlo, que los impotentes burócratas no pueden evitarlo, nadie puede evitarlo; los reclusos de los asilos nos guiarán, no los gigantes intelectuales; el sufrimiento es el valor supremo, no la razón.

Eso, damas y caballeros, es bancarrota cultural.

Puesto que «desafío» es vuestro eslogan, diré que si estáis

buscando un desafío, estáis enfrentando el mayor de la historia. Una revolución *moral* es la más difícil, la más exigente, la forma más radical de rebelión, pero ésa es la tarea que hay que realizar hoy, si uno decide aceptarla. Cuando digo «radical», lo hago en su sentido literal y más honroso: fundamental. La civilización no tiene que perecer. Los brutos están ganando sólo por omisión. Pero, para luchar contra ellos hasta el fin y con total rectitud, es la moralidad altruista lo que tenéis que rechazar.

Ahora bien, si queréis saber lo que mi filosofía, el Objetivismo, os ofrece, os daré una breve indicación. No intentaré, en una sola conferencia, presentar toda mi filosofía. Me limitaré a indicaros lo que quiero decir con una moralidad racional de interés propio, lo que quiero decir por lo contrario de altruismo, el tipo de moralidad que es posible para el hombre, y por qué. Como preámbulo os recordaré que la mayoría de los filósofos —especialmente la mayoría de ellos hoy día— siempre han afirmado que la moralidad está fuera del campo de la razón, que ninguna moralidad racional puede ser definida y que el hombre no tiene necesidad *práctica* de moralidad. La moralidad, afirman ellos, no es una necesidad de la existencia del hombre, sino sólo algún tipo de lujo místico o de antojo social arbitrario; de hecho, afirman ellos, nadie puede demostrar por qué deberíamos ser morales, para empezar: dentro de la razón, afirman ellos, no hay razón para ser moral.

No puedo resumir para vosotros la esencia y el fundamento de mi moralidad mejor que lo hice en *La rebelión de Atlas*. Así que, en vez de tratar de parafrasearlo, os leeré los pasajes de *La rebelión de Atlas* que tienen que ver con la naturaleza, el fundamento, y la prueba de mi moralidad, y que corresponden a la larga intervención final del personaje John Galt:

> La mente del hombre es su herramienta básica de supervivencia. La vida se le da, la supervivencia no. Su cuerpo se le da, el sustento de éste no. Su mente se le da, el contenido de ésta no. Para seguir vivo, el hombre ha de actuar, y, antes de poder actuar, tiene que conocer la naturaleza y el propósito de su acción. No puede obtener su alimento sin un conocimiento de lo que es alimento y de la forma

de obtenerlo. No puede cavar una zanja o construir un ciclotrón sin tener conocimiento de su objetivo y de los medios para conseguirlo. Para permanecer vivo, tiene que pensar.

Pero pensar es un acto de elección. La clave de lo que tan frívolamente llamáis «la naturaleza humana», el secreto a voces con el que vivís pero que teméis nombrar, es el hecho de que *el hombre es un ser de consciencia volitiva.* La razón no funciona automáticamente; pensar no es un proceso mecánico; las conexiones de lógica no se hacen por instinto. La función de tu estómago, de tus pulmones o de tu corazón es automática, la función de tu mente no lo es. En cualquier hora y circunstancia de tu vida eres libre de pensar o de evadir ese esfuerzo. Pero no eres libre de escapar de tu naturaleza, del hecho de que la *razón* es tu medio de supervivencia, así que, para *ti*, que eres un ser humano, la cuestión «ser o no ser» es la cuestión «pensar o no pensar».

Un ser de consciencia volitiva no posee un curso automático de conducta. Necesita un código de valores que guíe sus acciones. «Valor» es lo que uno actúa para obtener y/o conservar, «virtud» es la acción por la cual uno lo obtiene y lo conserva. «Valor» presupone una respuesta a la pregunta: ¿de valor para quién y para qué? «Valor» presupone un estándar, un objetivo, y la necesidad de actuar frente a una alternativa. Donde no hay alternativas no hay valores posibles.

Sólo hay una alternativa fundamental en el universo: la existencia o la no-existencia, y tiene que ver con una única clase de entidades: con organismos vivos. La existencia de la materia inanimada es incondicional, la existencia de la vida no lo es: depende de un curso específico de acción. La materia es indestructible, cambia sus formas pero no puede cesar de existir. Sólo un organismo vivo enfrenta una constante alternativa: la cuestión de vida o muerte. La vida es un proceso de acción autosustentada y autogenerada. Si un organismo fracasa en esa acción, muere; sus elementos químicos perduran, pero su vida abandona la existencia. Sólo el concepto de «Vida» hace posible el concepto de «Valor». Sólo para una entidad viva pueden las cosas ser buenas o malas.

Una planta ha de alimentarse para poder vivir; la luz del sol, el agua, los elementos químicos que necesita son los valores que su naturaleza ha establecido para que lo logre; su vida es la norma, el estándar de valor que rige sus acciones. Pero una planta no tiene opción en cuanto a esa acción; hay alternativas en las condiciones que encuentra, pero no hay alternativa en su función: actúa automáticamente para prolongar su vida, no puede actuar en su propia destrucción.

Un animal está equipado para sustentar su vida; sus sentidos le proporcionan un código automático de acción, un conocimiento automático de lo que es bueno o malo para él. No tiene el poder de extender su conocimiento ni de evadirlo. En circunstancias donde su conocimiento resulta inadecuado, perece. Pero, mientras siga vivo, actuará basado en su conocimiento, con seguridad automática y sin el poder de elección, incapaz de ignorar su propio bien, incapaz de decidir escoger el mal y actuar como su propio destructor.

El hombre no tiene un código de supervivencia automático. Su diferencia específica respecto a todas las demás especies vivientes es la necesidad de actuar enfrentando alternativas por medio de una *elección volitiva*. No tiene un conocimiento automático de lo que es bueno o malo para él, de qué valores depende su vida, qué curso de acción requiere su vida. ¿Habláis entre dientes de un instinto de autopreservación? Un *instinto* de autopreservación es precisamente lo que el hombre no posee. Un «instinto» es una forma infalible y automática de conocimiento. Un deseo no es un instinto. El deseo de vivir no os da el conocimiento necesario para vivir. E incluso el deseo de vivir del hombre no es automático: vuestra secreta maldad hoy es que *ése* es el deseo que no albergáis. Vuestro miedo a la muerte no es amor a la vida, y no os dará el conocimiento necesario para conservarla. El hombre ha de obtener su conocimiento y elegir sus acciones a través de un proceso de pensamiento, el cual la naturaleza no le obligará a realizar. El hombre tiene el poder de actuar como su propio destructor..., y es así como ha actuado durante la mayor parte de su historia.

[...]

El hombre ha sido llamado un ser racional, pero la racionalidad es cuestión de elección, y la alternativa que su naturaleza le ofrece es: ser racional o ser un animal suicida. El hombre tiene que ser hombre..., por elección; tiene que mantener su vida como un valor..., por elección; tiene que aprender a sustentarla..., por elección; tiene que descubrir los valores que ella requiere y practicar sus virtudes..., por elección.

Un código de valores aceptado por elección es un código de moralidad.

Quienquiera que seas, tú que me estás oyendo, le hablo a lo que aún quede sin corromper en tu interior, a lo que quede de humano, a tu *mente*, y digo: *existe* una moralidad de la razón, una moralidad propia para el hombre, y *la vida del hombre* es su referencia, su estándar de valor.

Todo lo que es apropiado para la vida de un ser racional es lo bueno; todo lo que la destruye es lo malo.

La vida del hombre, como requiere su naturaleza, no es la vida de un salvaje insensato, de un rufián saqueador o de un místico gorrón, sino la vida de un ser pensante; no la vida por medio de fuerza o fraude, sino la vida por medio de logros; no la supervivencia a cualquier precio, pues sólo hay un precio que paga por la supervivencia del hombre: la razón.

La vida del hombre es el *estándar* de moralidad, pero tu propia vida es tu *objetivo*. Si la existencia en la Tierra es tu objetivo, debes elegir tus acciones y valores de acuerdo con el estándar de lo que es apropiado para el hombre, a fin de preservar, enriquecer y disfrutar del irremplazable valor que es tu vida.

Eso, damas y caballeros, es lo que el Objetivismo os ofrece. Y cuando toméis vuestra decisión, me gustaría recordaros que la única alternativa para ella es la esclavitud comunista. El término medio es como un elemento radiactivo inestable que puede durar sólo cierto tiempo, y su tiempo se está acabando. No hay más oportunidad para un término medio.

El asunto será decidido, no en el medio, sino entre los dos extremos coherentes. Es Objetivismo o comunismo. Es, o bien una moralidad racional basada en el derecho del hombre a existir, o bien el altruismo, lo cual significa: los campos de trabajos forzados bajo el dominio de amos como los que puedes haber visto en la pantalla de tu televisor el año pasado. Si eso es lo que prefieres, la decisión es tuya.

Pero no tomes esa decisión ciegamente. Vosotros, la joven generación, habéis sido traicionados en la forma más atroz por vuestros mayores, por esos izquierdistas de los años treinta que armaron a la Rusia soviética, y que destruyeron los últimos restos del capitalismo americano. Lo único que ellos pueden ofreceros ahora son trincheras, o ese tipo de actitud sobre «el sufrimiento creativo» que acabo de leeros. Esto es lo único que oiréis de cualquiera de los dos lados: «Abandona antes de empezar. Abandona antes de haberlo intentado». Y para asegurarse de que tú abandones, ni siquiera te dejan saber lo que fue el siglo XIX. Espero que eso no sea totalmente verdad aquí, pero he conocido a demasiados jóvenes en las universidades que no tienen una idea clara, ni siquiera en los términos más elementales, de lo que el capitalismo realmente es. No os dejan que conozcáis lo que la teoría del capitalismo es, ni cómo funcionó en la práctica, ni cuál fue su verdadera historia.

No abandonéis con demasiada facilidad; no vendáis vuestra vida. Si hacéis un esfuerzo indagando por vosotros mismos, descubriréis que no es necesario abandonar, y que el monstruo supuestamente poderoso que ahora nos está amenazando huirá como una rata a la primera señal de un paso humano.

No es un peligro físico lo que os amenaza, y no son consideraciones militares lo que hacen que nuestros mal llamados líderes intelectuales te digan que estamos condenados. Eso es meramente su racionalización. El verdadero peligro es que el comunismo es un enemigo con el que ellos no se atreven a pelear con argumentos morales, y él sólo puede ser combatido con argumentos morales.

Ésa es, por lo tanto, la decisión. Piensa en ella. Considera el tema, verifica tus premisas, comprueba la historia y descubre si es verdad que los hombres nunca pueden ser libres. No es verdad, porque ellos han sido libres. Descubre lo que lo hizo posible. Averígualo por ti mismo. Y luego, si estás convencido —racionalmente convencido—, salvemos el mundo juntos. Todavía tenemos tiempo.

Para citar a Galt una vez más, tal es la opción que tienes delante. Que tu mente y tu amor por la existencia decidan.

8

De la boca del lobo

Mientras me recuperaba de una enfermedad, conseguí ponerme al día con algunos libros que había querido leer desde hacía tiempo. Tras abrir y ojear uno de esos interesantes libros, casi me caí de la cama. Leí algunas afirmaciones que me sorprendieron mucho más profundamente que cualquiera de las declaraciones que se publican actualmente en las revistas de noticias o en los editoriales de *The New York Times*. Yo había estado escribiendo sobre algunas de esas crónicas periodísticas, advirtiendo sobre el tipo de peligros intelectuales (y de bombas de relojería) que representaban. Pero esas crónicas parecían pequeños e ingenuos grafitis en comparación con el barrido de destrucción al por mayor presentado en unas cuantas frases de ese libro.

Igual que, al final de *La rebelión de Atlas*, el personaje de Francisco ve un futuro radiante contenido en unas pocas palabras, así vi yo la larga, deprimente y progresiva desintegración del siglo XX que estaba implícita en unas pocas frases. Quise gritar una advertencia, pero era demasiado tarde: ese libro había sido publicado en 1898. Escrito por Friedrich Paulsen, se titula: *Immanuel Kant: his life and doctrine* (*Immanuel Kant: su vida y su doctrina*).

El profesor Paulsen es un kantiano devoto; pero, a juzgar por su estilo de escritura, es un comentarista honesto..., en el sentido de que no intenta disfrazar lo que está diciendo:

> Hay tres actitudes de la mente hacia la realidad que alegan tener la verdad: la religión, la filosofía y la ciencia [...]. En general, la filosofía ocupa un lugar intermedio entre la ciencia y la religión [...]. La historia de la filosofía muestra que su tarea consiste simplemente en mediar entre la ciencia y la religión. Trata de unir el conocimiento y la fe, y de esa forma restaurar la unidad de la vida mental [...]. Como en el caso del individuo, la filosofía media entre la cabeza y el corazón, y así en la sociedad evita que la ciencia y la religión se vuelvan enteramente extrañas e indiferentes la una para la otra, e impide también que la vida mental de la gente esté dividida entre una fe que odia la ciencia y una ciencia que odia la fe o la superstición. (*Immanuel Kant: his life and doctrine*, F. Ungar, Nueva York, 1963, pp. 1-2.)

Eso significa que la ciencia y las fantasías místicas son igualmente válidas como métodos para adquirir conocimiento; que la razón y las emociones —los peores tipos de emociones: el miedo, la cobardía, la abnegación— tienen el mismo valor como herramientas de cognición; y que la filosofía, «el amor por la sabiduría», es una disciplina despreciable e intermedia cuya tarea es buscar un término medio —una entente— entre la verdad y la falsedad.

Lo que dice el profesor Paulsen es una fiel presentación de la actitud de Kant, pero no es Kant el que me horroriza, es Paulsen. Los constructores de sistemas filosóficos, como Kant, establecen las tendencias de la cultura de una nación (para bien o para mal), pero son los practicantes comunes quienes sirven de barómetro para el éxito o el fracaso de una tendencia. Lo que me horrorizó fue el hecho de que un crítico modesto iniciara su libro con una afirmación de ese tipo. Yo pensaba (no pensaba, *esperaba*) que, en el siglo XIX, cualquier hombre que defendiera que la religión tiene la misma credibilidad cognitiva que la ciencia habría sido considerado un payaso y echado de cualquier cátedra seria; estaba equivocada. Ahí estaba el profesor Paulsen afirmando tranquilamente —en el siglo XIX— que la filosofía es la doncella de la teología.

Existencialmente (es decir, en cuanto a condiciones de vida, magnitud de logros y rapidez de progreso), el siglo XIX fue el mejor de la historia occidental. Filosóficamente, fue uno de los peores. La gente pensó que habían entrado en una época de esplendor inagotable; pero esa época no fue más que el ocaso de la influencia de Aristóteles, la cual los filósofos estaban extinguiendo. Si alguna vez sentiste un toque ocasional de envidia melancólica al pensar que hubo un tiempo en el que los hombres iban a ver el estreno de una nueva obra de teatro, y lo que veían no era *Hair* o *Grease*, sino *Cyrano de Bergerac*, que se estrenó en 1897..., mira más allá. Ojalá que, tomando prestado de *Nuestra Señora de París*, de Victor Hugo, alguien hubiera señalado el libro de Paulsen, luego la obra de teatro, y hubiera dicho: «*Esto* acabará con *eso*». Pero no hubo ninguna persona así.

No estoy insinuando que el libro de Paulsen tuviera una influencia tan nefasta; estoy citando el libro como un síntoma, no como una causa. La causa y la influencia fueron de Kant. Paulsen meramente demuestra hasta qué punto la malignidad se había propagado a través de la cultura occidental al inicio del siglo XX.

El conflicto entre conocimiento y fe, explica Paulsen, «se ha extendido a lo largo de toda la historia del pensamiento humano» (p. 4), y el gran logro de Kant, afirma, consistió en reconciliarlos... «La filosofía crítica [kantiana] resuelve el antiguo problema de la relación entre conocimiento y fe. Kant está convencido de que al fijar correctamente los límites de cada uno, él ha conseguido proporcionar una base para una paz honrosa y perdurable entre ellos. Ciertamente, el significado y la vitalidad de su filosofía se basarán principalmente en eso [...], es el mérito perdurable de su filosofía el haber trazado por primera vez, con mano firme y con una estructura clara, la línea divisoria entre conocimiento y fe. Eso le da al conocimiento lo que le pertenece: el mundo entero de los fenómenos para ser libremente investigados; y, por otro lado, le reserva a la fe su derecho eterno a la interpretación de la vida y del mundo desde el punto de vista del valor» (p. 6).

Eso significa que la antigua dicotomía mente-cuerpo —la cual el auge de la ciencia había ido curando lentamente, al ir aprendiendo los hombres cómo vivir en la Tierra— fue revivida por Kant, y el hombre fue cortado en dos, no con viejas dagas, sino con un hacha de carnicero. Significa que Kant le dio a la ciencia todo el mundo material (que, sin embargo, ha de ser considerado irreal), y le dejó (le «reservó») una cosa a la fe: la *moralidad.* Si no estás totalmente seguro de cuál de los lados ganaría con una división de ese tipo, sólo tienes que mirar a tu alrededor.

Los objetos materiales como tales no tienen ni valor ni disvalor; ellos adquieren un significado de valor sólo en relación con un ser vivo: específicamente, en relación con si sirven o impiden los objetivos del hombre. Los objetivos y los valores del hombre están determinados por su código moral. La división kantiana permite que la razón humana conquiste el mundo material, pero elimina la razón de la elección de los objetivos para los cuales esos logros materiales han de ser usados. Los objetivos del hombre, sus acciones, sus decisiones y sus valores —según Kant— han de ser determinados irracionalmente, o sea, por la fe.

De hecho, el hombre necesita moralidad para poder descubrir la forma correcta de vivir en la Tierra. En el sistema de Kant, la moralidad está desgajada de cualquier preocupación por la existencia del hombre. De hecho, todos los problemas del hombre, todos sus objetivos y sus deseos, tienen que ver con el mundo material. En el sistema de Kant, la moralidad no tiene nada que ver con este mundo, ni con la razón, ni con la ciencia, sino que viene —por vía de las emociones— de otra dimensión, de una dimensión incognoscible, «nouménica».

Si compartes el error predominante entre los empresarios modernos, y tiendes a creer que disparates tales como los de Kant son meramente un pasatiempo verbal para académicos mentalmente desempleados, y que son disparates demasiado absurdos como para tener alguna consecuencia práctica..., vuelve a leer la cita inicial del libro del profesor Paulsen. Sí, son disparates, disparates malvados..., pero, gracias a la actitud que he mencionado, esos disparates han conquistado el mundo.

Hay más de una forma de aceptar y de divulgar una teoría

filosófica. El grupo más culpable de todos, el que más ha contribuido a la victoria del kantianismo, es el grupo que profesa despreciarlo: los científicos. Al adoptar alguna de las variantes del positivismo lógico (un vástago kantiano), ellos rechazaron la dimensión nouménica de Kant, pero estuvieron de acuerdo en que el mundo material es irreal, que la realidad es incognoscible y que la ciencia no trata con hechos, sino con montajes arbitrarios. Ellos rechazaron cualquier preocupación por la moralidad, estando de acuerdo en que la moralidad está más allá del poder de la razón y de la ciencia, y debe quedar sujeta a caprichos subjetivos.

Ahora observa la brecha entre las ciencias físicas y las humanidades. Aunque el progreso de la ciencia teórica se está ralentizando (por causa de una epistemología defectuosa, entre otras cosas), la inercia del pasado aristotélico es tan grande que la ciencia todavía sigue avanzando, mientras que las humanidades están en bancarrota. Espacialmente, la ciencia está llegando más allá del sistema solar, mientras que, temporalmente, las humanidades están volviendo a deslizarse hasta el cieno prehistórico. La ciencia está logrando que aterricen hombres en la Luna y tratando de escuchar emisiones de radio desde otras galaxias, mientras que la astrología se está poniendo de moda aquí en la Tierra; mientras que cursos de astrología y de magia negra se están impartiendo en las universidades; mientras que horóscopos galopantes están siendo emitidos por las ondas magnéticas de un gran logro científico, la televisión.

Los científicos están dispuestos a producir armas nucleares para los matones que gobiernan la Rusia soviética, exactamente igual que estuvieron dispuestos a producir cohetes militares para los matones que gobernaron la Alemania nazi. Apareció un artículo en la prensa que decía que durante la primera prueba de una bomba atómica en Nuevo México, Robert Oppenheimer, jefe del grupo de Los Álamos que había producido la bomba, llevaba un trébol de cuatro hojas en el bolsillo. Más recientemente, apareció otro artículo sobre Edgar Mitchell, un astronauta que realizó experimentos de percepción extrasensorial cuando estaba de camino hacia la Luna. Y hubo también un artículo sobre un científico espacial que es un fervoroso creyente en el ocultismo y en la magia negra.

Tal es la «paz honrosa y perdurable» entre conocimiento y fe, lograda por la filosofía kantiana.

Ahora bien, ¿qué pasaría si uno de esos hombres ganase poder político y tuviera que considerar la cuestión de si desatar una guerra nuclear o no? Como kantiano que es, ese hombre tendría que tomar esa decisión no con base en la razón, el conocimiento y los hechos, sino con base en los impulsos de la fe, o sea, las emociones, o sea, por capricho.

Hay muchos ejemplos de kantianismo arrasando el campo de la política actual de formas más lentas, pero igual de letales. Observa la farsa de inflación versus «compasión». Las políticas del estado de bienestar han llevado a este país (y a todo el mundo civilizado) al borde de la quiebra económica, el precursor de la cual es la inflación; sin embargo, hay grupos de presión que están exigiendo subsidios cada vez mayores para los que no producen, y gritando que sus adversarios no tienen «compasión». La compasión como tal no puede hacer crecer ni una brizna de hierba, y mucho menos de trigo. ¿De qué le sirve la «compasión» a un hombre (o a un país) que está quebrado, o sea, que ha consumido sus recursos, que es incapaz de producir y que no tiene nada que repartir?

Si no puedes entender cómo alguien puede evadir la realidad hasta ese punto, no has entendido el kantianismo. «Compasión» es un término moral, y los temas morales —para los intelectuales totalmente kantianizados— son independientes de la realidad material. La tarea de la moralidad —creen ellos— es hacer demandas a las que el mundo de los «fenómenos» materiales tiene que obedecer; y, dado que ese mundo material es irreal, sus problemas o sus escaseces no pueden afectar al éxito de los objetivos morales, que son dictados por la realidad real, «nouménica».

Estimados empresarios, ¿por qué os preocupáis por un 0,5 por ciento de interés en un préstamo o en una inversión..., cuando *vuestro* dinero está subvencionando las escuelas donde esas nociones les están siendo enseñadas a vuestros hijos?

No, la mayoría de la gente no conoce las teorías de Kant, ni le importan. Lo que sí conocen es que sus maestros y sus líderes intelectuales tienen alguna profunda e intrincada justificación —cuanto más intrincada, mejor— para el resultado neto de todas esas teorías, que el hombre de la calle acepta de buen grado: «Sé racional, excepto cuando no te apetezca serlo».

Observa la motivación de quienes aceptaron la grotesca irracionalidad del sistema de Kant, para empezar, según declara su admirador, el profesor Paulsen: «Ciertamente no hay duda de que la gran influencia que Kant ejerció en su época se debió sólo al hecho de que él pareció ser un liberador de una incertidumbre intolerable. La antigua visión relativa a las alegaciones de las emociones y al entendimiento de la realidad había sido cada vez más cuestionada durante la segunda mitad del siglo XVIII [...]. La ciencia parecía exigir que se renunciara a la vieja fe. *Por otro lado, el corazón seguía aferrándose a ella* [...]. Kant mostró una forma de escapar del dilema. Su filosofía hizo posible que uno sea a la vez un franco pensador y un honesto hombre de fe. Por eso, miles de corazones le han dado las gracias con apasionada devoción» (pp. 6-7; énfasis añadido; ningún otro comentario es necesario).

La filosofía es una necesidad para un ser racional: la filosofía es el fundamento de la ciencia, la organizadora de la mente del hombre, la integradora de su conocimiento, la programadora de su subconsciente, la selectora de sus valores. Enfrentar la filosofía contra la razón, o sea, contra el poder de cognición del hombre, convertirla en apologista y en protectora de la superstición, es un crimen contra la humanidad de tal magnitud que ninguna de las atrocidades modernas puede igualarlo: él es la causa de las atrocidades modernas.

Si Paulsen es representativo del siglo XIX, el siglo XX nunca tuvo una oportunidad. Pero si los hombres se dan cuenta de la raíz de lo que los está destruyendo —si se dedican a la más grande de todas las cruzadas: una cruzada por el absolutismo de la razón—, entonces el siglo XXI volverá a tener una oportunidad.

9

Kant versus Sullivan

En el ensayo principal de mi libro *For the new intellectual* (*Para el nuevo intelectual*), al hablar del ataque organizado que está haciendo la filosofía moderna contra la mente del hombre, mencioné que los filósofos están divididos en dos bandos: «[...] los que afirman que el hombre obtiene su conocimiento del mundo deduciéndolo exclusivamente a partir de conceptos, los cuales vienen de dentro de su mente y no se derivan de la percepción de hechos físicos (los racionalistas) [...], y los que afirman que el hombre obtiene su conocimiento a partir de la experiencia, lo cual parece querer decir: por percepción directa de hechos inmediatos, sin recurrir a conceptos (los empiristas). Diciéndolo más sencillamente: los que se unieron al hechicero, abandonando la realidad [...], y los que se aferraron a la realidad, abandonando su mente».

Durante las últimas décadas, la moda predominante entre los filósofos académicos fue el empirismo —un tipo militante de empirismo—. Sus exponentes descartaron todos los problemas filosóficos al declarar que los conceptos fundamentales —tales como existencia, entidad, identidad, realidad— no tienen ningún sentido; ellos declararon que los conceptos son convenciones sociales arbitrarias, y que sólo los datos sensoriales, «sin procesar» por la conceptualización, representan una forma válida o «científica» de conocimiento; y ellos debatieron asuntos como, por ejemplo, si un hombre puede afirmar con seguridad que él percibe un tomate o sólo una mancha de color rojo.

Tarde o temprano, tenía que ponerse de manifiesto que los cocineros, y no digamos los científicos, hacen algo con esa mancha de color rojo por algún medio que no es percepción sensorial directa e inmediata. Y —como en cualquier campo de actividad regido por la moda, y no por los hechos— el péndulo filosófico comenzó a oscilar de una cara a otra de la misma moneda.

Aceptando la premisa básica de los empiristas —que los conceptos no tienen necesariamente ninguna relación con los datos sensoriales— una nueva casta de racionalistas está flotando hasta la superficie de la tendencia académica predominante, declarando que el conocimiento *científico* no requiere en absoluto datos sensoriales (lo cual significa: el hombre no necesita sus órganos sensoriales).

Si la moda empirista —con su modernismo mañoso, brillante y de último minuto, con su jerga cuasitecnológica y con sus ecuaciones seudomatemáticas— puede ser considerada como el período de la minifalda de la moda filosófica, entonces el resurgimiento racionalista nos trae el período de la maxifalda, una maxifalda vieja, sucia, antihigiénica, la que se arrastra por las aceras, inadecuada para subirse a un avión o a un coche moderno (o para subir a cualquier sitio), como su equivalente en el campo de ropa de señoras.

Hasta qué nivel puede caer esa nueva moda, y lo que el dobladillo de su falda puede arrastrar, puede observarse en el número del 20 de noviembre de 1969 de *The Journal of Philosophy*, una revista considerada como la más «prestigiosa» de las publicaciones filosóficas profesionales estadounidenses, publicada por la Universidad de Columbia.

El artículo principal se titula «Ciencia sin experiencia», y su autor es Paul K. Feyerabend, de la Universidad de California y de la Universidad de Londres. (Se ha de recordar que lo que se quiere decir aquí con «experiencia» es la evidencia de los sentidos del hombre.) El artículo declara:

> Debe ser posible imaginar una ciencia natural sin elementos sensoriales, y quizá también debería ser posible indicar cómo una ciencia así va a funcionar. Ahora se dice que la experiencia entra en la ciencia en tres puntos: haciendo pruebas, asimilando los resultados de las pruebas, comprendiendo las teorías.

Quienquiera que se diga que ha dicho eso, no incluyó *la observación* entre sus tres puntos, implicando que la ciencia empieza con «hacer pruebas». Si es así, ¿de qué «hace pruebas» uno? No se da ninguna respuesta.

> Es fácil ver que la experiencia no es necesaria en ninguno de los tres puntos que acabamos de mencionar.
>
> Para empezar, no es necesario que la experiencia intervenga en el proceso de *prueba*: podemos poner una teoría en un ordenador, proporcionarle al ordenador los instrumentos apropiados que el ordenador vaya pidiendo, de forma que las medidas relevantes sean hechas y le sean devueltas al ordenador, lo cual llevará a la evaluación de la teoría. El ordenador puede dar una simple respuesta, como «sí o no», con lo cual un científico puede *descubrir* si una teoría ha sido confirmada o no, sin haber *participado* de ningún modo en la prueba (o sea, sin haber estado sometido a ninguna *experiencia* relevante). [Todas las cursivas están en el original.]

Uno podría sentir, al llegar a este punto, que su cerebro está siendo paralizado por demasiadas preguntas. Por citar sólo unas pocas: ¿quién construyó el ordenador, y fue capaz de hacerlo sin experiencia sensorial?; ¿quién programa el ordenador, y con qué medios?; ¿quién provee al ordenador de los «instrumentos apropiados», y cómo sabe esa persona lo que es apropiado?; ¿cómo sabe el científico que el objeto con el que está lidiando es un ordenador?

Pero tales cuestiones se vuelven innecesarias si uno recuerda dos falacias identificadas por la epistemología objetivista, las cuales pueden ayudar no ya a justificar sino a explicar ese párrafo: las falacias de «ignorar el contexto» y de «robar conceptos», que el artículo parece ostentar como si fueran métodos epistemológicos válidos, partiendo, como lo hace, de la premisa básica de que los ordenadores están ahí.

Eso todavía deja pendiente la siguiente pregunta: ¿a través de qué medios conoce el científico el veredicto del ordenador? A esa pregunta, el autor del artículo da una respuesta, que es el punto 2 de su teoría del conocimiento:

> *Normalmente*, esa información viaja a través de los sentidos, dando lugar a sensaciones distintas. Pero ése no es siempre el caso. La percepción subliminal [percepción ¿de qué?] lleva directamente a las reacciones, y sin datos sensoriales. El aprendizaje latente lleva a vestigios de memoria [memoria ¿de qué?] directamente, y sin datos sensoriales. La sugestión posthipnótica [¿realizada por quién y con qué medios?] lleva directamente a reacciones (tardías) sin datos sensoriales. Además, hay un campo totalmente inexplorado de fenómenos telepáticos.

Aparentemente, para no dejar que ese párrafo se entienda a fondo, la frase siguiente del artículo continúa el párrafo sin interrumpir. Pero yo lo he interrumpido precisamente para dejar que se entienda a fondo y del todo.

La siguiente frase del párrafo es la siguiente:

> No estoy afirmando que las ciencias naturales tal como las conocemos hoy podrían estar basadas en esos fenómenos solamente, y que podrían estar enteramente libres de sensaciones. Considerando la naturaleza periférica de los fenómenos, y considerando también la poca atención que se les da en nuestra educación (no estamos entrenados para usar eficazmente nuestra habilidad para el aprendizaje latente), eso sería tanto desaconsejable como impráctico. Pero ha quedado claro que las sensaciones no son *necesarias* para llevar a cabo la ciencia, y que ellas ocurren solamente por razones prácticas.

¿Cuál sería el significado o el valor de un proceso de consciencia *impráctico*? Dado que la práctica de la facultad de la consciencia es darnos información sobre la realidad, un proceso impráctico sería uno que fracasara en esa función. Pero un proceso así es precisamente el que el autor defiende como si fuera superior o, al menos, como si fuera igual a los procesos de la experiencia sensorial..., e insta a nuestros educadores a que desarrollen esos procesos en nosotros.

Volviendo ahora al punto 3 de su teoría del conocimiento —la relación entre la experiencia y la comprensión de las teorías—, el autor anuncia que «la experiencia surge *a la vez* que las suposiciones teóricas, *no* antes que ellas»... Él lo demuestra de la siguiente forma: «Elimina parte del conocimiento teórico de un sujeto que está teniendo sensaciones y tienes una persona que está completamente desorientada, que es incapaz de ejecutar la más simple de las acciones».

Una persona desorientada es un adulto que, habiendo perdido parte de su conocimiento conceptual *adquirido*, es incapaz de funcionar a un nivel puramente sensorial y perceptual, o sea, es incapaz de volver a la etapa de la infancia. Normalmente, los bebés en desarrollo y los niños no están *desorientados*. Es el estado *anormal* de un adulto lo que el artículo ofrece como prueba de la impotencia cognitiva de los datos sensoriales.

Luego el autor se sumerge rápidamente en *su* teoría del desarrollo cognitivo de un niño, de la siguiente manera: «[El desarrollo] empieza solamente porque el niño reacciona correctamente a las señales, *las interpreta correctamente*, porque él posee medios de interpretación incluso antes de haber experimentado su primera sensación clara».

La posesión de los *medios* y el *uso* de esos medios no es lo mismo: por ejemplo, un niño posee los medios para digerir alimento, pero ¿aceptarías la noción de que él realiza el proceso de digestión *antes* de haber ingerido algún alimento? De la misma manera, un niño posee los medios para «interpretar» datos sensoriales, es decir, tiene una facultad conceptual; pero esa facultad no puede interpretar nada —y mucho menos hacerlo «correctamente»— antes de que él haya experimentado su primera sensación clara. Si no fuese así, ¿qué es lo que estaría interpretando?

> Nuevamente, podemos imaginar que ese aparato interpretativo actúa sin estar acompañado de sensaciones (como hacen todos los reflejos y todos los movimientos automatizados, como escribir a máquina). El conocimiento teórico que contiene ciertamente puede ser *aplicado* correctamente, aunque quizá no sea *comprendido*. Pero ¿qué aportan las sensaciones a nuestra comprensión? Tomadas en sí mismas, o sea, tomadas como le aparecerían a una persona completamente desorientada, ellas no tienen utilidad alguna, ni para el conocimiento ni para la acción.

Después de unas cuantas frases más del mismo estilo, el párrafo concluye:

> Comprender en el sentido exigido aquí resulta ineficaz y superfluo. Resultado: las sensaciones pueden ser eliminadas del proceso de comprensión también (aunque ellas pueden, por supuesto, continuar *acompañándolo*, igual que un dolor de cabeza acompaña al pensamiento profundo).

Voy a resumir ahora lo anterior, es decir, la teoría del hombre y del conocimiento que el artículo presenta: el hombre es un zombi cuyo aparato mental produce un conocimiento teórico que él no entiende, pero es un aparato que «interpreta» señales «correctamente» y que le permite al zombi «aplicarlo» correctamente, o sea, le permite actuar sin entender en absoluto, dirigido por su autoridad cognitiva última, por el científico, un ciego sordo y mudo que está en comunicación telepática con un ordenador.

Ahora hablemos del resultado final y el clímax del artículo:

> ¿Por qué es preferible interpretar teorías con base en un lenguaje *observacional* en vez de hacerlo con base en un lenguaje de afirmaciones intuitivamente evidentes (como se hacía sólo unos cuantos siglos atrás, y como debe hacerse en cualquier caso, pues la observación no ayuda a una persona desorientada), o con base en un lenguaje que contiene sólo frases cortas (como se hace en cualquier curso elemental de física)? [...] El conocimiento puede *entrar* en nuestro cerebro sin tocar nuestros sentidos. Y algún conocimiento

> *reside* en el cerebro individual sin siquiera haber entrado en él. Y tampoco es el conocimiento observacional el conocimiento más confiable que poseemos. La ciencia dio un gran paso adelante cuando la idea aristotélica de la fiabilidad de nuestra experiencia cotidiana fue abandonada y sustituida por un empirismo de un tipo más sutil [...]. El empirismo [...] es, por lo tanto, una doctrina irrazonable, que no está de acuerdo con la práctica científica.

Resumiendo su procedimiento, el autor del artículo concluye: «Proceder de esa forma, por supuesto, significa dejar los confines del empirismo y movernos hacia un tipo de filosofía más completa y más satisfactoria». Los «confines del empirismo», en ese contexto, significa: los confines de la realidad.

Antes de volver al depósito de cadáveres para la tarea de disección, hagamos una pausa para respirar un poco de aire fresco, para darle un tributo momentáneo al solitario gigante a quien, dos mil trescientos años después de su muerte, los enemigos de la mente del hombre todavía tienen que intentar atacar antes de poder destruir al resto de nosotros.

Una descripción gráfica de lo que sería un lenguaje no observacional, no aristotélico, nos la da una revista académicamente menos prestigiosa, la revista *Look*, el 13 de enero de 1970. En un artículo titulado «Grúñeme suavemente y yo entenderé», se declara:

> A nivel personal, no habrá necesidad de aferrarse a una gramática formal para transmitir significado. El discurso no tiene por qué ser lineal; puede salir como un montón comprimido de hechos y de sensaciones y de humores y de ideas y de imágenes. Las palabras pueden servir como señales, y los otros las entenderán. La forma en que un hombre siente puede ser expresada sin vergüenza alguna en puros sonidos, como, por ejemplo, un canturreo sordo, glotal, como el ronroneo de un gato, para expresar satisfacción... Las emociones tienen significado. Los sonidos tienen significado. El lenguaje abierto puede ser una alegría, un lenguaje con el que podemos crecer, con el que podemos gruñir. Las palabras pueden inhibir tu estilo.

Suponte que estás siendo acusado de un crimen que no has cometido; necesitas la atención más clara, la mayor concentración posible en los hechos, la justicia más estricta en las mentes de aquéllos a quienes te enfrentas, para poder demostrar tu inocencia; pero lo que «sale» del juez y del jurado es «un montón comprimido de hechos y de sensaciones y de humores y de ideas y de imágenes».

Suponte que el Gobierno promulga un decreto que expropia todo lo que posees, que envía a tus hijos a un campo de concentración, a tu esposa a un pelotón de fusilamiento, a ti a hacer trabajos forzados, y a tu país a una guerra nuclear; tú te esfuerzas frenéticamente por entender por qué; pero lo que «sale» de los líderes de tu país es «un montón comprimido de hechos y de sensaciones y de humores y de ideas y de imágenes».

Esos ejemplos no son exageraciones; son exactamente lo que los dos artículos citados significan, y son las *únicas* cosas que pueden significar..., en esa realidad factual y existencial donde la única herramienta de protección y de supervivencia son los *conceptos*, o sea, el lenguaje.

El artículo de *Look* lleva una fina máscara que es la forma como limita los gruñidos a «nivel personal» (lo cual no puede hacerse, puesto que la mente humana es incapaz de mantener durante mucho tiempo ese tipo de doble psicoepistemología). Pero el artículo en *The Journal of Philosophy* aboga por el método del «montón comprimido» —de un lenguaje no observacional— para las actividades mentales de los científicos.

El artículo «Ciencia sin experiencia» anuncia la retrogresión de la filosofía al racionalismo primordial y prefilosófico de la selva («como se hacía sólo unos cuantos siglos atrás», afirma el autor, argumentando a favor de un lenguaje no observacional). Pero lo que es inocente y explicable en un niño o en un salvaje se convierte en una corrupción senil cuando un ordenador es sustituido por recetas milagrosas, tótems y pociones mágicas. Ése es el tipo de racionalismo que avergonzaría a Platón, a Descartes y a todos los demás filósofos de esa escuela; pero no a Kant: ése es *su* bebé y *su* triunfo final, ya que él es el padre más fecundo de la doctrina que equipara los *medios* de la consciencia con su *conte-*

nido; os remito a la noción de Kant de que la maquinaria de la consciencia produce su propio contenido (categórico).

«Ciencia sin experiencia» es un artículo intrascendente que no sería digno de consideración o de discusión si no fuera por el escandaloso hecho de haber sido publicado en la principal revista estadounidense de la profesión filosófica. Si *ésa* es la visión del hombre, de la razón, del conocimiento, de la ciencia, de la existencia..., si ésa es la visión aprobada y propagada por las autoridades filosóficas de nuestra época, ¿puedes culpar a los *hippies* y a los *yippies* que son los productos de esa visión? ¿Puedes culpar a un joven normal que es lanzado al mundo con *ese* tipo de equipo mental? ¿Necesitas comités, comisiones o estudios multimillonarios que te digan las causas de la violencia y la adicción a las drogas en las universidades?

Un joven y brillante profesor de Filosofía me dio la siguiente explicación sobre la publicación de ese artículo: «A ellos [los filósofos académicos] les gusta porque ataca a la filosofía, la ataca de forma rufianesca, incluyendo algunas de sus creencias más apreciadas, como el empirismo. A ellos les parece estupendo eso. Ellos leerán y publicarán cualquier cosa, siempre que no implique o apoye un *sistema* de ideas amplio, coherente e integrado».

Durante mucho tiempo, los filósofos académicos no han sido capaces de hacer más que atacarse y refutarse unos a otros (lo cual no es difícil), sin ser capaces de ofrecer ninguna teoría de naturaleza constructiva o positiva. Cada nuevo ataque confirma la noción que ellos tienen de que nada más es posible para su profesión y nada más puede ser exigido de ellos. Si el estilo del ataque es rufianesco, eso los reconforta: no tienen que tomárselo en serio (ni eso ni la filosofía). Ellos tolerarán cualquier cosa, siempre que no exija que ellos verifiquen la validez de sus propias premisas, o sea, siempre que no se amenace la creencia de que un conjunto de supuestos (arbitrarios) es tan bueno como cualquier otro.

En *Para el nuevo intelectual*, mencioné la causa central del desastre de la filosofía posrenacentista, el asunto que llevó a su consiguiente colapso: «Ellos [los filósofos] fueron incapaces de ofrecer una solución al "problema de los universales"; es decir, fueron incapaces de definir la naturaleza y la fuente de las abstracciones, de determinar la relación entre conceptos y datos perceptuales y de demostrar la validez de la inducción científica... Ellos fueron incapaces de refutar la reivindicación del hechicero de que los conceptos de ellos eran tan arbitrarios como los caprichos de él, y que el conocimiento científico de ellos no tenía mayor validez metafísica que las revelaciones de él».

(Observa que el exigir ese tipo de igualdad epistemológica sigue siendo la política, la estrategia y el objetivo de los irracionalistas. «¿Por qué es preferible interpretar teorías con base en un lenguaje *observacional* en vez de hacerlo con base en un lenguaje de afirmaciones intuitivamente evidentes...?», pregunta el autor de «Ciencia sin experiencia». Ésa es la forma perversa con la que los místicos se ven obligados a reconocer la supremacía de la razón y a confesar sus motivos, su envidia y su miedo; un defensor de la razón no pide que su conocimiento sea equiparado con las intuiciones y las revelaciones de los místicos.)

Los conceptos son los productos de un proceso mental que integra y organiza la evidencia provista por los sentidos del hombre. (Véase mi libro *Introducción a la epistemología objetivista.*) Los sentidos del hombre son su único contacto cognitivo directo con la realidad y, por consiguiente, su única *fuente* de información. Sin evidencia sensorial no puede haber conceptos; sin conceptos no puede haber lenguaje; sin lenguaje no puede haber ni conocimiento ni ciencia.

La respuesta a la pregunta de la relación entre conceptos y datos perceptuales determina la evaluación que hace el hombre de la eficacia cognitiva de su mente; determina el curso de cada vida individual y el destino de las naciones, de los imperios, de la ciencia, del arte, de la civilización. No hay muchos hombres que morirían en aras de proteger la respuesta correcta a esa pregunta, pero incontables millones han muerto a causa de las respuestas erróneas.

A lo largo de todas las épocas, un enorme ataque a la facultad conceptual del hombre fue dirigido a sus fundamentos, es decir, a sus sentidos, en la forma de alegar que los sentidos del hombre no son «confiables». Lo único que faltaba es el descaro de que en el siglo XX se declare que los sentidos del hombre son superfluos.

Si quieres captar a fondo la naturaleza abismal de esa afirmación y, al mismo tiempo, captar el origen de los conceptos y su dependencia de la evidencia sensorial, te remitiré a una famosa obra. Uno podría pensar que un tema así no puede ser dramatizado, pero lo ha sido —lo ha sido de forma simple, elocuente y angustiosa—, y no es una obra de ficción, sino una dramatización de hechos históricos. Es *El milagro de Ana Sullivan*,[6] de William Gibson, donde se cuenta la historia de cómo Annie Sullivan llevó a Helen Keller a captar la naturaleza del *lenguaje*.

Si has visto la superlativa actuación de Patty Duke en el papel de Helen Keller, en la obra de teatro o en su versión cinematográfica, has visto la imagen del hombre que «Ciencia sin experiencia» proyecta —o has llegado tan cerca de ella como cualquier ser humano vivo puede llegar—. Helen Keller no era el ideal de ese artículo —una criatura desprovista de todo contacto sensorial con la realidad—, pero estuvo muy cerca de serlo: ciega y sorda desde la infancia, o sea, desprovista de la vista y del oído, lo único que le quedaba para guiarla era el sentido del tacto (ella retenía también los sentidos del gusto y del olfato, que no son de gran valor cognitivo para un ser humano).

Intenta recordar el incomunicable horror del estado de esa niña, comunicado por Patty Duke: una criatura que no es ni humana ni animal, con todo el poder de un potencial humano, pero reducida a una impotencia subanimal; una criatura salvaje, violenta y hostil luchando desesperadamente por la autopreservación en un mundo incognoscible, luchando por vivir de alguna

6. La obra teatral *The Miracle Worker* (traducida como *El milagro de Ana Sullivan* y *Un milagro para Helen*), de William Gibson (1914-2008), se estrenó en 1959, y tuvo una adaptación cinematográfica de igual título (*El milagro de Ana Sullivan*, en España) y dirigida por Arthur Penn en 1962. La historia está inspirada en la autobiografía de Helen Keller, *The story of my life*, publicada en 1903. Keller, sordociega desde muy niña, recibió la instrucción especial de Anne Sullivan. Keller logró acabar estudios universitarios, y se convirtió en una activista izquierdista por los derechos civiles y, posteriormente, a favor de las personas con discapacidades. *(N. del e.)*

forma en un estado crónico de terror y de impotente perplejidad; una mente humana (que demostró más tarde ser una mente extraordinariamente inteligente) luchando frenéticamente, en total oscuridad y silencio, por percibir, por captar, por *comprender*, pero incapaz de comprender su propia necesidad, su propio objetivo o su propia lucha.

«Sin estar acompañado por sensaciones», su «aparato interpretativo» no actuó; no actuó «como hacen todos los reflejos»; no produjo ningún conocimiento en absoluto, y mucho menos ningún «conocimiento teórico». El «conocimiento», declara ese artículo, «puede *entrar* en nuestro cerebro sin tocar nuestros sentidos». Ningún conocimiento entró en el de ella. ¿Podría ella haber sido capaz de usar un ordenador? Ella no era ni siquiera capaz de aprender a usar un tenedor o a doblar su servilleta.

Annie Sullivan, su joven maestra (magníficamente representada por Anne Bancroft), está furiosamente decidida a transformar a esa criatura en un ser humano, y conoce la única forma de hacerlo: el *lenguaje*, o sea, el desarrollo de la facultad conceptual. Pero ¿cómo le comunica uno la naturaleza y la función del lenguaje a un sordociego? Toda la acción de la obra teatral gira en torno a ese único tema central: la lucha de Annie para hacer que la mente de Helen capte una *palabra*; *no* una señal, sino una palabra.

La forma del lenguaje es un código de símbolos táctiles, un alfabeto de toques por medio del cual Annie no para de deletrear palabras en la palma de la mano de Helen, siempre haciendo que su otra mano toque los objetos correspondientes. Helen entiende, en parte, muy rápidamente: ella aprende a repetir las señales en la palma de la mano de Annie, *pero* sin relacionarlas con los objetos; ella aprende a deletrear muchas palabras, *pero* no capta la conexión de las señales con sus *referentes*, ella cree que es un juego, que ella está simplemente imitando movimientos al azar, sin ninguna comprensión. (A esa altura, ella está aprendiendo el «lenguaje» como a la mayoría de los universitarios de hoy les enseñan a usarlo: como un conjunto de movimientos totalmente *no observacionales* que no denotan nada.)

Cuando el padre de Helen elogia a Annie por el hecho de haberle enseñado a Helen los rudimentos de la disciplina, Annie, desanimada, responde: «[...] no hacer nada más que obedecer..., eso no es ningún don, obedecer sin comprender es... es una ceguera también».

La determinación de Annie la lleva a realizar la lucha más heroica jamás representada en el escenario. Ella tiene que luchar contra las dudas y contra la desesperanzada resignación de los padres de Helen; tiene que luchar contra el amor y la pena que ellos sienten por su hija, contra las acusaciones que ellos hacen de que ella la trata con demasiada severidad; tiene que luchar contra la obstinada resistencia de Helen y su incomprensible miedo, el cual se convierte en un odio evidente hacia la maestra; también tiene que luchar contra sus propias dudas, contra los momentos de desánimo cuando se pregunta si lograr el objetivo que ella se ha propuesto es posible: ella no sabe qué hacer, al chocarse con una decepción detrás de otra; ella no sabe si una mente humana impedida puede ser contactada y despertada; es algo que nunca ha sido hecho antes. Su única arma es seguir adelante, hora tras hora, día tras día, empujando interminablemente la mano de Helen para que toque los objetos que ellas van encontrando (para que adquiera evidencia *sensorial*) y deletreándolos en la palma de su mano: «P-A-S-T-E-L..., L-E-C-H-E..., A-G-U-A...»; una y otra vez, sin ningún resultado.

El hermanastro mayor de Helen, James, escéptico ante los esfuerzos de Annie, comenta que Helen tal vez no quiera aprender, que tal vez «haya algo así como... un corazón embotado. Aceptar. Y conformarse. Tarde o temprano todos abandonamos, ¿no?».

> Annie: Tal vez todos vosotros lo hagáis. Ésa es mi idea del pecado original.
>
> James: ¿Cuál?
>
> Annie: Abandonar.

James: No conseguirás que se te abra. ¿Por qué no la dejas tranquila? Ten alguna... pena de ella, por ser ella lo que es...

Annie: Si alguna vez yo hubiese pensado así, ¡yo estaría muerta!

En el mundo actual, mucha gente físicamente sana pero intelectualmente deficiente (sobre todo los estudiantes universitarios) necesitan la ayuda de Annie Sullivan, la cual pueden usar si han conservado la capacidad de captar (no sólo de mirar y de repetir, sino de *captar*) el significado pleno de dos declaraciones de Annie Sullivan:

Dirigiéndose al padre de Helen: «Las palabras pueden ser sus *ojos*, para todo lo que hay en el mundo fuera de ella, y dentro de ella también; ¿qué es ella sin palabras? Con ellas, Helen puede pensar, tener ideas, puede ser alcanzada, no hay ni un solo pensamiento ni un solo hecho en el mundo que no pueda ser suyo... Y ya los tiene... dieciocho nombres y tres verbos, ellos están ahora en sus dedos, ¡sólo necesito tiempo para meter *uno* de ellos en su mente! Sólo uno, y todo lo que hay bajo el sol seguirá».

Dirigiéndose a Helen, quien no puede oírla: «Quiero enseñarte..., oh, todo de lo que el mundo está lleno, todo lo que hay en él que es nuestro por un instante y desaparece, y todo lo que nosotros somos en él, la... la luz que nosotros le traemos y que luego dejamos atrás en... palabras, porque, sabes, tú puedes ver hasta cinco mil años atrás en una luz de palabras; todo lo que sentimos, pensamos, sabemos... y compartimos, en palabras; así que ningún alma está en la oscuridad, o acabada, ni siquiera en la tumba. ¡Y yo lo sé, *lo sé*! Con una sola palabra yo puedo... poner el mundo en tu mano..., y me cueste lo que me cueste, ¡no me conformaré con menos!».

(«Las palabras pueden inhibir tu estilo», responde la revista *Look*.)

Que yo sepa, *El milagro de Ana Sullivan* es la única obra *epistemológica* jamás escrita. Mantiene al espectador en un suspense y una tensión que van creciendo, pero no sobre una persecución o el robo de un banco, sino sobre la cuestión de si una mente humana cobrará vida. Su clímax es magnífico: después de la aplastante decepción de Annie ante la aparente retrogresión de Helen, el agua de una fuente cae en la mano de Helen mientras Annie está automáticamente deletreando «A-G-U-A» en su palma, y de pronto Helen *comprende.* Los dos grandes momentos de ese clímax son incomunicables, excepto a través del arte de actuar: uno es la expresión en la cara de Patty Duke cuando se da cuenta de que las señales se refieren al líquido; el otro es el sonido de la voz de Anne Bancroft cuando llama a la madre de Helen y grita: «¡Lo *sabe*!».

La tranquila y sublime intensidad de esa palabra —con todo lo que implica, connota y hace posible— es lo que la filosofía moderna está empeñada en destruir.

Sugiero que leas *El milagro de Ana Sullivan* y estudies sus implicaciones. No estoy familiarizada con las otras obras de William Gibson; creo que yo no estaría de acuerdo con muchos aspectos de su filosofía (igual que estoy en desacuerdo con gran parte de la filosofía de Helen Keller en su edad adulta); pero esta obra concreta es una valiosísima lección sobre los fundamentos de una epistemología racional.

Sugiero que consideres la lucha titánica de Annie Sullivan para despertar la facultad conceptual de una niña por medio de un único sentido, el sentido del tacto, y que luego evalúes el significado, el motivo y el estatus moral de la noción de que la facultad conceptual del hombre no requiere ninguna experiencia sensorial.

Sugiero que consideres la enorme hazaña intelectual que Helen Keller tuvo que realizar para poder desarrollar un alcance conceptual total (incluyendo una educación universitaria, la cual requería más en su época que en la actualidad), y que, luego, juzgues a esas personas normales que aprenden sus primeras abstracciones a un nivel perceptual sin ninguna dificultad, y después se congelan a ese nivel y dejan los niveles más elevados de su desarrollo conceptual en una niebla caótica de aproximaciones indeterminadas flotando, jugando a un juego de señales sin referentes, como Helen Keller hizo al principio, pero sin tener la excusa que ella tenía. Y, luego, sugiero que compruebes si *tú* respetas y hasta qué punto cuidas de esa preciada posesión que tienes: el lenguaje.

Y, finalmente, sugiero que intentes imaginar lo que habría ocurrido si, en vez de Annie Sullivan, un sádico se hubiese encargado de la educación de Helen Keller. Un sádico que deletrease «agua» en la palma de la mano de Helen y le hiciese tocar agua, piedras, flores o perros indistintamente; alguien que le enseñara que el agua se llama «agua» hoy, pero «leche» mañana; que se empeñase en transmitirle que no hay ninguna conexión necesaria entre nombres y cosas, que las señales en la palma de su mano son un juego de convenciones arbitrarias y que más le vale a ella obedecerle a él sin intentar comprender.

Si esa proyección es demasiado monstruosa para mantenerla en la mente de uno durante mucho tiempo, recuerda que *eso* es lo que los filósofos académicos de hoy están haciendo con la juventud; es lo que están haciendo con mentes tan confundidas, tan plásticas y casi tan indefensas (en los niveles conceptuales más altos) como era la mente de Helen Keller cuando ella empezó.

10

Causalidad versus deber

Uno de los anticonceptos más destructivos en la historia de la filosofía moral es el término «deber».

Un anticoncepto es un término artificial, innecesario y racionalmente inútil, diseñado para sustituir y destruir algún concepto legítimo. El término «deber» destruye más que conceptos aislados; es un asesino metafísico y psicológico: niega todas las cosas esenciales para una perspectiva racional de la vida y las vuelve inaplicables a las acciones del hombre.

El concepto legítimo más próximo en significado a la palabra «deber» es «obligación». Ambos se usan a menudo indistintamente, pero hay una profunda diferencia entre esos dos conceptos, una diferencia que las personas sienten, aunque rara vez identifican.

The Random House dictionary of the English language (edición completa, 1966), en su entrada *duty* («deber»), describe la diferencia como sigue:

> *duty, obligation* [«deber, obligación»], se refiere a lo que uno se siente obligado a hacer. *Deber* es lo que uno hace o evita hacer en cumplimiento de los dictados permanentes de la consciencia, de la religiosidad, del derecho o de la ley: *el deber hacia el país de uno*; *el deber de decir la verdad, de criar hijos de forma apropiada.* Una

> *obligación* es lo que uno se ve obligado a hacer para cumplir los dictados del uso, de la costumbre o del decoro, y para cumplir promesas o acuerdos concretos, específicos y, a menudo, personales: *obligaciones financieras o sociales*.

Del mismo diccionario:

> *dutiful* [«diligente, solícito»] Sin. 1. Cumplidor del deber, respetuoso, obediente, dócil, sumiso...

Un diccionario más antiguo es algo más abierto sobre los términos *duty* y *dutiful*:

> *duty* [«deber»] 1. La conducta que se les debe a padres y superiores, como la mostrada en obediencia o sumisión...
>
> *dutiful* [«diligente, solícito»] 1. Que cumple, o está dispuesto a cumplir, los deberes requeridos por uno que tiene el derecho a exigir sumisión, obediencia o deferencia. (*Webster's International Dictionary*, segunda edición, 1944.)

El significado del término «deber» es la necesidad moral de realizar ciertas acciones sin ninguna otra razón más que la obediencia a alguna autoridad superior, sin considerar ningún objetivo personal, ni ningún motivo, deseo o interés personal.

Es obvio que ese anticoncepto es un producto del misticismo, no una abstracción derivada de la realidad. En una teoría mística de la ética, «deber» es la noción de que el hombre *debe* obedecer los dictados de una autoridad sobrenatural. Aunque el anticoncepto ha sido secularizado, y la autoridad de la voluntad de Dios ha sido atribuida a entidades terrenales como los padres, el país, el Estado, la humanidad, etcétera, la supuesta supremacía de todas ellas siguen basándose en nada más que un edicto místico. ¿Qué demonio en el infierno puede tener el derecho a exigir ese tipo de sumisión o de obediencia? Ésa es la única forma apropiada de hacer esa pregunta —y el lugar apropiado—, porque nada ni nadie puede tener un derecho así, o puede exigir eso aquí, en la Tierra.

El archidefensor del «deber» es Immanuel Kant; él fue mucho más allá que otros teóricos, así que ellos parecen inocentemente benévolos en comparación. El «deber», sostiene Kant, es el único estándar de virtud; pero la virtud no es su propia recompensa: si hay una recompensa involucrada, entonces deja de ser virtud. La única motivación moral, afirma él, es la devoción al deber por el deber en sí; sólo una acción motivada exclusivamente por tal devoción es una acción moral (o sea, una acción realizada sin ninguna preocupación por una «inclinación» [o un deseo] hacia un interés personal).

> Es un deber preservar la propia vida de uno, y además todo el mundo tiene una inclinación directa a hacerlo. Pero por esa razón, el cuidado a menudo ansioso que la mayoría de los hombres llevan al hacerlo no tiene ningún valor intrínseco, y el dictamen de hacerlo no tiene ninguna relevancia moral. Ellos preservan sus vidas de acuerdo con el deber, pero no *por* el deber. Pero si las adversidades y un sufrimiento desesperado le quitan totalmente el gusto por la vida, si un hombre desafortunado, de alma fuerte, está indignado en vez de estar desanimado o decaído por su destino y desea la muerte, pero aun así preserva su vida sin amarla, y no por inclinación ni por miedo, sino por deber..., entonces su dictamen sí tiene una relevancia moral. (Immanuel Kant, *Fundamentación de la metafísica de las costumbres*, ed. de Robert P. Wolff, Bobbs-Merrill, Indianápolis, 1969, pp. 16-17.)

Y añade:

> Es de esa forma, indudablemente, como deberíamos comprender esos pasajes de las Sagradas Escrituras que nos ordenan amar a nuestro prójimo e incluso a nuestros enemigos, pues el amor como inclinación no puede ser ordenado. Pero la beneficencia a partir del deber, cuando ninguna inclinación la impulsa e incluso cuando se le opone por una natural e insuperable aversión, es el amor práctico, no el amor patológico; el amor reside en la voluntad y no en las inclinaciones de los sentimientos, en los principios de acción y no en tierna solidaridad; y solamente eso es lo que puede ser ordenado.

> [...]
>
> [Por lo tanto, la primera proposición de moralidad es que para tener valor moral, una acción debe ser realizada a partir del deber.] (Ibídem, pp. 18-19; la frase entre corchetes es de Wolff.)

Si uno fuera a aceptarlo, el anticoncepto «deber» destruye el concepto de realidad: un poder inexplicable y sobrenatural tiene precedencia sobre los hechos y dicta las acciones de uno, independientemente del contexto o de las consecuencias.

El «deber» destruye la razón: sustituye el conocimiento y el juicio de uno, haciendo que el proceso de pensar y de juzgar sea irrelevante para las acciones de uno.

El «deber» destruye los valores: exige que uno traicione o sacrifique los valores más altos de uno por el bien de una orden inexplicable..., y transforma los valores en una amenaza al valor moral de uno, puesto que la experiencia del placer o del deseo pone en duda la pureza moral de los motivos de uno.

El «deber» destruye el amor: ¿quién querría ser amado, no por «inclinación», sino por «deber»?

El «deber» destruye la autoestima: no deja ningún *yo* que pueda ser estimado.

Si uno acepta esa pesadilla en nombre de la moralidad, la ironía infernal es que el «deber» destruye la moralidad. Una teoría de la ética centrada en el deber (deontológica) reduce los principios morales a una lista de «deberes» prescritos, y deja el resto de la vida del hombre sin ninguna guía moral, cercenando de raíz la moralidad de cualquier aplicación a los problemas reales y a las preocupaciones de la existencia del hombre. Temas como el trabajo, la carrera, la ambición, el amor, la amistad, el placer, la felicidad, los valores (en la medida en que no son perseguidos como deberes) son considerados por esta teoría como *amorales*, o sea, como si estuvieran fuera del campo de la moralidad. Si es así, entonces, ¿con qué estándar debe un hombre tomar sus decisiones diarias o enfocar el curso de su vida?

En una teoría deontológica, todos los deseos personales han sido desterrados del reino de la moralidad; un deseo personal no tiene ninguna relevancia moral, ya sea un deseo de crear o un deseo de matar. Por ejemplo, si un hombre no sustenta su vida por el deber, tal moralidad no distingue entre sustentarla por un trabajo honesto o por el robo. Si un hombre *quiere* ser honesto, entonces no merece ningún crédito moral; como Kant diría, esa honestidad es «digna de alabanza», pero no tiene ninguna «relevancia moral». Sólo un malvado represor, que siente un profundo deseo de mentir, de estafar y de robar, pero que se obliga a sí mismo a actuar honestamente por razón del «deber», sólo él recibiría un reconocimiento de valor moral por parte de Kant y de otros de su calaña.

Ése es el tipo de teoría que da mala fama a la moralidad.

El extendido resentimiento hacia la moralidad o el miedo hacia ella —la sensación de que la moralidad es un enemigo, un reino rancio de sufrimiento y de aburrimiento sin sentido— no es el producto de códigos místicos, ascéticos o cristianos, sino un monumento al representante más asqueroso del odio por la vida, por el hombre y por la razón: el alma de Immanuel Kant.

(Las teorías de Kant son, por supuesto, un misticismo del orden más bajo [del orden «nouménico»], pero él las presentó en nombre de la razón. El primitivo nivel de desarrollo intelectual de los hombres queda perfectamente demostrado por el hecho de que él llegó a salirse con la suya.)

Si «genio» denota una habilidad extraordinaria, entonces Kant puede ser llamado un genio por su capacidad de percibir, aprovechar y perpetuar los temores, la irracionalidad y, sobre todo, la ignorancia humana. Su influencia no se basa en factores filosóficos, sino en factores *psicológicos*. Su visión de la moralidad es propagada por hombres que nunca han oído hablar de él; él simplemente les dio a ellos un estatus académico y formal. Un sentido kantiano del «deber» es inculcado por los padres cada vez que ellos declaran que un niño *debe hacer* algo porque *debe* hacerlo. Un niño criado bajo el constante bombardeo de «deberes» sin causa, de deberes arbitrarios, contradictorios e inexplicables, pierde (o nunca adquiere) la capacidad de captar la distinción entre una necesidad realista y los caprichos humanos, y se pasa la vida miserablemente, obedeciendo sumisamente los segundos y desafiando la primera. En el pleno significado del término, él crece sin tener una clara comprensión de la realidad.

Como adulto, un hombre así puede rechazar todas las formas de misticismo, pero su psicoepistemología kantiana permanece (a menos que él la corrija). Él continúa considerando cualquier tarea difícil o desagradable como si fuera alguna imposición inexplicable sobre él, como un deber que él cumple, pero que no le gusta; él cree que es su «deber» ganarse la vida, que es su «deber» ser moral y, en casos extremos, que incluso es su «deber» ser racional.

En realidad, y en la ética objetivista, no hay tal cosa como «deber». Lo único que hay es elección, y el pleno y claro reconocimiento de un principio oscurecido por la noción de «deber»: *la ley de causalidad.*

El planteamiento correcto en cuanto a la ética, el inicio de una página metafísicamente en blanco, sin ninguna impureza de kantianismo, queda perfectamente ilustrado por la siguiente historia. En respuesta a un hombre que le estaba diciendo que ella *tenía que* hacer una cosa u otra, una sabia mujer negra ya entrada en años dijo: «Caballero, no hay nada que yo *tenga que* hacer, excepto morirme».

Vivir o morir es la única alternativa fundamental del hombre. Vivir es su acto de elección básico. Si él elige vivir, una ética racional le dirá qué principios de acción se requieren para implementar su elección. Si elige no vivir, la naturaleza seguirá su curso.

La realidad confronta al hombre con una gran cantidad de «deberes», pero todos ellos son condicionales; la fórmula de la necesidad realista es: «Debes, si...»; y ese «si...» representa la elección del hombre: «... si quieres conseguir un cierto objetivo». Debes comer, si quieres sobrevivir. Debes trabajar, si quieres comer. Debes pensar, si quieres trabajar. Debes mirar a la realidad, si quieres pensar..., si quieres saber qué hacer..., si quieres saber qué objetivos elegir..., si quieres saber cómo conseguirlos.

Para poder tomar las decisiones requeridas para conseguir sus objetivos, un hombre necesita tener la consciencia constante y automatizada de un principio que el anticoncepto «deber» prácticamente ha destruido en su mente: el principio de causalidad; concretamente, el principio aristotélico de *causalidad final* (el cual, de hecho, se aplica sólo a un ser consciente), o sea, el proceso por el cual un fin determina los medios, o sea, el proceso de elegir un objetivo y realizar las acciones necesarias para conseguirlo.

En una ética racional, es la causalidad —no el «deber»— la que sirve como principio orientador al considerar, evaluar y escoger las acciones de uno, especialmente aquéllas que son necesarias para conseguir un objetivo a largo plazo. Siguiendo ese principio, un hombre no actúa sin conocer el propósito de su acción. Al escoger un objetivo, él considera los medios requeridos para conseguirlo, sopesa el valor del objetivo contra las dificultades de los medios y contra todo el contexto jerárquico del resto de sus valores y sus otros objetivos. Él no exige lo imposible de sí mismo, y no decide con demasiada facilidad qué cosas son imposibles. Él nunca ignora el contexto del conocimiento que tiene a su disposición, y nunca evade la realidad, dándose cuenta plenamente de que su objetivo no le será concedido por ningún otro poder que no sea el de su propia acción, y que, si la evadiera, no estaría engañando a ninguna autoridad kantiana sino a él mismo.

Si se desalienta ante las dificultades, él se recuerda a sí mismo el objetivo que las hace necesarias, sabiendo que tiene plena libertad para reconsiderar —para preguntar: ¿vale la pena?— y que no hay ningún castigo en el asunto, excepto renunciar al valor que él desea. (Uno rara vez se da por vencido en tales casos, a menos que uno considere que es racionalmente necesario.)

En circunstancias similares, un kantiano no se centra en su objetivo, sino en su propio *carácter moral.* Su reacción automática es de culpa y de miedo: miedo de faltar a su «deber», miedo de alguna debilidad que el «deber» prohíbe, miedo de demostrarse a sí mismo que él es moralmente «indigno». El valor de su objetivo desaparece de su mente, ahogado en un torrente de autodesconfianza. Él podría forzarse a actuar de esa triste forma durante un tiempo, pero no mucho. Un kantiano rara vez lleva a cabo o emprende objetivos importantes: éstos son una amenaza para su autoestima.

Ésa es una de las diferencias psicológicas cruciales entre el principio del «deber» y el principio de la causalidad final. Un discípulo de la causalidad mira hacia afuera, está orientado al valor y a la acción, lo cual significa: orientado a la realidad. Un discípulo del «deber» mira hacia dentro, él es egocéntrico, no en el sentido existencial o racional, sino en el sentido psicopatológico del término, es decir, está preocupado con un ego desgajado de la realidad; «egocéntrico», en ese contexto, significa «centrado en la duda en sí mismo».

Hay muchas otras diferencias entre los dos principios. Un discípulo de la causalidad está profundamente dedicado a sus valores, sabiendo que él es capaz de conseguirlos. Él es incapaz de desear contradicciones, de contar con un «de alguna manera», de rebelarse contra la realidad. Él sabe que en todos esos casos, no es a alguna autoridad kantiana a la que él estaría desafiando y perjudicando, sino a sí mismo, y que el castigo no sería alguna marca mística de «inmoralidad», sino la frustración de sus propios deseos y la destrucción de sus valores.

Un kantiano, o incluso un kantiano a medias, no puede permitirse valorar nada profundamente, ya que un «deber» inexplicable puede exigir el sacrificio de sus valores en cualquier momento, destruyendo cualquier plan a largo plazo o cualquier esfuerzo que él podría haber emprendido para conseguirlos. A falta de objetivos personales, cualquier tarea, como la de ganarse la vida, se vuelve un trabajo arduo y sin sentido, pero él lo ve como un «deber»..., y considera que cumplir con los requerimientos de la realidad es un «deber». Luego, en ciega rebelión contra el «deber», es la realidad la que él empieza a odiar, y, con el tiempo, de la que quiere escapar, en busca de algún otro reino en el que los deseos sean concedidos automáticamente y los fines sean logrados sin medios. Ése es el proceso subconsciente a través del cual Kant recluta adeptos para el misticismo.

La noción de «deber» es intrínsecamente anticausal. En su origen, un «deber» desafía el principio de causalidad eficiente..., puesto que no tiene causa (o es sobrenatural); en sus efectos, desafía el principio de causalidad final..., puesto que debe ser realizado independientemente de las consecuencias. Ése es el tipo de irresponsabilidad que un discípulo de la causalidad no se permitiría a sí mismo. Él no actúa sin considerar —y sin aceptar— todas las consecuencias previsibles de sus acciones. Al conocer la eficacia causal de sus acciones, al verse como un agente causal (y al no tratar nunca de salirse con la suya con contradicciones), él desarrolla una virtud asesinada por el kantianismo: un sentido de *responsabilidad.*

Al no aceptar «deberes» místicos ni obligaciones no elegidas, él es el hombre que honra escrupulosamente las obligaciones que *él* escoge. La obligación de mantener las promesas que uno hace es uno de los elementos más importantes en las relaciones humanas apropiadas, es el elemento que lleva a una confianza mutua y que hace posible la cooperación entre los hombres. Y, sin embargo, observa la perniciosa influencia de Kant: en la descripción del diccionario citada anteriormente, la obligación personal está incluida casi como una despectiva nota a pie de página; la fuente del «deber» está definida como «los dictados permanentes de la consciencia, de la piedad, del derecho o de la ley»; la fuente de la «obligación», como «los dictados del uso, de la costumbre o del decoro»; y luego, como una reflexión tardía: «y para cumplir promesas o acuerdos concretos, específicos y, *a menudo, personales*». (Énfasis añadido.) Un acuerdo o una promesa personal es la única obligación válida y obligatoria, sin la cual ninguna de las otras puede mantenerse o se mantiene.

El aceptar una responsabilidad total por las propias elecciones y acciones de uno (y por sus consecuencias) es una disciplina moral tan exigente que muchos hombres tratan de librarse de ella rindiéndose a lo que creen que es la seguridad fácil, automática y sin discernimiento, la seguridad de una moralidad del «deber». A veces aprenden la lección, pero a menudo lo hacen cuando ya es demasiado tarde.

El discípulo de la causalidad enfrenta la vida sin cadenas inexplicables, sin cargas no elegidas, sin demandas imposibles y sin amenazas sobrenaturales. Su actitud metafísica y su principio moral orientador queda perfectamente resumido en un viejo proverbio español: «Dios dijo: "Toma lo que quieras y paga por ello"». Pero conocer los propios deseos de uno, su significado y sus costes requiere la virtud humana más elevada: la racionalidad.

11

Una carta sin título

El título más apropiado para este escrito sería: «Os lo advertí». Pero como eso resultaría ser de un gusto más bien dudoso, dejaré esta *Carta* sin título.

En *La rebelión de Atlas*, y en muchos artículos posteriores, dije que los defensores del misticismo no están motivados por la búsqueda de la verdad, sino por el odio a la mente del hombre; que los defensores del altruismo no están motivados por la compasión ante el sufrimiento, sino por el odio a la vida del hombre; que los defensores del colectivismo no están motivados por el deseo de la felicidad de los hombres, sino por el odio al hombre; que sus tres doctrinas provienen de la misma raíz y se mezclan en una pasión singular: el odio del bien por ser el bien; y que el foco de ese odio, el blanco de su furia apasionada, es el hombre de talento.

Los que pensaron que yo estaba exagerando han visto que un evento tras otro ha ido confirmando mi diagnóstico. La realidad me ha estado proporcionando referencias y notas a pie de página, incluyendo admisiones explícitas de los defensores de esas doctrinas. Esas admisiones están siendo cada vez más altas y más claras.

Las principales campañas ideológicas del eje místico-altruista-colectivista van precedidas normalmente de globos sonda que ponen a prueba la reacción pública ante un ataque a ciertos principios básicos. Hoy día, un nuevo tipo de globo sonda intelectual está empezando a burbujear en la prensa popular, estudiando el clima para poder hacer un ataque a gran escala cuyo objetivo es aniquilar el concepto de *justicia*.

Los nuevos globos sonda adquieren la marca de una campaña al llevar, como pequeñas etiquetas que los identifican, las palabras clave: «Una nueva justicia». Eso no significa que la campaña esté siendo conscientemente dirigida por algunos poderes misteriosos. Es una conspiración, pero no de hombres, sino de premisas básicas, y el poder que la dirige es esta lógica: si, en el marco desesperado de una batalla que se está perdiendo, algunos hombres señalan un camino que es lógicamente necesitado por sus premisas básicas, quienes comparten las premisas se apresurarán a seguir ese camino.

Como mi capacidad para arrastrarme por el fango intelectual es limitada, no sé quién originó esa campaña en ese momento concreto (sus raíces filosóficas son muy antiguas). La primera situación que me llamó la atención fue una breve noticia publicada hace más de un año. El doctor Jan Tinbergen, de los Países Bajos, que había recibido un premio Nobel en Ciencias Económicas, habló en una conferencia internacional en la ciudad de Nueva York, y sugirió «que debería haber un impuesto sobre las capacidades personales. "Un modesto primer paso podría ser un gravamen especial sobre las personas con calificaciones académicas altas"», dijo. Reprodujimos ese escrito en el «Archivo de Horrores» de la revista *The Objectivist* en junio de 1971. La reacción de mis amigos, cuando lo leyeron, fue de una incredulidad a la vez divertida e indignada, con comentarios como: «¡Está chiflado!».

Pero el asunto deja de ser divertido cuando una noticia en *The New York Times* (2 de enero de 1973) anuncia que el papa Pablo VI «apeló hoy por una "nueva justicia". La verdadera justicia reconoce que todos los hombres son en esencia iguales, dijo el pontífice [...]. "Cuanto más pequeño, más pobre, más enfermo, más indefenso, incluso cuanto más bajo haya caído un hombre..., más merece ser ayudado, levantado, cuidado y honrado. Eso es lo que nos enseña el Evangelio"».

Observa el paquete gato por liebre: ser «pequeño», «pobre», «enfermo» o «indefenso» no es necesariamente ser inmoral (depende de lo que causara esas condiciones). Pero «*incluso* cuanto más bajo haya caído un hombre» implica, en ese contexto, que no es desgracia, sino inmoralidad. ¿Se nos pide que aceptemos la idea de que cuanto más bajos sean los vicios de un hombre, más preocupación merece..., y más *honor*? Otro paquete gato por liebre: ser «ayudado», «levantado» y «cuidado» obviamente no se aplica a quienes son grandes, ricos, felices o fuertes; ellos no lo necesitan. Pero ¿«ser *honrado*»? Ésos son los hombres que tendrían que hacer lo de ayudar, levantar, cuidar..., pero ¿ellos *no* merecen ser honrados? ¿*Ellos* merecen menos honor que el hombre que es salvado por las virtudes y los valores *de ellos*?

En *La rebelión de Atlas*, exponiendo el significado de lo que es altruismo, John Galt dice: «¿Qué contraseña te admite en la élite moral? La contraseña es: *falta de valores*... Sea cual sea el valor implicado, es tu falta del mismo lo que te da una reivindicación sobre aquéllos a quienes no les falta... Exigir recompensas por tu virtud es egoísta e inmoral; es tu *falta de virtud* lo que convierte tu demanda en un derecho moral».

Lo que es una sugerencia ética abstracta en el mensaje del papa se convierte en algo específico y político en un breve artículo publicado en *The New York Times* el 20 de enero de 1973: «The New Inequality» («La nueva desigualdad»), por el británico Peregrine Worsthorne, entonces columnista de *The Sunday Telegraph* de Londres. Además del altruismo, que es su base, ese artículo fue hecho posible por dos premisas: 1) negarse a reconocer la diferencia entre mente y fuerza (o sea, entre poder económico y poder político); y 2) negarse a reconocer la diferencia entre existencia y consciencia (o sea, entre lo metafísico y lo hecho por el hombre). Quienes ignoran o evaden la crucial importancia de esas distinciones encontrarán al señor Peregrine Worsthorne listo para darles la bienvenida al final de su camino.

Hubo una época, empieza el señor Worsthorne, en la que «las enormes desigualdades hereditarias de riqueza, de estatus y de poder eran universalmente aceptadas como un hecho en la vida determinado por la voluntad divina». Él está hablando del feudalismo y del sistema británico de castas. Pero al hombre moderno, dice él, «eso le parece terriblemente difícil de entender. A él le parece absolutamente axiomático que a cada individuo debería permitírsele conseguir su nivel de acuerdo con su mérito, independientemente del accidente de nacimiento. Todas las posiciones de poder, de riqueza y de estatus deberían estar abiertas al talento. En la medida en que se logra ese ideal, se estima que una sociedad es justa».

Si piensas que eso es una proclamación del individualismo, piénsalo dos veces. Los izquierdistas modernos, continúa el señor Worsthorne, «han tendido a considerar que es muy justo que el hombre de mérito esté encima y que el hombre sin mérito esté debajo». Encima... ¿de qué? Debajo... ¿de qué? El señor Worsthorne no lo dice. A juzgar por el resto del artículo, su respuesta sería: encima de cualquier cosa —del poder político, de la riqueza autogenerada, del logro científico, del genio artístico, del estatus de respeto ganado o de un título de nobleza concedido por el Gobierno—, de cualquier cosa que cualquiera pueda jamás querer o envidiar.

El «malestar» social actual, explica él, se debe a «la creciente evidencia de que ese supuesto [acerca de una sociedad justa] debería ser desafiado. El ideal de una meritocracia ya no requiere aprobación universal».

«Meritocracia» es un anticoncepto antiguo y uno de los paquetes gato por liebre más despreciables. Usando sólo sus seis últimas letras, esa palabra destruye totalmente la diferencia entre mente y fuerza: equipara a los hombres de capacidad con los gobernantes *políticos*, y equipara el poder de sus logros creativos con el poder *político*. No hay ninguna diferencia, según sugiere la palabra, entre libertad y tiranía: una «aristocracia» es la tiranía de una élite políticamente establecida; una «democracia» es la tiranía de la mayoría; y cuando un gobierno protege los derechos individuales, el resultado es la tiranía del talento o del «mérito» (y puesto que «tener mérito» significa «merecer», una sociedad libre está regida por la tiranía de la justicia).

El señor Worsthorne saca el mayor partido de eso. Su siguiente paquete gato por liebre se vuelve más fácil y más tosco.

«Antes solía considerarse una injusticia manifiesta que un niño recibiera una ventaja inicial en la vida simplemente por ser el hijo de un conde, o un miembro de la clase terrateniente aristocrática. Pero ¿qué pasa hoy día con un niño que nace de padres adinerados, educados, cuya vida familiar lo lanza a un lugar privilegiado en la escala educativa? ¿No es él acaso el beneficiario de una forma de privilegio hereditario tan injusto como el disfrutado por la aristocracia?»

¿Y qué pasa con Thomas Edison, con los hermanos Wright, con el Comodoro Vanderbilt, con Henry Ford sénior o, en política, con Abraham Lincoln... y con la «enorme ventaja inicial en la vida» *de ellos*? Por otro lado, ¿qué pasa con los *hippies* de Park Avenue o con los hijos carcomidos por las drogas, los hijos de intelectuales universitarios y multimillonarios?

El señor Worsthorne, por lo visto, había contado con la «enseñanza pública universal» para allanar las cosas, pero esa educación le ha decepcionado. «La vida familiar —declara él— es más importante que la vida escolar a la hora de determinar la potencia cerebral... Las calificaciones educativas son hoy lo que los cuarteles de escudos heráldicos eran en tiempos feudales. Y, sin embargo, el acceso a ellas está casi tan injustamente determinado por los accidentes de nacimiento como lo estaba el acceso a la nobleza.» Eso, dice él, acaba con «cualquier fe genuina en la igualdad de oportunidades» y «justifica las demandas populistas de eliminar las distinciones educativas tales como exámenes y diplomas, puesto que ellas son consideradas la última forma de privilegio, y, en cierto sentido, lo son».

Así, si un joven estudiante (llamado, digamos, Thomas Hendricks), después de muchos días y muchas noches de estudio concienzudo, demuestra que conoce la materia de medicina y aprueba un examen, eso significa que a él le es dado un privilegio arbitrario, le es dada una ventaja desleal sobre un joven estudiante (llamémosle Lee Hunsacker) que se pasa el tiempo embotado por las drogas y escuchando música rock. Y si Hendricks obtiene un diploma y un trabajo en un hospital, mientras que Hunsacker no lo hace, Hunsacker gritará que él no pudo evitarlo y que nunca tuvo una oportunidad. ¿Esfuerzo volitivo? No hay tal cosa. ¿Potencia cerebral? Está determinada por la vida familiar, y él no pudo evitar que su mamá y su papá no lo condicionaran para que quisiera estudiar. Él *tiene derecho* a un trabajo en un hospital, y una sociedad *justa* se lo garantizaría. ¿Lo que va a pasar con los pacientes? Él es tan bueno como cualquier otro compañero, «todos los hombres son, en esencia, iguales», ¡y la única diferencia entre él y esos cabrones privilegiados es un diploma que les fue concedido tan injustamente como los escudos nobiliarios! ¿Igualdad de oportunidades? ¡No le hagas reír!

Los socialistas, observa el señor Worsthorne, han usado el «ideal de la igualdad de oportunidades» como «una forma de moverse en la dirección correcta, o sea, hacia la izquierda». Ellos lo consideraron como si fuera «el filo de la cuña igualitaria».

Entonces, de pronto, el señor Worsthorne empieza a dar consejos a los de derechas, lo cual los de izquierdas siempre han insistido en hacer (y con toda la razón: cualquier «derechista» que lo acepte se lo merece). Sus consejos, como es habitual, incluyen una amenaza, y cuentan con el miedo:

> Pero hay un problema aquí para la derecha, tanto como para la izquierda. Me parece que es cierto que en las próximas décadas habrá cada vez más consciencia de la injusticia de la sociedad existente, de las nuevas formas de asignación arbitraria de poder, de estatus y de privilegios. El resentimiento contra la nueva meritocracia aumentará, igual que aumentó contra la antigua aristocracia y contra la antigua plutocracia.

«La derecha —alega él— debe idear nuevas formas de desarmar ese resentimiento, sin por eso reprimir a los que tienen mucho éxito, penalizando así a la excelencia, o imponiendo así una uniformidad que llegue a destruir el espíritu de una sociedad libre y dinámica.» Observa que el autor se permite entender, e incluso admitir cínicamente, que en esa discusión entra la cuestión de *penalizar la excelencia*, pero que la considera el problema de la derecha, no el suyo, y que él no desaprueba que se castigue la virtud por ser la virtud, siempre que esos castigos no lleguen a extremos. Eso... en un artículo escrito como un llamamiento a la justicia.

El señor Worsthorne tiene una solución que ofrecer a la derecha, y aquí tenemos el florecimiento final de la esencia y del objetivo del altruismo, extendiendo sus pétalos como una horrible planta selvática, el tipo de planta que atrapa insectos y los devora. El objetivo no es quemar a víctimas sacrificables, sino hacer que ellas mismas se lancen dentro de los hornos por voluntad propia:

> Lo que se requerirá de la nueva meritocracia es un espíritu formidablemente revivido y reanimado de *noblesse oblige*, arraigado en el reconocimiento de que ellos *son* inmensamente privilegiados y deben, como clase, actuar en consecuencia, estando dispuestos a pagar un precio social mucho más alto, en términos de tributación y en términos de servicio, por el privilegio de ejercer sus talentos.

¿*Quién* les concedió a ellos «el privilegio de ejercer sus talentos»? Quienes no tienen talento. ¿A *quién* deben ellos «pagar un precio social más alto»? A quienes no tienen ningún valor social que ofrecer. ¿*Quién* les impondrá tributos sobre su trabajo productivo? Quienes no han producido nada. ¿A *quiénes* tienen ellos que servir? A quienes serían incapaces de sobrevivir sin ellos.

En *La rebelión de Atlas*, escribí:

> ¿Queríais saber quién es John Galt? Yo soy el primer hombre de inteligencia que se ha negado a considerarla como culpa. Soy el primer hombre que no haré penitencia por mis virtudes ni dejaré que sean usadas como instrumentos de mi destrucción. Soy el primer hombre que no sufrirá martirio a manos de los que desean que yo perezca por el privilegio de mantenerlos vivos.

«Eso [el "precio social"] no es una idea fácil de aceptar para una meritocracia», concluye el señor Worsthorne. Y añade:

> A ellos les gusta pensar que merecen sus privilegios, habiéndolos ganado por sus propios esfuerzos. Pero eso es una ilusión o, en

> cualquier caso, una verdad a medias. La otra mitad de la verdad es que ellos son sumamente afortunados, y que para que no se les acabe esa fortuna ellos deben estar dispuestos a pagar mucho más por su buena fortuna de lo que han previsto o incluso temido.

Mantengo que cualquier hombre que atribuye su éxito a la «suerte» nunca ha logrado nada y no tiene ni idea del esfuerzo intransigente que el logro requiere. Mantengo que un hombre exitoso que atribuye su propio (su legítimo) éxito en parte a la suerte es, o bien un modesto reprimido limitado por los concretos que no entiende de qué va la cosa..., o bien un apaciguador que intenta aplacar el resentimiento de las mediocridades envidiosas. (Para entender la naturaleza de tal resentimiento, véase mi artículo «The age of envy», en *The New Left: the anti-industrial revolution.*)

La envidia es un sentimiento muy extendido en Europa, no en Norteamérica. La mayoría de los norteamericanos admiran el éxito: ellos saben lo que requiere. Ellos creen que uno debe pagar por los pecados de uno, no por las virtudes de uno, y que la monstruosa noción de pagar rescate por una buena fortuna ni se les ocurriría ni se la tomarían en serio.

¿Resentimiento contra la «meritocracia»? Nuestra última elección presidencial [la aplastante victoria de Nixon sobre McGovern] fue una demostración espectacular de la lealtad de Norteamérica al logro (en cualquier nivel), y del resentimiento contra esos intelectuales igualitarios que están tratando de instaurar en este país un nuevo sistema de castas propuesto por sus mentores británicos: una *mediocracia*.

Políticamente, el estatismo genera un enjambre de «pequeños Césares» que están motivados por la ambición de poder. Culturalmente, el estatismo genera una especie todavía más rastrera: un enjambre de «pequeños Nerones» que le cantan odas a la depravación mientras las vidas de sus audiencias forzadas se esfuman en el aire.

He dicho repetidamente que los intelectuales estadounidenses, con raras excepciones, son los serviles seguidores y dependientes de las tendencias intelectuales de Europa. La noción de una aristocracia cultural establecida y financiada por el Gobierno es tan grotesca en este país que uno se pregunta cómo un artículo como el del señor Peregrine Worsthorne pudo haber sido publicado aquí. ¿Puedes ver algún grupo o alguna clase social en Estados Unidos pavoneándose con el «espíritu de *noblesse oblige*»? ¿Puedes ver a los norteamericanos inclinándose ante, digamos, sir Burrhus Frederic (Skinner) o lady Jane (Fonda), agradeciéndoles sus caritativas contribuciones? Y, sin embargo, ése es el objetivo de los pequeños Nerones de Gran Bretaña, y de sus seguidores norteamericanos. Os remito a mi *Carta* del 1 de enero de 1973, «Soñar el sueño no comercial», para un análisis de por qué tales «aristócratas» tendrían un interés creado en el altruismo, y por qué estarían deseando pagar un precio social «por el privilegio de ejercer sus talentos».

Si por «meritocracia» el señor Worsthorne se refiere a una élite escogida por el Gobierno (por ejemplo, la BBC), entonces es verdad que tal élite le debe sus privilegios a la suerte (y a las influencias) más que al mérito. Si él se refiere a los hombres de talento que demuestran su mérito en el libre mercado (en el mercado de ideas o de bienes materiales), entonces sus nociones son peores que falsas. El paquete gato por liebre es esencial para vender tales nociones. La técnica del señor Worsthorne consiste en no hacer ninguna distinción entre esos dos tipos de «mérito», lo que significa: no ver diferencia alguna entre Homero y Nerón.

Un artículo como el del señor Worsthorne (y sus varios equivalentes) no aparecería en ningún periódico sin tener alguna base filosófico-académica sólida. Los periódicos no son publicados por innovadores teóricos, ni para ellos. Los periodistas no se arriesgan a propagar una teoría ridícula a menos que sepan que pueden apuntar a alguna fuente «acreditada» capaz de explicar (esperan ellos) lo inexplicable, así como de defender lo indefendible. Una enorme cantidad de disparates absurdos surgen del mundo académico todos los años; la mayoría de ellos nacen muertos. Pero cuando los ecos de un trabajo concreto comienzan a fluir en la prensa popular, empiezan a adquirir el significado de un aviso previo, como una indicación del hecho de que algún grupo (o grupos) tiene un interés práctico en lanzar esas burbujas concretas dentro de las arterias culturales del país.

En el caso del nuevo igualitarismo, sí que existe una fuente académica. Puede no ser el primer libro de ese tipo, pero es el más notablemente pregonado en la actualidad. Es *Teoría de la justicia*, de John Rawls, profesor de Filosofía de la Universidad de Harvard.

The New York Times Book Review (3 de diciembre de 1972) lo incluye entre los «cinco libros significativos de 1972», y explica: «Aunque fue publicado en 1971, no fue ampliamente evaluado hasta 1972, porque los críticos necesitaron tiempo para conseguir entender sus complejidades. De hecho, el libro no puede ser realmente comprendido hasta haber sido estudiado durante varios años...». La propia *Book Review* no lo analizó hasta el 16 de julio de 1972, en cuyo momento publicó una crítica en primera plana escrita por Marshall Cohen, profesor de Filosofía de la Universidad de la Ciudad de Nueva York. El hecho de que la aparición de esa crítica coincidiera con el período de la campaña de George McGovern puede haber sido, o no, una mera coincidencia.

Quiero aclarar que no he leído ese libro y no tengo intención de leerlo. Pero, ya que no se puede juzgar un libro por sus críticas, por favor, considera los comentarios que figuran a continuación como la crítica a una crítica. Lo que el señor Cohen comenta merece que le prestemos atención por derecho propio.

Según la crítica:

> [El señor Rawls] no es un igualitario, pues él acepta que las desigualdades de riqueza, poder y autoridad puedan ser justas. Él argumenta, sin embargo, que esas desigualdades son justas sólo cuando razonablemente puede esperarse que resulten en una ventaja para aquellos que están en peores condiciones. Los gastos generados [¿por quién?] al formar a un médico, así como las recompensas que estimulan el mejor desempeño de un empresario, son permisibles sólo si al eliminarlas o al reducirlas más dejan a los que ya estaban mal peor aún. Si, empero, el permitir tales desigualdades contribuye a mejorar la salud o a elevar los estándares materia-

les de aquellos que son menos privilegiados, entonces las desigualdades están justificadas. Pero están justificadas sólo hasta ese punto, nunca como recompensas al «mérito», nunca como algo merecido por quienes han nacido con mayores ventajas naturales o en circunstancias sociales más favorables.

Supongo que ése es un fiel resumen de la tesis del señor Rawls. La aprobación de la *Book Review* del 3 de diciembre ofrece la corroboración:

> La persona de talento o que es socialmente privilegiada no se ha ganado nada: «Los que han sido favorecidos por la naturaleza, sean quienes sean», escribe él [Rawls], «pueden ganar por su buena fortuna sólo en términos que mejoren la situación de quienes han sido desfavorecidos».

(«[...] los parásitos son la justificación moral para la existencia de los productores, pero la existencia de los parásitos es un fin en sí misma...», John Galt, analizando el altruismo, en *La rebelión de Atlas*.)

Ciertas maldades están protegidas por su propia magnitud: hay gente que, al leer esa cita de Rawls, no creería que quiere decir lo que dice, pero lo dice. No son las instituciones sociales aquello contra lo que el señor Rawls (y el señor Cohen) se rebela, sino la existencia del *talento* humano; no es contra los privilegios políticos, sino contra la *realidad*; no es contra los favores gubernamentales, sino contra la *naturaleza* (contra «quienes han sido favorecidos *por la naturaleza*», como si el término «favor» fuese aplicable aquí); no contra la injusticia social, sino contra la «injusticia» *metafísica*, contra el hecho de que algunos hombres nacen con mejores cerebros, y hacen mejor uso de ellos, que los cerebros con los que otros hombres nacen, y cómo los usan.

La nueva «teoría de la justicia» exige que los hombres contrarresten la «injusticia» de la naturaleza instituyendo la injusticia más obscena y más impensable entre los hombres: despojar a «los favorecidos por la naturaleza» (o sea, a los talentosos, a los inteligentes, a los creativos) del derecho a las recompensas que ellos producen (o sea, del derecho a la vida), y concederles a los incompetentes, a los estúpidos y a los perezosos un derecho al disfrute sin ningún esfuerzo de las recompensas que ellos no serían capaces de producir y no podrían concebir, y con las que no sabrían qué hacer.

El señor Cohen pondría objeciones a mi formulación. «Es importante entender», escribe él, «que, según Rawls, no es ni justo ni injusto que los hombres nazcan con talentos naturales diferentes y en posiciones sociales diferentes. Ésos son hechos simplemente naturales». [Es verdad, pero si es así, entonces, ¿cuál es el objetivo de la siguiente frase?] «Ciertamente, nadie se merece una mayor capacidad natural, ni se merece un punto de partida más favorable en la sociedad. La "lotería" natural y social es arbitraria desde un punto de vista moral. Pero de eso no se deduce, como el igualitario supone, que deberíamos eliminar estas diferencias. Hay otra forma de lidiar con ellas. Como hemos visto, ellos pueden ser puestos a trabajar para beneficio de todos y, especialmente, para beneficio de quienes están en peor situación.» Si un hecho natural no es ni justo ni injusto, ¿qué salto mental hace que se convierta en un problema *moral* y en una cuestión de *justicia*? ¿Por qué deben esos «favorecidos por la naturaleza» ser obligados a expiar lo que *no* es ni una injusticia ni algo que ellos hayan causado?

El señor Cohen no lo explica. Él continúa: «Lo que la justicia requiere, entonces, es que la casualidad natural y la fortuna social sean tratadas como un recurso colectivo y obligadas a funcionar para el bien común. La justicia no requiere igualdad, pero sí requiere que los hombres compartan mutuamente su destino». Ésa es la conclusión que requirió leerse un libro de 607 páginas y que llevó un año «para poder entender sus complejidades». Que eso sea considerado como una teoría *nueva* plantea la cuestión de dónde han estado los lectores y los admiradores del señor Rawls durante los últimos dos mil años. Hay más que eso en el libro, pero hagamos una pausa en este punto durante un momento.

Observa que la visión del hombre que tiene el señor Cohen (y los igualitarios) es literalmente la visión de los cuentos de hadas de los niños: la noción de que el hombre, antes de nacer, es algún tipo de cosa indeterminada, una entidad sin identidad, algo así como un trozo deforme de arcilla humana, y que las hadas madrinas proceden a concederle o a negarle a cada uno diversos atributos («favores»): inteligencia, talento, belleza, padres ricos, etcétera. Esos atributos son repartidos «arbitrariamente» (esa palabra es absurdamente inaplicable a los procesos de la naturaleza), es una «lotería» entre entidades preembrionarias, y —la conclusión a la que llegan las mentalidades supuestamente adultas es que— dado que un triunfador no hace nada para haber «merecido» su «buena suerte», un hombre no merece ganar nada después de nacer, como ser humano, porque actúa por medio de atributos «inmerecidos», «no ameritados», «no ganados». Implicación: ganarte algo significa elegir y ganarte tus propios atributos personales *antes* de que tú existas.

Cosas de ese tipo tienen un cierto valor: son una confesión psicológica que proyecta la enormidad de esa envidia y de ese odio por el hombre de talento que está en la raíz de todas las teorías altruistas. Al predicar la variante más baja de las antiguas ridiculeces altruistas, el libro del señor Rawls revela el significado último del altruismo, que puede ser considerado como una innovación ética. Pero *Teoría de la justicia* no es principalmente un libro sobre ética: es un tratado sobre política. Y, lo creas o no, algunas personas podrían considerarlo como una forma de salvar el capitalismo, ya que el señor Rawls supuestamente ofrece una justificación moral «nueva» para la existencia de desigualdades sociales. Es fascinante observar contra quiénes va dirigida la polémica del señor Rawls: contra los utilitaristas.

Virtualmente todos los defensores del capitalismo, desde el siglo XIX hasta el presente, aceptan la ética del utilitarismo (con su eslogan «la máxima felicidad para el mayor número») como su justificación y su base moral, eludiendo la abrumadora contradicción entre el capitalismo y la naturaleza altruista-colectivista de la ética utilitarista. El señor Cohen señala que el utilitarismo es incompatible con la justicia, porque aprueba el sacrificio de las minorías a los intereses de la mayoría. (Yo dije eso en 1946, podéis ver mi antiguo folleto *Textbook of Americanism* [*Libro de texto del americanismo*].) Si los supuestos defensores del capitalismo insisten en aferrarse al altruismo, el señor Rawls es la retribución que desde hace mucho tiempo han merecido: con mucha más consistencia que la de ellos, él sustituye su viejo estándar utilitario por un nuevo estándar de ética: «La máxima felicidad para los que menos se la merecen».

Su principal objetivo, sin embargo, es reavivar, como fundamento político-moral, la teoría del contrato social, que el utilitarismo había reemplazado. En opinión de John Rawls, escribe el señor Cohen, «la teoría del contrato social de Rousseau y de Kant» (¿qué te esperabas?) le proporciona una alternativa al utilitarismo.

El señor Cohen pasa entonces a ofrecer un resumen de la forma en que el señor Rawls procedería a establecer un «contrato social». Los hombres serían colocados en lo que él llama la «posición original», que no es un estado de la naturaleza, sino «una situación hipotética en la que se puede entrar en cualquier momento». La justicia quedaría asegurada «al requerir que los principios que han de gobernar la sociedad sean elegidos detrás de un "velo de ignorancia". Ese velo evitaría que quienes ocupan la "posición original" conocieran sus propias habilidades naturales o sus propias posiciones en el orden social. Lo que ellos no saben no pueden usarlo para su propio beneficio; esa ignorancia garantiza que su elección será justa. Y como supuestamente todos los que están en la "posición original" son racionales [!], todos se convencerán por los mismos argumentos [¡?!]. En la tradición del contrato social, la elección de principios políticos es unánime». No, el señor Cohen no explica ni define cuál es esa «posición original», probablemente por una buena razón. Al continuar, parece insinuar que esa «situación hipotética» es ese estado preembrionario de arcilla humana.

«Rawls argumenta que, dadas las incertidumbres que caracterizan la "posición original" (los hombres no saben si están bien o mal dotados, si son ricos o pobres) y dada la naturaleza irrevocable de esa decisión que tienen que tomar (ésos son los principios por los cuales habrán de vivir), los hombres racionales escogerían según la regla del "maximin" de la teoría de juegos. Esa regla define una estrategia conservadora: al elegir entre diversas alternativas, debemos escoger aquella cuyo peor resultado posible es superior al peor resultado posible de las otras.» Y de esa forma, los hombres, «racionalmente», decidirían aceptar los principios ético-políticos del señor Rawls.

Independientemente de cualquier complejidad del tipo «Rube Goldberg»[7] que sea creada para llegar a esa conclusión, yo afirmo que es imposible que los hombres tomen cualquier decisión basándose en la ignorancia, o sea, usando la ignorancia como criterio: si no conocen sus propias identidades, no serán capaces de captar cosas como «principios por los cuales vivir», «alternativas», o qué es un resultado bueno, malo o el «peor posible». Si, para poder ser «justos», ellos no deben saber qué es lo que les conviene, entonces, ¿cómo podrían ser capaces de saber cuál es el resultado menos beneficioso (el «peor posible»)?

En cuanto a decidir con base en la regla del «maximin», yo puedo aniquilar el contrato social del señor Rawls, el cual requiere *unanimidad*, diciendo que, en asuntos de largo plazo, yo elijo la alternativa cuyo *mejor* resultado posible es superior al *mejor* resultado posible de las otras. «Vosotros buscáis escapar del dolor. Nosotros buscamos alcanzar la felicidad. Vosotros existís para evitar castigos. Nosotros existimos para ganar recompensas. Las amenazas no nos harán funcionar, el miedo no es nuestro incentivo. No es la muerte la que queremos evitar, sino la vida la que queremos vivir» (*La rebelión de Atlas*).

El señor Cohen no está totalmente de acuerdo con el señor Rawls. Parece pensar que el señor Rawls no es lo suficientemente igualitario: «[...] a uno le gustaría que fuera más claro en cuanto a los tipos de desigualdades que están de hecho justificadas para poder "alentar" un mejor desempeño. ¿Y es de hecho válido el que Rawls excluya las consideraciones de lo que él llama envidia de los cálculos que se hacen en la "posición original"? Es discuti-

7. Rube Goldberg fue un caricaturista estadounidense conocido por su serie *Las invenciones del profesor Lucifer Gorgonzola Butts*, donde un aparato muy complejo realiza una tarea muy simple de una manera indirecta y retorcida. *(N. del e.)*

ble que el hecho de incluirlas llevaría a decidir principios más igualitarios». ¿Quiere decir eso que unos preembriones sin atributos pueden sentir envidia de otros preembriones sin atributos? ¿Quiere decir eso que una sociedad justa debe hacer trizas a sus mejores miembros hasta llevarlos al nivel de los peores, para así poder consentir la *envidia*?

Me inclino a adivinar que la respuesta es afirmativa, porque el señor Cohen continúa así: «Sin embargo, puede ser que yo, por lo menos, sea proclive a argumentar que una vez que se ha alcanzado un mínimo social aceptable, la justicia requiera que se eliminen muchas desigualdades económicas y sociales, aunque su eliminación inhiba una ulterior elevación del mínimo». ¿Está *eso* motivado por el deseo de elevar a los débiles, o por el de degradar a los fuertes? ¿Por el de ayudar a los incompetentes, o por el de destruir a los talentosos? ¿Es ésa la voz del amor, o la del odio? ¿La de la compasión, o la de la envidia?

¿Qué valor se ganaría con semejante atrocidad? «Yo debería renunciar a algunos beneficios económicos —dice el señor Cohen—, si al hacerlo se reducen los males de la diferencia social, se intensifican los lazos comunitarios, y se mejoran las posibilidades de una participación más completa en la vida en común.» ¿La vida *de quién*? ¿En común con *quién*? ¿Bajo el estándar de valores de *quién*? ¿De los vecinos de al lado? ¿De los malandrines de la esquina? ¿De los *hippies*? ¿De los drogadictos?

«Dagny [...], yo había visto [...] qué era aquello por lo que tenía que luchar [...]. Yo tenía que salvarte [...], no dejarte destruir a tropezones los años de tu vida, luchando sin parar contra una niebla envenenada, luchando sin parar para encontrar, al final de tu camino, ya no las torres de una ciudad, sino un gordo tullido, empapado e imbécil, realizándose y disfrutando de la vida por medio de tragar la ginebra que *tu* vida había pagado.» (*La rebelión de Atlas*).

El señor Cohen menciona que el señor Rawls rechaza «las doctrinas perfeccionistas de Aristóteles». (¿Y qué esperabas?) El señor Rawls, dicho sea de paso, es un norteamericano educado en las universidades de Estados Unidos, pero completó su educación en Gran Bretaña, en Oxford, con una beca Fulbright.

¿Cuál es la causa de la tendencia igualitaria actual? Durante más de doscientos años, los intelectuales europeos, predominantemente colectivistas-altruistas, afirmaban que ellos eran la voz del pueblo: los defensores de las masas pisoteadas y desheredadas y los proponentes de gobernar con una mayoría ilimitada. «Mayoría» era la palabra todopoderosa de la teología de los intelectuales. «La voluntad de la mayoría» y «el bienestar de la mayoría» eran su fundamento moral y su objetivo político, los cuales —afirmaban ellos— permitían, vindicaban y justificaban cualquier cosa. Con diversos grados de consistencia, esa convicción fue compartida por la mayor parte de los pensadores sociales de Europa, desde Marx hasta Bentham y John Stuart Mill (cuya obra *Sobre la libertad* es la pieza más perniciosa de colectivismo jamás adoptada por los suicidas defensores de la libertad).

A mediados del siglo XX, los intelectuales quedaron traumatizados al ver desintegrarse sus sólidos fundamentos axiomáticos. El concepto de la «voluntad de la mayoría» se derrumbó cuando vieron que la mayoría no estaba de acuerdo con ellos y no compartía sus «ideales». El concepto de «bienestar de la mayoría» se derrumbó cuando descubrieron —a través de las experiencias de la Rusia comunista, la Alemania nazi, el estado de bienestar de Inglaterra y los varios otros regímenes socialistas menores— que sólo su odiado adversario, el sistema libre, egoísta e individualista del capitalismo, puede beneficiar a la mayoría de la gente (de hecho, a *toda* la gente).

Algunos intelectuales empezaron a moverse a trompicones hacia la derecha, una derecha en bancarrota, que no tenía nada que ofrecer. Otros renunciaron, volcándose hacia las drogas y la astrología. La vanguardia —despojada de contenido, de respeto, de credibilidad y de toda la seguridad que le proporcionaban los bromuros populares— empezó a revelar sus motivos ocultos a la luz de la teoría que fue verbalizada.

El culto a la «mayoría» ha llegado a su fin entre los colectivistas-altruistas. Ellos ya no declaran: «¿Por qué no debería una élite minúscula de genios y de millonarios ser sacrificada en aras de las grandes masas de la humanidad?». Lo que están proclamando ahora es que las grandes masas de la humanidad deben ser sacrificadas a favor de una élite minúscula, no de dioses, de reyes o de héroes, sino de incompetentes congénitos. Ellos no declaran que los codiciosos capitalistas están explotando y reprimiendo a los hombres de talento; ahora están declarando que a los hombres de talento no se les debe permitir funcionar. Ellos no declaran que el capitalismo impide el progreso tecnológico; están declarando que el progreso tecnológico debe ser retardado o abolido. No ridiculizan las promesas de «beneficios ilusorios»; están exigiendo que esos beneficios en la Tierra sean prohibidos. No prometen elevar el nivel de vida de los hombres; están proclamando que ese nivel de vida debe ser reducido. No tratan de redistribuir la riqueza; están intentando acabar con ella. ¿Qué queda, entonces, de su anterior credo? Sólo una constante: el *sacrificio*, el cual ellos ahora están predicando abiertamente de la misma forma que siempre lo habían aprobado en secreto: «el sacrificio por el sacrificio en sí».

«No es tu riqueza lo que ellos persiguen. La suya es una conspiración contra la mente, lo cual significa: contra la vida y el hombre» (*La rebelión de Atlas*).

Quienquiera que proponga reducir la humanidad al nivel de sus especímenes más bajos no puede alegar que lo hace por benevolencia. Quienquiera que proponga privar a los hombres de aspiraciones, de ambiciones o de esperanzas, y que los condene al estancamiento de por vida, no puede alegar que lo hace por compasión. Quienquiera que proponga prohibir que los hombres progresen más allá del límite accesible a un discapacitado no puede afirmar que lo hace porque ama a los hombres. Quienquiera que proponga prohibirle a un genio conseguir cualquier logro que no sea de valor para un retrasado mental no puede alegar tener *ninguna* razón más que la envidia y el odio.

Observa que nunca ha sido posible predicar una noción malvada con base en la razón, en los hechos, en este mundo. Los defensores de las teorías que destruyen al hombre siempre han tenido que salirse de la realidad y buscar un fundamento o una sanción mística. Así como los fanáticos religiosos tuvieron que recurrir al mito del pecado de Adán para poder difundir la noción de la culpa del hombre antes de nacer..., así como Kant tuvo que contar con un mundo nouménico para poder destruir el mundo real..., así como Hegel tuvo que apoyarse en la «idea absoluta», y Marx tuvo que apoyarse en Hegel..., así, hoy día, en la escalada despreciable de nuestra cultura, de esa cultura que se está hundiendo, quienes quieren privar al hombre de su derecho a la vida están proclamando los derechos del feto, y quienes quieren negarle todos los derechos al hombre de talento están exigiendo que ese hombre expíe por lo que no ganó antes de ser un feto y por la injusticia prenatal que tuvo la naturaleza con el imbécil vecino retrasado mental.

Observa también que un teórico honesto no intenta exponer sus ideas bajo el disfraz de las ideas opuestas. Pero la filosofía de Kant es presentada como la «razón pura»; el altruismo es presentado como una doctrina de «amor»; el comunismo es presentado como «liberación»; y el igualitarismo es presentado como «justicia».

«Justicia es reconocer este hecho: que no puedes falsear el carácter de los hombres, así como no puedes falsear el carácter de la naturaleza [...], que cada hombre debe ser juzgado por lo que es y tratado en consecuencia [...], que colocar cualquier otro estándar por encima de la justicia es devaluar tu moneda moral y defraudar lo bueno en favor de lo malo [...], y que el fondo de la fosa al final de ese camino, el acto de bancarrota moral, es castigar a los hombres por sus virtudes y recompensarlos por sus vicios» (*La rebelión de Atlas*).

El libro del señor Rawls se titula *Teoría de la justicia*, y sin embargo, es bastante curioso que el señor Cohen nunca mencione la definición de «justicia» que hace el señor Rawls, lo cual, sospecho, no puede ser un fallo del señor Cohen.

En *La rebelión de Atlas*, en el pasaje que trata de la catástrofe del túnel, hago una lista de los pasajeros del tren que eran filosóficamente responsables de ella, en orden jerárquico, desde los menos culpables hasta los más culpables. El último en esa lista es un altruista humanitario que había dicho: «¿Los hombres competentes? No me importa que sufran o que les hagan sufrir. Ellos deben ser penalizados para poder mantener a los incompetentes. Francamente, me da igual que eso sea justo o no. Me enorgullezco de que no me importe otorgarles justicia a los competentes, cuando de lo que se trata es de misericordia para los necesitados». Hoy, un volumen «científico» de 607 páginas está dedicado a afirmar que eso constituye justicia.

En *Capitalismo: el ideal desconocido*, escribí: «La justificación moral del capitalismo reside en el hecho de que es el único sistema que está de acuerdo con la naturaleza racional del hombre, que protege la supervivencia del hombre como hombre, y que su regla básica es la *justicia*». Si el capitalismo y su base metafísico-moral, la naturaleza racional del hombre, han de ser destruidos, entonces es el concepto de justicia el que ha de ser destruido. Por lo visto, los igualitarios entienden eso; los utilitaristas, los defensores del capitalismo, no.

¿Es *Teoría de la justicia* un libro destinado a ser muy popular? No. ¿Es probable que sea influyente? Sí, y precisamente por esa razón.

Si te preguntas cómo una filosofía tan grotescamente irracional como la de Kant llegó a dominar la cultura occidental, ahora estás presenciando un intento de repetir ese proceso. El señor Rawls es un discípulo de Kant, filosófica y psico-epistemológicamente. Kant originó la técnica requerida para vender nociones irracionales a los hombres en una época escéptica y cínica, a los hombres que formalmente han rechazado el misticismo sin captar los rudimentos de la racionalidad. La técnica es la siguiente: si quieres propagar una idea terriblemente malvada (basada en doctrinas tradicionalmente aceptadas), tu conclusión tiene que ser totalmente clara, pero tu demostración debe ser incomprensible. Tu demostración debe ser un revoltijo tan enmarañado que paralice la facultad crítica del lector, un revoltijo de evasivas, equívocos, confusiones, circunloquios, *non sequitur*, frases interminables que no van a ninguna parte, temas secundarios irrelevantes, cláusulas, subcláusulas y subsubcláusulas, tiene que ser una demostración meticulosamente extensa de lo obvio, y grandes trozos de afirmaciones arbitrarias lanzadas ahí como si fueran autoevidentes, referencias eruditas a las ciencias, a las seudociencias, a las ciencias que nunca lo serán, a lo imposible de rastrear y a lo imposible de demostrar..., todo ello basado en un cero: en la *ausencia* de definiciones. Ofrezco como evidencia la *Crítica de la razón pura*.

El señor Cohen da algunas indicaciones de cuál es el estilo del libro del señor Rawls. Por ejemplo: «La audacia y la simplicidad de las formulaciones de Rawls dependen de una *considerada*, aunque cuestionable, falta de precisión en su comprensión de algunos conceptos políticos fundamentales» (énfasis añadido). «Considerada» significa «deliberada».

Como cualquier escuela explícita de misticismo, un movimiento que busca lograr una meta perversa tiene que invocar los misterios más altos de una autoridad incomprensible. Un libro que no ha sido leído y que es imposible de leer es perfecto para ese fin. Ese libro no cuenta con la inteligencia de los hombres, sino con sus debilidades, sus pretensiones y sus miedos. No es una herramienta de ilustración, sino de intimidación intelectual. No está dirigido a la comprensión del lector, sino a su complejo de inferioridad.

Un hombre inteligente rechazará un libro así con despectiva indignación, negándose a desperdiciar su tiempo tratando de desenredar lo que él percibe que es un galimatías, lo cual es parte de la técnica del libro: el hombre capaz de refutar sus argumentos no perderá su tiempo con él (a menos que tenga la resistencia de un elefante y la paciencia de un mártir). Un joven de inteligencia media —particularmente un estudiante de Filosofía o de Ciencias Políticas—, bajo una andanada de dictámenes autoritarios que aclaman al libro como «erudito», «significativo» y «profundo», asumirá la culpa por no conseguir entenderlo. La mayoría de las veces asumirá que la teoría del libro ha sido científicamente demostrada, y que él es el único que es incapaz de captarla; angustiado, sobre todo, por encubrir su incapacidad, él proclamará estar de acuerdo, y cuanto menor sea su comprensión, más vehemente será su acuerdo, mientras que el resto de la clase pasa por el mismo proceso mental. La mayor parte de sus colegas aceptarán la doctrina del libro, a regañadientes y sintiéndose incómodos, y perderán su integridad intelectual, condenándose a sí mismos a una perpetua niebla de aproximaciones, incertidumbre y dudas de su propia capacidad. Algunos abandonarán el intelecto (especialmente la filosofía) y se convertirán beligerantemente en «pragmáticos», en Babbits antiintelectuales. Unos cuantos se darán cuenta de la farsa y se esforzarán por convertirse en líderes de esa misma causa, intuyendo las posibilidades de una forma de conseguir lo mentalmente inmerecido.

Unos cuantos años después de la publicación del libro, los comentaristas empezarán a llenar bibliotecas con obras que analizarán, clarificarán e interpretarán sus misterios. Sus nociones abarcarán todo el espectro académico: pasarán de los conciliadores, quienes intentarán suavizar las afirmaciones del libro..., a los glorificadores, quienes no le atribuirán nada peor que sus propias sandeces favoritas..., a los transigentes, que tratarán de reconciliar la teoría de ese libro con exactamente la opuesta..., a los vanguardistas, que lo leerán exhaustivamente y exigirán la aceptación de sus consecuencias lógicas. La naturaleza contradictoria y antitética de tales interpretaciones será atribuida a la profundidad del libro, sobre todo por quienes funcionan con la siguiente premisa: «Si no lo comprendo, es porque es profundo». Los estudiantes creerán que los profesores conocen la prueba de la teoría del libro, los profesores creerán que la conocen los comentaristas, los comentaristas creerán que la conoce el autor, y el autor será el único que sabe que ninguna prueba existe y que ninguna prueba ha sido ofrecida jamás.

Una generación después, el número de comentarios habrá crecido en tales proporciones que el libro original será aceptado como un tema de especialización filosófica, requiriendo toda una vida de estudio; y cualquier refutación de la teoría del libro será ignorada o rechazada a menos que vaya acompañada de una discusión completa de las teorías de todos los que la han comentado, una tarea que nadie será capaz de emprender.

Ése es el proceso por el cual Kant y Hegel adquirieron preponderancia. Muchos profesores actuales de Filosofía no tienen ni idea de lo que Kant realmente dijo. Y nadie ha leído jamás a Hegel (aunque muchos hayan mirado cada página palabra por palabra).

Ese proceso ya ha empezado en cuanto al libro del señor Rawls, en forma de manifestaciones tales como las del señor Peregrine Worsthorne en «La nueva desigualdad». Pero el proceso está siendo acelerado a la fuerza con técnicas de relaciones públicas; está siendo impulsado artificialmente y en la dirección errónea: hacia la prensa popular y hacia el hombre de la calle, quien, en este país, es el que menos probablemente hace el papel de tonto. Además, el señor Rawls no está a la altura de Kant: él es un peso pluma políticamente orientado que ha hecho una mezcolanza de lo peor de las tradiciones filosóficas antiguas, sin añadir nada nuevo. Sus dos puntos más importantes de similitud con Kant son: el método... y el motivo.

El peligro reside en el parecido cultural de la época de Kant con la nuestra. Una época regida por el escepticismo y el cinismo puede ser influenciada por cualquiera, incluso por el señor Rawls. No hay ninguna oposición intelectual contra nada hoy, y no la había en su día contra Kant. Los adversarios de Kant eran hombres que compartían todas sus premisas fundamentales (sobre todo el altruismo y el misticismo), y sólo se dedicaron a buscarle los tres pies al gato, acelerando de esa forma su victoria. Hoy, los utilitaristas, los fanáticos religiosos y otros varios «conservadores» comparten todas las premisas fundamentales del señor Rawls (en especial el altruismo). Si su libro no les hace ver la naturaleza del altruismo y sus consecuencias lógicas, si no les hace darse cuenta de que el altruismo es el destructor del hombre (de la razón, la justicia, la moralidad y la civilización), entonces nada lo hará. Cuando lleguen al mundo del señor Rawls, si lo hacen, se lo tendrán bien merecido. Y lo mismo les pasará a los hombres «prácticos» cuyas almas abyectas sienten que las ideas son juguetes inocuos que hay que dejarles a los intelectuales imprácticos, y que cualquier idea puede ser burlada haciendo un trato con el Gobierno.

Pero es sólo por defecto —por defecto intelectual— que teorías como las de Kant o las de Rawls pueden triunfar. Una oposición intransigente y *racional* pudo haber parado a Kant en su época. Rawls es más fácil de derrotar, sobre todo en este país, que es el monumento vivo a una filosofía diametralmente opuesta (él habría tenido una oportunidad mejor en Europa). Si existe algún espíritu de rebelión en las universidades norteamericanas (o en alguna otra parte), *ésa es* una maldad contra la que rebelarse, contra la que rebelarse *intelectualmente*, justificadamente, intransigentemente: cualquier indicio, insinuación, contacto, olor o globo sonda de *Teoría de la justicia* y del movimiento igualitario.

Si los hombres racionales no se rebelan, los igualitarios triunfarán. ¿Triunfarán en establecer un mundo de falsa igualdad y de estancamiento fraternal? No, pero ése no es su objetivo. Así como el objetivo de Kant fue corromper y paralizar la mente del hombre, así también el objetivo de los igualitarios es encadenar y paralizar a los hombres de talento (incluso a costa de destruir el mundo).

Si quieres saber el verdadero motivo que hay detrás de las teorías igualitarias —detrás de todos sus eslóganes sensibleros, sus súplicas empalagosas y sus voluminosas retahílas de ratoneras verbales—, si quieres captar la enormidad de la mezquindad de espíritu en aras de la cual ellos intentan inmolar a la humanidad, eso puede ser presentado en unas cuantas líneas:

«—Cuando un hombre se cree bueno..., *entonces* es cuando está podrido. El orgullo es el peor de todos los pecados, no importa qué sea lo que haya hecho ese hombre.

»—Pero ¿y si un hombre sabe que lo que ha hecho es bueno?

»—Entonces debería pedir perdón por ello.

»—¿A quién?

»A quienes no lo han hecho.» (*La rebelión de Atlas*).

12

Igualitarismo e inflación

El típico ejemplo de cruel irresponsabilidad es la historia del emperador Nerón, que tocaba la lira o recitaba poesías mientras Roma ardía. Un ejemplo de comportamiento similar está a la vista hoy de forma menos dramática. Los actores no tienen nada de imperiales, ellos no son un único monstruo hinchado, sino un enjambre de profesores desnutridos; no hay nada que se asemeje a la poesía, ni siquiera a una mala poesía, en los sonidos que emiten, excepto por su pomposidad; pero ellos están pavoneándose alrededor del fuego y, mientras cantan que quieren ayudar, le están echando leña al fuego. Son esos amorfos intelectuales que van por ahí predicando el *igualitarismo* a un país sin liderazgo que está al borde de un desastre sin precedentes.

El igualitarismo es una doctrina tan malvada —y tan ridícula— que no merece ningún debate ni estudio serio. Pero esa doctrina tiene un cierto valor de diagnóstico: es la manifiesta confesión de la enfermedad oculta que ha estado corroyendo gradualmente las entrañas de la civilización durante dos siglos (o más) bajo diversos disfraces y caretas. Como el «hermano tonto» de una familia que se esfuerza por preservar una fachada de buena reputación, el igualitarismo se ha escapado de un armario oscuro y está diciéndole a gritos al mundo que el motivo de sus compasivos, «humanitarios», altruistas y colectivistas hermanos no es el deseo de ayudar a los pobres, sino destruir a los competentes. El motivo es el odio del bien por ser el bien, un odio específico hacia la fuente de todos los bienes, espirituales o materiales: los hombres capaces.

El proceso mental que hay detrás de la esperanza de los igualitarios para lograr su objetivo consiste en tres pasos: 1) ellos creen que eso que ellos se niegan a identificar no existe; 2) por consiguiente, la inteligencia humana no existe; 3) por consiguiente, ellos son libres de idear esquemas sociales que destruyan eso que no existe. Muy relevante para esta discusión es el desafío de los igualitarios a la ley de causalidad: ellos exigen tener resultados iguales a partir de causas desiguales, o recompensas iguales a partir de desempeños desiguales.

Como ejemplo, citaré una reseña de Bennett M. Berger, profesor de Sociología de la Universidad de California en San Diego (*The New York Times Book Review*, 6 de enero de 1974). La reseña es de un libro titulado *More Equality* (*Más igualdad*), de Herbert Gans. No he leído ese libro, y no tengo intención de leerlo; las opiniones del crítico son las que resultan particularmente interesantes y reveladoras; el señor Berger escribe:

> Herbert Gans deja claro desde el principio que él no está hablando de igualdad de oportunidades, con lo que ya casi nadie parece estar en desacuerdo, sino sobre igualdad de «resultados», lo que solía llamarse «igualdad de condiciones» [...]. Lo que más le interesa es reducir las desigualdades de ingreso, riqueza y poder político [...]. Más igualdad podría lograrse, según Gans, redistribuyendo los ingresos (principalmente a través de un tipo de crédito al impuesto sobre la renta) y descentralizando el poder, lo que va desde una mayor igualdad en las organizaciones jerárquicas (por ejemplo, en corporaciones y en universidades) hasta una especie de «control comunitario» que les daría a las minorías más perjudicadas por la desigualdad alguna protección contra ser siempre vencidas por el número de votos de las mayorías relativamente adineradas de los mayores distritos electorales.

Si ser consistentemente *derrotado por los votos* es una injusticia social, ¿qué pasa entonces con los grandes empresarios, que siempre constituyen la menor de las minorías y siempre serían consistentemente derrotados por otros grupos en una votación? El señor Berger no lo dice, pero, puesto que él consistentemente equipara el poder económico con el poder político, y parece creer que el dinero puede comprar cualquier cosa, uno puede adivinar cuál sería su respuesta. Y, en cualquier caso, él no es un admirador de la «democracia».

El señor Berger revela parte de su motivación al describir a Herbert Gans como un «científico de la política» que padece de un cierto «malestar». «Parte de ese malestar es una pesadilla en la que "el científico de la política" —que no está precisamente *mal* preparado, sino en *plena posesión* de los hechos, de las razones y de los planes que necesita para promover persuasivamente los cambios que propugna...— es frustrado, derrotado y humillado por los Comités del Congreso y los cuerpos directivos que responden políticamente a los distritos electorales y a los patrocinadores que los mantienen en la Administración.» En otras palabras: ellos no han dejado que él se salga con la suya.

Para que no pienses que es sólo la riqueza material lo que Berger está tratando de destruir, mira esto: «La descentralización de poder, por ejemplo, no produce necesariamente más igualdad... Incluso la democracia directa de una reunión en un pueblo de Nueva Inglaterra... hace muy poco para librar a la comunidad política local de la influencia excesiva ejercida por los más educados, los más coordinados, los más persuasivos, los más políticamente atractivos». Eso significa que los educados y los ignorantes, los persuasivos y los incoherentes, los políticamente activos y los políticamente pasivos o inertes, que todos ellos deberían tener igual influencia e igual poder sobre la vida de todo el mundo. Hay sólo un instrumento que puede crear una igualdad de ese tipo: una pistola.

El señor Berger enfatiza que él está de acuerdo con el objetivo igualitario del señor Gans, pero duda de que pueda ser logrado defendiendo abiertamente una mayor igualdad. Y, con un cinismo claramente evidente, el señor Berger sugiere «otra estrategia»:

> La defensa de la igualdad inevitablemente entra en conflicto con otros valores liberales, tales como el individualismo y el logro. Pero... la defensa de la «ciudadanía» no lo hace, y la historia de la democracia es una historia de luchas políticas para ganar cada vez más «derechos» para un número cada vez mayor de personas; para que porcentajes cada vez mayores de la población logren una ciudadanía más plena... En el siglo XX ha habido luchas para eliminar los impedimentos raciales y sexuales... para conquistar el derecho a una vivienda decente, a la atención médica, a la educación, todo eso no con base en la «igualdad», sino con base en que ésas son condiciones necesarias para que los ciudadanos, iguales por definición, ejerzan la responsabilidad de gobernarse a sí mismos. ¿Quién sabe qué otros «derechos» nos aguardan en el horizonte: un derecho al orgasmo, o a sentirse bello? Creo que eso hará que las personas sean mejores ciudadanos.

En otras palabras, él sugiere que los objetivos igualitarios pueden ser logrados expandiendo el término «ciudadanía» hasta que llegue a ser un concepto totalitario, o sea, un concepto que lo abarque todo en la vida.

Si el señor Berger es así de transparente al aconsejar la instalación de una trampa ideológica, ¿quiénes son los bobos a quienes espera atrapar? ¿Los infradotados? ¿El público en general? ¿O los intelectuales, a quienes tienta con un cebo como «el derecho al orgasmo», a cambio de olvidar el individualismo y el logro? Espero que tus conjeturas sean tan buenas como las mías.

No voy a intentar rebatir las doctrinas igualitarias defendiendo el individualismo, el logro y a los hombres capaces; no voy a hacerlo, puesto que ya he publicado *La rebelión de Atlas*. Dejaré que la realidad hable por mí..., como suele hacer.

Bajo el encabezamiento «El legado de Allende», un artículo en *The Wall Street Journal* (19 de abril de 1974) ofrece unos ejemplos concretos de la vida real sobre lo que ocurre cuando los ingresos, la riqueza y el poder son distribuidos equitativamente entre todos los hombres, independientemente de sus competencias, sus personalidades, sus conocimientos, sus logros o sus cerebros.

«Cuando las fuerzas armadas actuaron para derrocar el Gobierno de Allende, los precios habían subido más del 1.000 por ciento en dos años, y seguían subiendo a razón de un 3 por ciento diario en los últimos días. El tesoro nacional estaba prácticamente vacío.» El Gobierno socialista había confiscado cierto número de empresas cuyos propietarios eran industriales norteamericanos. El nuevo Gobierno militar invitó a los directivos empresariales estadounidenses a regresar. La mayoría de ellos aceptaron.

Entre esas empresas estaba la Dow Chemical Company, que era dueña de una fábrica de plásticos en Chile. Bob G. Caldwell, el director de operaciones de la Dow para Sudamérica, llegó con un equipo técnico para inspeccionar lo que quedaba de su fábrica. «Lo que encontramos fue increíble para nosotros», recuerda él. «La fábrica estaba todavía operable, pero en otros seis meses ya no tendríamos ninguna fábrica en absoluto. Nunca inspeccionaban nada. Encontramos válvulas que no habían sido mantenidas, por las que circulaban productos químicos corrosivos que eventualmente lo habrían terminado por corroer prácticamente todo...» Peor aún, los productos químicos altamente inflamables manipulados en la fábrica estaban en peligro inminente de explotar. «La seguridad fue totalmente abandonada», dijo el señor Caldwell. «El sistema de rociadores para incendios estaba desconectado, y se habían llevado las válvulas para dedicarlas a algún otro uso allá afuera. Además, ellos fumaban en las áreas más peligrosas. Nos dijeron: "Ustedes nunca tuvieron ningún incendio cuando estuvieron aquí antes, así es que no debe de ser tan peligroso como usted dice".»

Yo afirmo que la mentalidad representada por esa última frase, una mentalidad capaz de funcionar de esa forma, es la repugnante raíz de todas las maldades humanas.

Por lo visto, algunas mentalidades en el nuevo Gobierno chileno están dentro de la misma categoría: tienen el mismo alcance, el mismo radio, y aunque las consecuencias de sus acciones no son tan inmediatamente perceptibles, no falta mucho para que lo sean. Para poder evitar conflictos laborales, el nuevo Gobierno ha congelado todos los contratos de trabajo en la forma y en los términos establecidos bajo el régimen de Allende. Por ejemplo, el contrato de la Dow Chemical incluye un «requisito de que todos los desechos de plásticos de la fábrica le sean entregados al sindicato, el cual luego los vende». «Esperamos que ese requisito cambie», dijo un directivo de la empresa, «porque es un claro incentivo para no producir nada más que desechos».

Luego está el caso de una gran empresa textil de Santiago. «Su contrato con 1.300 trabajadores virtualmente garantiza su bancarrota. Los empleados de la empresa textil reciben una cierta cantidad de tela gratis, como parte de sus sueldos, y pueden comprar cantidades ilimitadas con un 37 por ciento de descuento; con esos precios la empresa pierde dinero. Bajo el Gobierno del presidente Allende, los trabajadores vendían la tela en el mercado negro con ganancias enormes, y eso era un factor importante para asegurar que ellos apoyarían al Gobierno de Allende.»

¿Cuánto tiempo puede sobrevivir una empresa —o un país, o la humanidad— con una política de ese tipo? La mayoría de la gente hoy día no ve la respuesta, pero algunos sí lo hacen. La escasez material es la consecuencia de otra escasez mucho más profunda, la que es creada por gobiernos igualitarios e ignorada por el público..., hasta que es demasiado tarde. «El experimento de Chile con el marxismo también ha dejado al país con una escasez de ingenieros y de técnicos que podría alcanzar proporciones muy serias. Miles de ellos emigraron durante el régimen de Allende. A pesar de los incentivos ofrecidos por la Junta, ellos no han vuelto más, y muchas otras personas clave continúan emigrando en busca de trabajos mejor pagados en el extranjero... "Aquí en Chile", dice un ejecutivo de negocios, "debemos acostumbrarnos al hecho de que a las personas que son buenas hay que pagarles bien".»

Pero aquí, en Estados Unidos, nos dicen que tenemos que acostumbrarnos a la idea de que no es así, no hay que pagarles bien.

No hay tal cosa como «personas buenas», grita el profesor Berger —o el profesor Gans, o el profesor Rawls—, y si algunas son buenas, es porque están explotando a las que no lo son. No hay tal cosa como «personas clave», dice el profesor Berger, todos somos iguales por definición. No, dice Rawls, algunas personas han nacido con ventajas injustas, como la inteligencia, y deberían ser obligadas a expiar esa culpa a favor de aquellas que no lo hicieron. Queremos más igualdad, dice el profesor Gans, para que todos los que inventan sistemas de rociadores para incendios y todos los que fuman en presencia de productos químicos inflamables puedan tener un salario igual, una influencia igual y una voz igual en la comunidad que controla la ciencia y la producción.

El término «fuga de cerebros» es conocido en todas partes del mundo: se refiere a un problema que varios gobiernos están empezando a reconocer y a tratar de solucionar, y lo hacen encadenando a los hombres de talento a sus lugares de origen; pero los teóricos sociales siguen sin ver ninguna conexión entre inteligencia y producción. Los mejores hombres están huyendo —desde cada esquina y desde cada corral de esclavos del planeta— y corriendo en busca de libertad. Negarse a cooperar con los jerarcas despóticos es la acción moral más noble que podrían realizar —y, dicho sea de paso, el mayor servicio que ellos podrían prestarle a la humanidad—, pero ellos no lo saben. No se alzan voces en su honor en ningún sitio, en reconocimiento de su valor, en reconocimiento de su importancia. Aquellos cuyo trabajo es saber —los que alegan preocuparse por los problemas del mundo— siguen mirando y sin decir nada. Los intelectuales miran a otro lado, negándose a saber; los hombres prácticos sí lo saben, pero se mantienen callados.

Uno no puede culpar a los confusos brutos de Chile (que se abalanzan sobre una fábrica industrial y se deleitan ante un aquelarre del mercado negro) por no entender que esa fábrica no puede operar con pérdidas..., puesto que sus superiores sociales les dicen que ellos son merecedores de más igualdad. Uno no puede culpar a los salvajes por no entender que todo tiene su precio, y que los que roban, confiscan o extorsionan hoy recibirán como pago su propia inanición mañana..., puesto que sus superiores sociales, en las oficinas de negocios, en las aulas universitarias, en los editoriales de los periódicos, en los recintos parlamentarios, tienen miedo de decírselo.

¿Con qué están contando todas esas personas? Si una fábrica chilena se va a la quiebra, los igualadores encontrarán otra fábrica para saquear. Si esa otra fábrica empieza a desmoronarse, obtendrán un préstamo del banco. Si el banco no tiene dinero, conseguirán un préstamo del Gobierno. Si el Gobierno no tiene dinero, solicitarán un préstamo de un gobierno extranjero. Si ningún gobierno extranjero tiene dinero, todos ellos conseguirán un préstamo de Estados Unidos.

Lo que ellos no saben —y lo que tampoco sabemos en este país— es que Estados Unidos está en bancarrota.

La justicia sí existe en el mundo; da igual que las personas decidan practicarla o no. Los hombres de talento están siendo vengados. El vengador es la realidad. Su arma es lenta, silenciosa e invisible, y los hombres sólo la perciben por sus consecuencias, por los escombros de ruinas y los gemidos de agonía que deja a su paso. El nombre del arma es la *inflación*.

La inflación es una plaga creada por el hombre, una plaga hecha posible sólo porque la mayoría de las personas no la entiende. Es un delito cometido en una escala tan enorme que su tamaño es su propia protección: la capacidad integradora de las mentes de sus víctimas fracasa ante la magnitud —y la aparente complejidad— del delito, lo cual permite que sea cometido abiertamente, a la vista de todos. Durante siglos, la inflación ha ido arruinando un país tras otro, y, sin embargo, los hombres no aprenden nada, no ofrecen resistencia; y perecen, no como animales que están siendo llevados al matadero, sino, peor aún, como animales que salen en estampida en busca de un carnicero.

Si te dijese que la *precondición* de la inflación es psico-epistemológica, que la inflación está oculta bajo ilusiones perceptuales creadas por eslabones conceptuales rotos, no me entenderías. *Eso* es lo que me propongo explicar y demostrar.

Empecemos por el principio. Observa el hecho de que, como ser humano, estás obligado por naturaleza a comer por lo menos una vez al día. En una ciudad estadounidense moderna, eso no constituye mayor problema. Puedes llevar tu sustento en el bolsillo, en forma de unas cuantas monedas. No necesitas preocuparte de eso, puedes saltarte alguna comida y, cuando tengas hambre, puedes coger un bocadillo o abrir una lata de comida..., los cuales (tú crees) siempre estarán ahí.

Pero imagínate lo que la necesidad de comer te supondría en la naturaleza, o sea, si estuvieras solo en una selva primitiva. El hambre, el ultimátum de la naturaleza, te haría demandas todos los días, pero satisfacer esas demandas no estaría inmediatamente disponible: satisfacerlas requiere tiempo y herramientas. Lleva tiempo cazar y fabricar tus armas. También tienes otras necesidades. Necesitas ropa, y lleva tiempo matar a un leopardo y conseguir su piel. Necesitas ponerte a cubierto, y lleva tiempo construir una choza, y hace falta comida para sustentarte mientras la construyes. La satisfacción de tus necesidades físicas diarias absorbería todo tu tiempo. Observa que «tiempo» es el precio de tu supervivencia, y que tiene que ser pagado por adelantado.

¿Habría alguna diferencia si fueseis diez como tú, en vez de tú solo? ¿Y si fueseis cien? ¿O mil? ¿O cien mil? No dejes que los números te confundan: en lo que atañe a la naturaleza, los hechos seguirán siendo inexorablemente los mismos. Socialmente, los grandes números pueden permitirles a algunos hombres esclavizar a otros y vivir sin esfuerzo, pero a menos que haya un número suficiente de hombres capaces de cazar, todos vosotros pereceréis, y también perecerán los que os esclavizan.

El tema se torna mucho más claro cuando descubres la agricultura. Tú puedes sobrevivir de forma más segura y más cómoda plantando semillas y recolectando una cosecha meses después, siempre a condición de que cumplas dos requisitos absolutos de la naturaleza: debes ahorrar lo suficiente de tu cosecha para poder alimentarte hasta la próxima cosecha; y, sobre todo, debes guardar suficientes semillas para plantar en la siguiente siembra. Puede que se te acabe tu propia comida, tal vez tengas que escatimar y pasar hambre algún día; pero, bajo peligro de muerte, no puedes tocar tu existencia de semillas; si lo haces, estás acabado.

La agricultura es el primer paso hacia la civilización, porque requiere un avance significativo en el desarrollo conceptual de los hombres: requiere que ellos capten dos conceptos cardinales que la mentalidad perceptual, la mentalidad limitada a los concretos que tenían los cazadores, no pudo captar del todo: *tiempo* y *ahorro*. Una vez que los captas, habrás captado las tres cosas esenciales para la supervivencia humana: tiempo, ahorro, producción. Habrás captado el hecho de que la producción no es un asunto limitado al momento inmediato, sino un proceso continuo, y que cualquier producción está impulsada por la producción anterior. El concepto de «*stock* de semillas» une las tres cosas esenciales, y se aplica no sólo a la agricultura, sino mucho mucho más ampliamente: a *todas* las formas de trabajo productivo. Cualquier cosa que esté por encima del nivel de existencia precaria de un salvaje, subsistiendo día a día, requiere *ahorros*. Los ahorros compran *tiempo*.

Si vives en una granja autosuficiente, guardas tu grano: necesitas la cosecha guardada de tus años buenos para poder subsistir en los años malos; necesitas las semillas guardadas para expandir tu producción, para plantar un terreno más grande. Cuanto más seguro sea tu aprovisionamiento de alimento, más tiempo tendrás para conservar o mejorar las otras cosas que necesitas: tu ropa, tu vivienda, tu pozo de agua, tu ganado y, sobre todo, tus herramientas, como por ejemplo tu arado. Tú das un gigantesco paso adelante cuando descubres que puedes comerciar con otros agricultores, lo cual te lleva a descubrir el camino hacia una civilización avanzada: la división del trabajo. Digamos que sois unas cien personas; cada uno de vosotros aprende a especializarse en la producción de algunos bienes necesitados por todos, y todos intercambiáis vuestros productos por medio de trueque directo. Todos vosotros os hacéis más expertos en vuestras tareas, y, por lo tanto, más productivos; y por lo tanto, vuestro tiempo os rinde mucho más.

En una granja autosuficiente, tus ahorros consistían principalmente en el grano almacenado y en los alimentos guardados; pero el grano y los alimentos son perecederos y no pueden conservarse durante mucho tiempo, así que te comías lo que no podías guardar; tu rango de tiempo era limitado. Ahora, tu horizonte ha sido ampliado muchísimo más allá. Ya no tienes que expandir el almacenamiento de tus alimentos: ahora puedes intercambiar tu grano por algún artículo que se mantendrá más tiempo, y que a su vez tú podrás intercambiar por alimentos cuando lo necesites. Pero ¿qué artículo? Y es así como se llega al siguiente descubrimiento gigantesco, inventas un instrumento de cambio: el *dinero*.

El dinero es la herramienta de los hombres que han alcanzado un nivel elevado de productividad y un control a largo plazo sobre sus vidas. El dinero no es meramente un instrumento de cambio; mucho más importante, es un *instrumento de ahorro*, que permite posponer el consumo y comprar tiempo para una producción futura. Para cumplir ese requisito, el dinero tiene que ser algún artículo material que sea imperecedero, raro, homogéneo, fácil de almacenar, no sujeto a grandes fluctuaciones de valor, y siempre demandado por aquéllos con quienes comercias. Eso te lleva a la decisión de usar el oro como dinero. El oro es un valor tangible en sí mismo, y es muestra de una riqueza que de hecho ha sido producida. Cuando aceptas una moneda de oro en pago por tus mercancías, de hecho le entregas la mercancía al comprador; la transacción es tan segura como si fuera un simple trueque. Cuando guardas tus ahorros en forma de monedas de oro, éstas representan la mercancía que tú realmente has producido, y que ahora está dedicada a comprar tiempo para otros productores, quienes mantendrán el proceso productivo funcionando, de tal forma que tú podrás seguir intercambiando tus monedas por mercancías en cualquier momento que lo desees.

Ahora imagina lo que le ocurriría a tu comunidad de cien personas prósperas, que trabajan duro y que van hacia delante, si a un hombre se le permitiera comerciar en vuestro mercado no con oro, sino con papel; o sea, si él te pagara no con un bien material, no con mercancías que él hubiera realmente producido, sino simplemente con un pagaré sobre su producción futura. Ese hombre se lleva tus mercancías, pero no las usa para apoyar su propia producción; él no produce nada en absoluto: lo único que hace es consumir esas mercancías. Y luego va y te paga precios más altos por más mercancías —de nuevo, te paga con pagarés— asegurándote que él es tu mejor cliente y que está expandiendo tu mercado.

Entonces, un día, un joven y esforzado agricultor cuyos campos han sido dañados por una inundación quiere comprarte grano a ti, pero tu precio ha aumentado y no tienes mucho grano que venderle, así que él va a la quiebra. Luego, el granjero de las vacas, a quien ese joven debía dinero, sube el precio de la leche para compensar la pérdida; y el camionero de la granja, que necesita la leche, deja de comprar los huevos que siempre había comprado; y el avicultor mata algunas de sus gallinas porque no puede darles de comer; y el cultivador de alfalfa, que no puede permitirse el precio mayor de los huevos, vende una parte de las semillas que tiene guardadas y reduce su siembra; y el granjero de las vacas no puede pagar el mayor precio de la alfalfa, así que cancela su pedido con el herrero; y tú quieres comprar el arado nuevo para el que has estado ahorrando, pero el herrero se ha ido a la quiebra. Y entonces todos vosotros presentáis vuestros pagarés a vuestro «mejor cliente», y descubrís que esos pagarés eran no sobre la producción futura *de él*, sino sobre *vuestra* producción futura...; y el único problema es que a vosotros ya no os queda nada con lo que producir. Vuestros terrenos están ahí, vuestras estructuras están ahí, pero no hay alimentos para sustentaros durante el próximo invierno, y tampoco hay semillas almacenadas para poder plantar.

¿Habría alguna diferencia si esa comunidad consistiese en mil agricultores? ¿Cien mil? ¿Un millón? ¿Doscientos millones? ¿El planeta entero? Independientemente de hasta dónde extiendas el perjuicio, independientemente de la variedad de productos y de la incalculable complejidad de tratos que puedan hacerse, *ésa*, queridos lectores, es la causa, es el patrón y el resultado de la inflación.

Sólo hay una institución que pueda atribuirse a sí misma el poder de comerciar legalmente con cheques sin fondos: el Gobierno. Y es la única institución que puede hipotecar tu futuro sin tu conocimiento y sin tu consentimiento: los títulos públicos (y el papel moneda) son pagarés respaldados por ingresos fiscales futuros, o sea, por tu producción futura.

Ahora imagina la mentalidad de un salvaje, quien no puede comprender nada excepto los concretos del momento inmediato, y que se encuentra transportado en plena civilización industrial moderna. Si es un salvaje inteligente, adquirirá un cierto conocimiento superficial, pero hay dos conceptos que no será capaz de captar: «crédito» y «mercado».

Él observa que la gente consigue comida, ropa y todo tipo de cosas simplemente presentando papelitos a los que llaman billetes, y observa que rascacielos y fábricas enormes brotan del suelo por orden de hombres muy ricos, cuyos contables se dedican a intercambiar números mágicos con muchos otros contables. Y parecen hacerlo más rápido de lo que él puede seguir, así que concluye que la velocidad es el secreto de ese poder mágico del papel, y que todo el mundo trabajará, producirá y prosperará siempre que esos billetes pasen de mano en mano con suficiente rapidez. Si ese salvaje corre a la imprenta con su descubrimiento, encontrará que se le ha adelantado John Maynard Keynes.

Entonces el salvaje observa que los grandes almacenes están llenos de mercancías maravillosas, pero aparentemente la gente no las compra. «¿A qué se debe eso?», le pregunta a un jefe de sección. «No tenemos suficiente mercado», dice el jefe de sección. «¿Qué es eso?», pregunta el salvaje. «Bueno», le contesta su nuevo maestro, «los bienes se producen para que la gente los consuma, y son los consumidores los que hacen girar el mundo, pero no tenemos suficientes consumidores». «¿Ah, sí?», dice el salvaje, sus ojos brillando con el fuego de una nueva idea. Al día siguiente, él consigue un cheque de una gran fundación educativa, fleta un avión, emprende vuelo y vuelve, poco tiempo después, trayendo a todos los miembros de su tribu, desnudos y descalzos. «Usted no sabe lo buenos que ellos son consumiendo», le dice a su amigo, el jefe de sección, «y aún hay muchos más de donde ellos vienen. Pronto le darán a usted un aumento de sueldo». Pero la tienda, no mucho después, se va a la quiebra.

El pobre salvaje es incapaz de entenderlo, hasta hoy, porque se había asegurado de que muchas muchas personas estuvieran de acuerdo con su idea, entre ellas muchos nobles jefes tribales, como el gobernador Romney, que hizo conjuros en pro del «consumismo», y el guerrero Nader, que luchó por los derechos de los consumidores, y los grandes caciques comerciales, que recitaron fórmulas sobre servir a los consumidores, y los caciques que se sentaron en el Congreso, y los caciques de la Casa Blanca, y los caciques de todos los gobiernos de Europa, y muchos más profesores de los que él podría contar.

Quizá sea más difícil para nosotros comprender que la mentalidad de ese salvaje ha estado rigiendo la civilización occidental durante casi un siglo.

Entrenados en la universidad para creer que mirar más allá del momento inmediato —buscar causas o prever consecuencias— es imposible, los hombres modernos han desarrollado la técnica de evadir el contexto como su método normal de cognición. Observando a un pequeño tendero de pueblo, del tipo que está destinado a fracasar, ellos creen (como también lo cree el tendero) que la falta de clientes es su único problema; y que la cuestión de las mercancías que él vende, o *de dónde provienen esas mercancías*, no es relevante en absoluto. Las mercancías, ellos creen, simplemente están ahí, y siempre estarán ahí. Por lo tanto, concluyen ellos, el consumidor —no el productor— es el motor de cualquier economía. Extendámosles crédito, o sea, nuestros ahorros, a los consumidores —recomiendan ellos— para poder expandir el mercado para nuestras mercancías.

Pero, de hecho, los consumidores *como consumidores* no son parte del mercado de nadie; como consumidores, ellos son *irrelevantes* para la economía. La naturaleza no le otorga a nadie el título innato de «consumidor»; es un título que hay que ganarse... por medio de la producción. Sólo los *productores* constituyen un mercado, sólo los hombres que intercambian productos o servicios por productos o servicios. En su papel de productores, ellos representan «la oferta» del mercado; en su papel de consumidores, ellos representan «la demanda» del mercado. La ley de la oferta y la demanda tiene una subcláusula implícita: que las personas son las mismas en ambos roles. Cuando esa subcláusula es olvidada, ignorada o evadida, entonces te encuentras con la situación económica de hoy.

Un productor exitoso puede mantener a muchas personas, por ejemplo, a sus hijos, delegando en ellos su poder de consumidor en el mercado. ¿Puede esa capacidad ser ilimitada? ¿A cuántos hombres podrías alimentar en una granja autosuficiente? En tiempos más primitivos, los agricultores solían tener familias numerosas para poder conseguir mano de obra agrícola, o sea, ayuda productiva. ¿A cuántas personas no productivas podrías mantener tú con tu propio esfuerzo? Si el número fuera ilimitado, si la demanda fuese mayor que la oferta, si la demanda se convirtiera en una *orden*, como lo es hoy, tú tendrías que usar y agotar tu almacén de semillas. *Ése* es el proceso que ahora está teniendo lugar en este país.

Hay sólo una institución que puede hacer que eso ocurra: el Gobierno; y con la ayuda de una doctrina malvada que le sirve de disfraz: el altruismo. Los que visiblemente se benefician con el altruismo —los receptores de subsidios públicos— son en parte las víctimas y en parte el escaparate para las políticas estatistas del Gobierno. Pero ningún gobierno podría haberse salido con la suya si la gente hubiera captado el otro concepto que el salvaje fue incapaz de captar: el concepto de «crédito».

Si entiendes la función de las semillas de reserva (de los *ahorros*) en una comunidad agrícola primitiva, aplica el mismo principio a una economía industrial compleja.

La riqueza representa bienes que han sido producidos, pero no consumidos. ¿Qué haría un hombre con su riqueza en cuanto a trueques directos? Digamos que un exitoso fabricante de zapatos quiere ampliar su producción. Su riqueza consiste en zapatos; él intercambia algunos zapatos por las cosas que él necesita como consumidor, pero conserva una gran cantidad de zapatos y los intercambia por materiales de construcción, maquinaria y mano de obra para construir una fábrica nueva, y otra gran cantidad de zapatos para comprar materias primas y para pagar la mano de obra que utilizará para fabricar más zapatos. El dinero facilita ese comercio, pero no cambia su naturaleza. Todos los bienes físicos y los servicios que ese hombre necesita para su proyecto deben realmente existir y estar disponibles para el comercio, exactamente igual que su pago por ellos realmente debe existir en forma de bienes físicos (en ese caso, zapatos). Un intercambio de papel moneda (o incluso de monedas de oro) no le serviría de nada a ninguna de las partes involucradas si las cosas físicas que ellas necesitaran no existieran y no pudieran ser conseguidas a cambio de dinero.

Si un hombre no consume sus bienes de inmediato, sino que los ahorra para el futuro, sea porque quiere ampliar su producción o vivir de sus ahorros (que él guarda en forma de dinero), en cualquier caso él está contando con el hecho de que podrá intercambiar su dinero por las cosas que necesita, cuando y como las necesite. Eso significa que él confía en un proceso continuo de producción, el cual requiere un flujo ininterrumpido de bienes ahorrados para abastecer una producción cada vez mayor. Ese flujo es el «capital de inversión», son las «semillas de reserva» de la industria. Cuando un hombre rico les presta dinero a otros, lo que les presta son los bienes que él no ha consumido.

Ése es el significado del concepto «inversión». Si te has preguntado cómo uno puede empezar a producir, dado que la naturaleza requiere que el tiempo se pague por adelantado, ése es el proceso benevolente que les permite a los hombres hacerlo: un hombre exitoso presta sus bienes a un principiante prometedor (o a cualquier productor de buena reputación) a cambio del pago de intereses. El pago es por el riesgo que él está asumiendo: la naturaleza no garantiza el éxito de un hombre, ni en una granja ni en una fábrica. Si el proyecto fracasa, eso significa que los bienes han sido consumidos sin un retorno productivo, así que el inversor pierde su dinero; si el proyecto tiene éxito, el productor paga el interés con los bienes nuevos, con los *beneficios* que la inversión le permitió producir.

Observa, y ten presente por encima de todo, que ese proceso es aplicable sólo a la financiación de las necesidades de la producción, *no* del consumo, y que su éxito estriba en el juicio del inversor sobre la capacidad productiva de los hombres, *no* en la compasión que pueda tener por los sentimientos, las esperanzas o los sueños de ellos.

Tal es el significado del término «crédito». En todas sus incontables variaciones y aplicaciones, «crédito» significa dinero, o sea, *bienes no consumidos*, prestados por una persona productiva (o por un grupo) a otra, que habrán de ser recompensados con una producción futura. Incluso el crédito otorgado para un objetivo de consumo, como la compra de un coche, está basado en el historial productivo y en las perspectivas de éxito del prestatario. El crédito no es —como el salvaje creía— una mágica hoja de papel que invierte causa y efecto, transformando el consumo en una fuente de producción.

El consumo es la causa *final*, no la causa *eficiente*, de la producción. La causa eficiente son los ahorros, los cuales puede decirse que representan lo contrario del consumo: representan bienes *no consumidos*. El consumo es la meta de la producción, el *final del viaje* en lo que respecta al proceso productivo. El trabajador que produce tan poco que llega a consumir todo lo que gana carga con su propio peso económicamente, pero no contribuye en nada a la producción futura. El trabajador que tiene una modesta cuenta de ahorros y el millonario que invierte una fortuna (y todos los hombres que hay en medio) son los que financian el futuro. El hombre que consume sin producir es un parásito, da igual que viva de subsidios o sea un rico *playboy*.

Una economía industrial es enormemente compleja: involucra cálculos de tiempo, de movimiento, de crédito, y largas secuencias de intrincados intercambios contractuales. Esa complejidad es la gran virtud del sistema, y la raíz de su vulnerabilidad. La vulnerabilidad es psico-epistemológica. Ninguna mente humana y ningún ordenador —y ningún planificador central— pueden comprender esa complejidad en todos sus detalles. Incluso captar los principios que la rigen es una enorme proeza de abstracción. Aquí es donde fracasan los vínculos conceptuales de la capacidad de integración del hombre: la mayoría de las personas son incapaces de captar el funcionamiento de la economía de su ciudad natal, y mucho menos el del país o el del mundo. Bajo la influencia de la educación irracional y anticonceptual que tenemos hoy, la mayoría de las personas tienden a ver los problemas económicos en términos de cosas concretas inmediatas: los cheques de sus salarios, los arrendadores que les alquilan sus casas, la tienda de la esquina... La pérdida más desastrosa —la que rompió su conexión con la realidad— fue perder el concepto de que el dinero es un sustituto de bienes que existen, pero que no han sido consumidos.

La complejidad del sistema sirve, ocasionalmente, como un refugio temporal para las operaciones de algunos tipos sospechosos. Todos habéis oído hablar de algún manipulador que no trabaja pero lleva una vida de lujo gracias al préstamo que ha obtenido, el cual luego reembolsa obteniendo otro préstamo en algún otro sitio, el cual luego reembolsa obteniendo otro préstamo, etcétera. Tú sabes que esa política no puede seguir así siempre, que finalmente atrapará a su protagonista y hará que se estrelle. Pero ¿y si ese manipulador es el Gobierno?

El Gobierno no es una organización productiva. No produce nada. Con respecto a sus funciones legítimas —que son la seguridad, la defensa y la administración de justicia en los tribunales—, presta un servicio necesario para una economía productiva. Cuando un gobierno sobrepasa esas funciones, se convierte en el destructor de la economía.

El Gobierno no tiene ninguna fuente de ingresos, excepto los impuestos pagados por los productores. Para librarse (temporalmente) de los límites establecidos por la realidad, el Gobierno inicia un proceso de créditos fraudulentos a gran escala, con el que un manipulador privado ni siquiera podría soñar. Te pide a ti dinero prestado hoy, el cual ha de ser pagado con dinero que le prestes mañana, el cual ha de ser pagado con dinero que le prestes pasado mañana, y así sucesivamente. Eso es lo que llaman «financiación del déficit». Lo que lo hace posible es el hecho de que el Gobierno corta totalmente la conexión entre bienes y dinero. Emite papel moneda, el cual es usado como un cheque-recibo sobre bienes que realmente existen, pero ese dinero no está respaldado por ningún bien, no está respaldado por oro, no está respaldado por nada. Es un pagaré que emiten a tu favor a cambio de tus bienes, que será pagado por ti (en forma de impuestos) como parte de tu producción futura.

¿Adónde va tu dinero? A todos sitios y a ninguno. Primero, va a establecer una excusa altruista y un escaparate para lo demás: va a establecer un sistema de consumo subsidiado, una especie de hombres «subsidiados», de hombres que consumen sin producir, un callejón sin salida que no deja de crecer, impuesto sobre una producción que no deja de menguar. Luego, el dinero va a subsidiar a algún grupo de presión a expensas de otro grupo, para comprar sus votos, para financiar cualquier proyecto concebido por el capricho de algunos burócratas o de sus amigos, para pagar por el fracaso de ese proyecto, para iniciar otro, etcétera. Los receptores de los subsidios no son la peor parte de la carga que recae sobre los productores. La peor parte son los burócratas, los funcionarios del Gobierno a quienes se les ha otorgado el poder de regular la producción. Ellos no son sólo consumidores improductivos: su trabajo consiste en hacer cada vez más difícil y, finalmente, en hacer imposible que los productores produzcan. (La mayoría de ellos son hombres cuyo objetivo final es colocar a todos los productores en la situación de receptores de subsidios.)

Cuando el Gobierno lucha por salvar a una empresa que se está derrumbando a costa de que se derrumbe otra, está acelerando el proceso de hacer malabarismos con sus deudas, está cambiando de sitio las pérdidas, amontonando préstamos sobre préstamos, hipotecando el futuro y el futuro del futuro. A medida que las cosas empeoran, el Gobierno se protege a sí mismo, pero no contrayendo ese proceso, sino expandiéndolo. El proceso se vuelve global: ahora añade ayuda exterior, y préstamos impagados a gobiernos extranjeros, y subsidios a otros estados de bienestar, y subsidios a las Naciones Unidas, y subsidios al Banco Mundial, y subsidios a productores extranjeros, y créditos a consumidores extranjeros para que puedan consumir nuestros productos; mientras que, al mismo tiempo, los productores norteamericanos (los productores locales, que son los que están pagando por todo eso) quedan sin protección, y sus propiedades son confiscadas por cualquier jeque de cualquier agujero pestilente del planeta, y la riqueza que han creado, así como su energía, se vuelve contra ellos, como, por ejemplo, en el caso del petróleo de Oriente Próximo.

¿Crees que una orgía de gasto de ese tipo podría ser pagada con la producción actual? No, la situación es mucho peor que eso. *El Gobierno está consumiendo las existencias de semillas del país*, las existencias de semillas de la producción industrial: el capital de inversión, es decir, los ahorros necesarios para mantener funcionando la producción. Esos ahorros no eran papel, sino bienes de verdad. Bajo todas las complejidades del crédito privado, la economía se mantenía funcionando debido a que, de una forma u otra, en un sitio o en otro, en algún lugar de la economía, los bienes materiales reales existían para respaldar las transacciones financieras. Eso continuó durante mucho tiempo después de que esa protección fuera interrumpida. Hoy, los bienes prácticamente han desaparecido.

Un trozo de papel no te alimentará cuando no haya pan que comer. No construirá una fábrica cuando no haya vigas de acero que comprar. No hará zapatos cuando no haya cuero ni máquinas ni combustible. Habéis oído decir que la economía hoy día sufre de carencias repentinas e impredecibles de varios productos. Ésos son los síntomas anticipados de lo que nos espera.

Has oído a los economistas decir que están perplejos por la naturaleza del problema actual: ellos son incapaces de entender por qué la inflación viene acompañada de una recesión, lo cual se opone a sus doctrinas keynesianas, y han acuñado un término ridículo para denominar eso: «estanflación». Sus teorías ignoran el hecho de que el dinero puede funcionar sólo mientras represente bienes de verdad, y que cuando se llega a una cierta etapa al inflar la oferta monetaria, el Gobierno empieza a consumir el capital de inversión de una nación, lo cual hace que la producción sea imposible.

El valor total de los activos tangibles de Estados Unidos en el momento de redactar este escrito [1974] ha sido estimado —en términos de dólares de 1968— en 3.100 billones de dólares. Si el gasto del Gobierno continúa, esa increíble riqueza no te salvará. Puedes quedarte con todos los magníficos rascacielos, con las gigantescas fábricas, con las ricas tierras de cultivo..., pero sin combustible, sin electricidad, sin transporte, sin acero, sin papel, sin semillas para plantar la siguiente cosecha.

Si ese momento llega, el Gobierno declarará explícitamente la premisa sobre la cual ha estado actuando implícitamente: que su único «activo de capital» eres *tú*. Como tú ya no podrás trabajar más, el Gobierno asumirá el control y te obligará a trabajar, cayendo en una pendiente que irá bajando hasta llegar a la producción preindustrial. El único sustituto para la energía tecnológica es el trabajo muscular de esclavos. Ésa es la forma en que un colapso económico lleva a la dictadura, como ocurrió en Alemania y en Rusia. Y si alguien cree que la planificación gubernamental es una solución para los problemas de la supervivencia humana, que observe que, después de medio siglo de dictadura total, la Rusia soviética está mendigando trigo estadounidense y *know-how* industrial norteamericano.

A una dictadura le resultaría imposible regir este país en un futuro próximo. Lo que sí es posible es el caos ciego de una guerra civil.

En tiempos como éstos, cuando estamos enfrentando el colapso económico que se aproxima, ahora es cuando los intelectuales predican las nociones igualitarias. Cuando la reducción de los gastos gubernamentales es imperativa, ellos exigen más proyectos de bienestar público. Cuando la necesidad de hombres capaces para la producción es gravísima, ellos exigen más igualdad para los incompetentes. Cuando el país necesita la acumulación de capital, ellos demandan que se expolie a los ricos. Cuando el país necesita acumulación de capital, ellos exigen una «redistribución del ingreso». Exigen más puestos de trabajo y menos beneficios, más puestos de trabajo y menos fábricas, más puestos de trabajo y ningún combustible, ni petróleo, ni carbón, y ninguna «contaminación del medio ambiente»; pero, sobre todo, exigen más bienes gratis para más consumidores, independientemente de lo que ocurra con los puestos de trabajo, con las fábricas o con los productores.

Los resultados de su economía keynesiana están arruinando a todos los países industriales, pero ellos se niegan a cuestionar sus premisas básicas. Los ejemplos de la Rusia soviética, de la Alemania nazi, de la China comunista, del Chile marxista o de la Inglaterra socialista se multiplican a todo su alrededor, pero ellos se niegan a ver y a aprender. Hoy, la producción es la necesidad más urgente del mundo, y la amenaza de la inanición se está extendiendo por todo el globo; los intelectuales saben cuál es el único sistema económico que puede producir una abundancia ilimitada, y que lo ha hecho, pero ellos no lo toman en consideración y guardan silencio acerca de eso, como si nunca hubiera existido tal sistema. Es casi irrelevante culparlos por su inoperancia en la tarea de liderazgo intelectual: la pequeñez de su talla es contundente.

¿Hay esperanza para el futuro de este país? Sí, la hay. A este país le queda un activo: la inigualable capacidad productiva de su gente. Si esa capacidad es liberada, y en la medida en que lo sea, todavía podríamos tener la posibilidad de evitar un colapso. No podemos esperar alcanzar el ideal de la noche a la mañana, pero debemos como mínimo revelar su nombre. Debemos revelarle a este país el secreto que todos esos intelectuales presumidos (de cualquier denominación política, que claman por la franqueza y la verdad) hacen tanto esfuerzo por ocultar: debemos revelar que el nombre de ese sistema productivo milagroso es el *capitalismo*.

En cuanto a cosas tales como los impuestos y la reconstrucción de un país, diré que, en sus metas, si no en sus métodos, el mejor economista en *La rebelión de Atlas* es Ragnar Danneskjöld.

13

El estímulo y la respuesta

El estímulo

Hay ocasiones en las que un libro insignificante y sin valor alguno adquiere significado, como si fuera un pequeño trozo de papel de tornasol que expone el estado intelectual de una cultura. Un libro así es *Más allá de la libertad y la dignidad*, de Burrhus F. Skinner.

«Skinner es el más influyente de los psicólogos norteamericanos vivos...», dice la revista *Time* (20 de septiembre de 1971). «Skinner ha seguido siendo una figura altamente influyente entre los universitarios de Estados Unidos durante más de una década», dice *Newsweek* (20 de septiembre de 1971). «Burrhus Frederic Skinner es el psicólogo más influyente de la actualidad, y es el segundo psicólogo más importante de todos los tiempos, sólo después de Freud. Eso, al menos, es lo que piensan el 56 por ciento de los miembros de la Asociación Psicológica Norteamericana que fueron encuestados sobre el tema. Y debería ser razón suficiente para hacer del nuevo libro del doctor Skinner, *Más allá de la libertad y la dignidad*, uno de los acontecimientos más importantes de la psicología del siglo XX», dice *Science News* (7 de agosto de 1971).

Uno no puede evaluar la repercusión cultural de tales declaraciones hasta haber identificado la naturaleza de su objeto.

El propio libro es como la encarnación que hace Boris Karloff del monstruo de Frankenstein: un cadáver remendado con tuercas, pernos y tornillos sacados de la chatarrería de la filosofía (el pragmatismo, el darwinismo social, el positivismo, el análisis lingüístico, con algunos clavos de Hume, algunas tuercas de Russell y cola de pegar del *New York Post*). La voz del libro, como la de Karloff, es una emisión de gruñidos inarticulados y quejumbrosos dirigidos a un enemigo especial: «el Hombre Autónomo».

«Hombre Autónomo» es el término que usa el señor Skinner para denotar la consciencia del hombre en todos aquellos aspectos que la distinguen a nivel sensorial de la consciencia de un animal, a saber: razón, mente, valores, conceptos, pensamiento, juicio, volición, objetivos, memoria, independencia, autoestima... Esas cosas, afirma él, no existen; son una ilusión, un mito, una superstición «precientífica». Su término puede decirse que incluye todo lo que llamamos «el mundo interior del hombre», sólo que el señor Skinner nunca permitiría tal expresión; cuando tiene que referirse al mundo interior del hombre, siempre dice: «dentro de tu piel».

«Dentro de su piel», el hombre está completamente determinado por su entorno (y por su dotación genética, que ya estaba determinada por el entorno de sus antepasados), afirma el señor Skinner, y es totalmente maleable. Al controlar el entorno, los «tecnólogos conductistas» podrían —y deberían— controlar a los hombres totalmente, de pies a cabeza. Si las personas pudiesen ser convencidas de abandonar su autonomía individual y de unirse al señor Skinner, proclamando: «Al hombre *como* hombre le decimos encantados: "¡Adiós, muy buenas!"» (p. 201), los tecnólogos conductistas crearían una nueva especie y un mundo perfecto. Ésa es la tesis del libro.

Uno espera que una afirmación de ese tipo estuviera fundamentada en alguna demostración o en alguna indicación de los métodos que esos tecnólogos usarán para manipular a esos bípedos «no autónomos». Pero curiosamente, no hay ninguna indicación así en el libro. Puede que yo esté halagando al señor Skinner, pero se me ocurrió que a lo mejor *el libro en sí* tenía como meta ser una demostración de los métodos que él imagina.

Hay ciertas condiciones que el libro exige de sus lectores: a) estar con la mente desenfocada; b) leerlo muy por encima; c) dudar de uno mismo; d) adoptar la premisa, cuando uno se encuentra con disparates estrafalarios: «No lo entiendo, pero él debe de tener razones para decirlo».

Esas condiciones harán que el lector no se dé cuenta de los ingredientes esenciales del método epistemológico del libro, que son: 1) generar equívocos; 2) sustituir pruebas por metáforas y definiciones por ejemplos; 3) erigir y derribar hombres de paja; 4) mencionar una noción concreta como si fuera controvertida, presentar a continuación dos o tres páginas de trivialidades irrelevantes y, luego, volver a mencionarla, tratándola como si hubiera sido demostrada; 5) plantear preguntas válidas (para indicar que el autor es consciente de ellas) y, usando la misma técnica, dejarlas sin responder; 6) hablar demasiado y sobrecargar la consciencia del lector con debates superelaborados sobre trivialidades y, luego, meter de contrabando cosas esenciales sin someterlas a debate, como si fueran indiscutibles; 7) asumir un tono autoritario para enunciar absolutos dogmáticos, y cuanto más dudoso el absoluto, más autoritario el tono; 8) proporcionar un breve resumen al final de cada capítulo, un resumen que incluye, como si hubieran sido demostradas, nociones que no habían sido incluidas o que apenas habían sido mencionadas en el texto del capítulo.

Todo eso (y más) se hace en forma burda, grosera, obvia, lo cual deja un libro lleno de ambigüedades, con enormes cráteres de contradicciones, como un paisaje lunar, y tan insípidamente carente de vida.

En *La rebelión de Atlas*, expuse dos variantes del misticismo: los místicos del espíritu y los místicos del músculo: «[...] los que creen en consciencia sin existencia y los que creen en existencia sin consciencia. Ambos demandan la sumisión de tu mente, el uno a sus revelaciones, el otro a sus reflejos». Dije que sus objetivos son similares: «En materia, la esclavitud del cuerpo del hombre; en espíritu, la destrucción de su mente».

El señor Skinner es un místico del músculo, un místico del músculo tan extremo, tan completo y tan total que uno no podría usarlo en ficción: parece salir de unos dibujos animados.

Al principio de su libro, lo que él exige de sus lectores es *fe*: «En lo que sigue, los temas serán tratados "desde un punto de vista científico", pero eso no quiere decir que el lector necesite conocer los detalles de un análisis científico de la conducta. Una simple interpretación será suficiente [...]. Los ejemplos de conducta citados en las páginas siguientes no son presentados como "prueba" de la interpretación. La prueba hay que hallarla en el análisis básico. Los principios usados para interpretar los casos concretos tienen una plausibilidad de la que carecerían unos principios derivados totalmente de una observación casual» (pp. 22-23).

Eso significa que la prueba de la teoría del señor Skinner no está accesible para los legos, quienes deben aceptarla por fe, sustituyendo lógica por «plausibilidad»; si su «interpretación» suena a plausible, eso significa que él tiene razones válidas («no casuales») para exponerla. Y eso lo ofrece como epistemología *científica*.

(Hay que observar que las interpretaciones del «análisis científico de la conducta» del señor Skinner son rechazadas por una gran cantidad de expertos iniciados en sus misterios superiores, no sólo por psiquiatras y por psicólogos de diferentes escuelas, sino incluso por los propios conductistas que comparten su filosofía.)

Como protección contra la crítica, el señor Skinner recurre al chivo expiatorio típico de los místicos: el lenguaje. «El texto a menudo parecerá inconsistente. El inglés, como todos los idiomas, está lleno de términos precientíficos [...], pero los temas son importantes para quienes no son especialistas, y necesitan ser discutidos de una forma que no sea técnica» (pp. 23-24). Los místicos del espíritu acusan al lenguaje de ser «materialista»; el señor Skinner lo acusa de ser «mentalista». Ambos estiman que sus teorías son *inefables*, o sea, incomunicables a través del lenguaje.

Muchos psicólogos tienen envidia del prestigio —y de los logros— de las ciencias físicas, las cuales ellos no intentan emular, sino imitar. El señor Skinner es arquetípico en cuanto a eso: está apasionadamente decidido a ser aceptado como un «científico», y se queja de que sólo el «Hombre Autónomo» obstaculiza esa aceptación (lo cual, estoy segura, es cierto). El señor Skinner señala desdeñosamente que los hombres primitivos, que eran incapaces de ver la diferencia entre seres vivos y objetos inanimados, atribuyeron los movimientos de los objetos a dioses o a demonios conscientes, y también señala que la ciencia no pudo empezar hasta que esta creencia fue descartada. En nombre de la ciencia, el señor Skinner salta, desafiante, a la otra cara de la misma moneda básica: aceptando la creencia de que la consciencia es sobrenatural, él se niega a aceptar la existencia de la mente del hombre.

Toda conducta humana, afirma él, es producto de un proceso llamado «condicionamiento operante», y todas las funciones que le atribuimos al «Hombre Autónomo» son realizadas por un único agente, llamado «el reforzador». En vista de la omnipotencia atribuida a ese agente a lo largo de todo el libro, una definición habría sido muy útil, pero aquí esto es lo único que conseguimos: «Cuando un cierto comportamiento es seguido de un cierto tipo de consecuencia, lo más probable es que ocurra de nuevo, y una consecuencia que tiene ese efecto se llama reforzador. El alimento, por ejemplo, es un reforzador para un organismo hambriento; cualquier cosa que el organismo haga y que vaya seguida de recibir alimento es más probable que sea hecha de nuevo cada vez que el organismo tenga hambre [...]. Los reforzadores negativos se llaman aversivos, en el sentido de que son cosas de las que los organismos "se apartan"» (p. 27).

Si supones que eso implica que un «reforzador» es algo que causa placer o dolor, estarás equivocado porque, en la página107, el señor Skinner declara: «No hay ninguna conexión causal importante entre el efecto reforzador de un estímulo y las sensaciones a las que da origen [...]. Lo que se maximiza o se minimiza, o lo que es finalmente bueno o malo, son las cosas, no las sensaciones, y los hombres trabajan para conseguirlas o para evitarlas, no por la forma como se sientan, sino porque ellas son reforzadores positivos o negativos». Entonces ¿por qué medio o a través de qué proceso afectan esos «reforzadores» las acciones de un hombre? En todo el libro, no se da ninguna respuesta.

La única diferencia social entre «reforzadores» positivos y

negativos es el hecho de que los últimos provocan un «contraataque» o una rebelión, y los primeros no lo hacen. Ambos son medios para *controlar* la conducta humana. «El trabajo productivo, por ejemplo, fue una vez el resultado de un castigo: el esclavo trabajó para evitar las consecuencias de no trabajar. Los salarios ejemplifican un principio diferente: a una persona se le paga cuando se comporta en una manera específica, para que continúe comportándose de esa manera» (p. 32).

Desde esa muestra de paquete gato por liebre, de ignorar el contexto, y de definir por elementos no esenciales, el señor Skinner se desliza hacia la aseveración de que el trabajo esclavo y el pago de salarios son ambos «técnicas de control», y luego pasa al gigantesco equívoco que hay detrás de la mayoría de los otros que contiene su libro: que cada relación humana, cada caso de pacto recíproco entre los hombres es una forma de *control*. Tú estás «controlado» por el tendero de la esquina, porque si él no estuviera allí, tú irías a comprar a otro sitio. Estás controlado por la persona que te alaba (la alabanza es un «reforzador positivo») y por la persona que te critica (la crítica es un «reforzador aversivo»), etcétera, etcétera.

Aquí, el señor Skinner revive un antiguo proverbio en el sentido de que la volición es una ilusión, porque uno no es libre si uno tiene razones para sus acciones; y que la verdadera volición consiste en actuar por capricho, un capricho sin causa, incomprensible e inexplicable, ejercido en un vacío, libre de cualquier contacto con la realidad.

A partir de ahí, el siguiente paso del señor Skinner es sencillo: la libertad política, declara, necesita el uso de «reforzadores aversivos», o sea, de castigos por mala conducta. Ya que en cualquier caso no eres libre, sino que estás controlado por todo el mundo en todo momento, ¿por qué no dejas que los especialistas te controlen de una forma científica y diseñen para ti un mundo que consista únicamente en «reforzadores positivos»?

¿Qué clase de mundo sería ése? Ahí, el señor Skinner parece tener un «lapsus freudiano», y es sorprendentemente explícito: «Debería ser posible diseñar un mundo en el cual la conducta que probablemente habría que castigar ocurra rara vez, o nunca.

Intentamos diseñar ese mundo para aquéllos que no pueden solucionar el problema del castigo por sí mismos, como los bebés, los discapacitados o los psicópatas, y si eso pudiese hacerse para todo el mundo, mucho tiempo y mucha energía se ahorrarían» (p. 66).

«No hay razón», declara él, «por la cual debería impedirse el progreso hacia un mundo en el que las personas puedan ser automáticamente buenas» (p. 67). No, no hay ninguna razón en absoluto, siempre que estés dispuesto a verte como un bebé, un discapacitado o un psicópata.

«Dignidad» es el extraño término que elige el señor Skinner para designar lo que normalmente se llama «valor moral», y él acaba con ese concepto afirmando que consiste en ganarse la admiración de otras personas. A través de una mezcolanza peculiar de ejemplos, que incluyen un amor no correspondido, actos de heroísmo y logros científicos (o sea, *intelectuales*), el señor Skinner trata de convencernos de que: «[...] tenemos tendencia a admirar más la conducta cuanto menos la entendemos» (p. 53), y: «[...] la conducta que admiramos es la conducta que aún no podemos explicar» (p. 58). Es pura vanidad, afirma él, lo que hace que nuestros héroes se aferren a la «dignidad» y se resistan al análisis «científico», porque, una vez que sus logros son explicados, ellos ya no merecerán mayor admiración —ni mayor crédito— que cualquier otra persona.

Eso último es la médula, la esencia y el objetivo de su enrevesado argumento; el resto de su verborrea es sólo una fachada fortuita. Hay un cierto tipo de intensidad disimulada y subterránea en la aburrida prosa del señor Skinner cada vez que hace hincapié en el punto de que *a los hombres no se les debería dar crédito por sus virtudes o por sus logros*. La conducta de un genio creativo (esta expresión es mía, no del señor Skinner) está determinada por «contingencias reforzadoras», igual que lo está la conducta de un criminal, y ninguno de ellos puede evitarlo, y ninguno de ellos debería ser admirado o culpado por ello. A diferencia de otros deterministas modernos, el señor Skinner no está especialmente preocupado por eliminar la culpa, sino por eliminar el mérito.

Ese tipo de preocupación es casi evidente. Pero me sorprendió mucho que el señor Skinner incluyera el logro entre las raíces del *valor moral* (de la «dignidad»). Él y yo somos probablemente los dos únicos teóricos que entendemos —desde polos morales totalmente opuestos— cuántas cosas dependen de ese punto.

Razonablemente, uno esperaría que un determinista tan asiduo como el señor Skinner no se ocupara de cuestiones de moralidad; pero su abolición de la razón lo deja libre para no tener que preocuparse por contradicciones. *Más allá de la libertad y la dignidad* es un tratado normativo que prescribe las acciones que los hombres *deberían* realizar (aunque ellos no tengan volición) y los motivos y creencias que ellos *deberían* adoptar (aunque no existan tales cosas).

A partir de la observación casual de que «el carácter y las costumbres se refieren a las prácticas normales de un grupo» (pp. 112-113), el señor Skinner se desliza hacia la afirmación de que la moralidad es exclusivamente social, que los principios morales son inculcados a través de contingencias reforzadoras socialmente diseñadas «bajo las cuales una persona es inducida a comportarse para el bien de otros» (p. 112); luego se desliza hacia la noción, introducida solapadamente como un absoluto indiscutido, de que la moralidad es una conducta para el bien de otros; y luego hacia el siguiente pasaje notable, en las páginas 117 y 118:

> El valor o la validez de los reforzadores usados por otras personas y por agencias organizadas puede ser cuestionado: «¿Por qué debería yo buscar la admiración o evitar la censura de mis prójimos?»; «¿qué puede mi gobierno, o cualquier gobierno, realmente hacerme a mí?»; «¿puede una religión de hecho determinar si yo voy a ser eternamente condenado o salvado?»; «¿qué hay tan maravilloso sobre el dinero...?, ¿necesito todas las cosas que pueden comprarse con él?»; «¿por qué debería yo estudiar las cosas expuestas en un catálogo universitario?». En resumen: «¿Por qué debería yo comportarme "por el bien de otros"?».

Sí, vuelve a leer esa cita. Yo tuve que hacerlo para poder darme cuenta de lo que quiere decir el señor Skinner: quiere decir que formular tales preguntas constituye una violación del bien de otros, porque desafía los principios de conducta socialmente inculcados (de modo que incluso el querer ganar dinero o conseguir una educación universitaria representan no el propio bien de uno, sino el bien de los otros). Y, más ampliamente: todos los principios de acción a largo plazo, morales o prácticos, representan el bien de otros, porque todos los principios son un producto social.

Eso es sustentado por las afirmaciones que siguen inmediatamente después de la cita anterior: «Cuando el control ejercido por otros es de esa forma evadido o destruido, sólo quedan los reforzadores personales. El individuo recurre a la gratificación inmediata, posiblemente a través del sexo o de las drogas» (p. 118). Igual que el altruismo es el código moral primitivo de todos los místicos, sean del espíritu o del músculo, así también esa visión del interés propio de un individuo es su cliché primordial. Pero el señor Skinner añade algunas «explicaciones» epistemológicas que son suyas propias.

El hombre, afirma, no es consciente más que del momento inmediato: él no tiene capacidad para crear abstracciones, para actuar intencionadamente, para proyectar el futuro. «La conducta es moldeada y mantenida por sus consecuencias» (p. 18); y: «La conducta no puede en realidad ser afectada por algo que la siga, pero si una "consecuencia" es inmediata, entonces puede sobreponerse a la conducta» (p. 120). La evolución, afirma él, hizo el resto. «El proceso del condicionamiento operante supuestamente evolucionó cuando los organismos cuya sensibilidad resultaba más afectada por las consecuencias de su conducta fueron más capaces de adaptarse al entorno y sobrevivir» (p. 120). ¿Qué es esa «sensibilidad», y a través de qué órgano o de qué facultad opera? No hay respuesta a eso.

Alegando que los primeros descubrimientos del hombre (tales como el del fuego) fueron puramente accidentales (pp. 121-122), el señor Skinner concluye que otros hombres aprendieron, de alguna forma, a imitar esas prácticas fortuitas. «Una ventaja de ser un animal social es que uno no necesita descubrir las prácticas por sí mismo» (p. 122). En cuanto al alcance temporal de la consciencia del hombre, el señor Skinner afirma: «Probablemente uno no planta en la primavera simplemente porque luego cosecha en otoño. Plantar no sería adaptable o "razonable" si no hubiera conexión con una cosecha, pero uno planta en primavera debido a circunstancias más inmediatas, la mayoría de ellas reguladas por el entorno social» (p. 122). ¿Cómo surge eso de un entorno social constituido por hombres que son incapaces de pensar a largo plazo? No hay ninguna respuesta.

El fenómeno del lenguaje es un problema para un místico del músculo. El señor Skinner lo sortea semánticamente, llamándolo «conducta verbal». «La conducta verbal probablemente surgió bajo circunstancias que tenían que ver con interacciones sociales prácticas...» (p. 122). ¿Cómo? Ninguna respuesta. La «conducta verbal» es una manera de controlar a los hombres, porque las palabras, en cierta forma, están asociadas con «reforzadores» físicos. Para ser exactos, uno no puede usar la palabra «palabras» en el contexto del señor Skinner: son sonidos o marcas en un papel que adquieren un enlace asociativo con los omnipotentes «reforzadores» y que se adhieren a la piel de un hombre, formando «un repertorio de conducta verbal». Eso requeriría una increíble proeza de memorización. Pero el señor Skinner niega la existencia de la memoria; él la llama «almacenamiento», y afirma: «Las historias evolucionistas y ambientales cambian a un organismo, pero no están almacenadas dentro de él» (pp. 195-196). Su visión de la naturaleza del lenguaje, por consiguiente, es tan simple como las visiones de los que practican magia negra: los conjuros verbales tienen un poder místico para efectuar cambios físicos en un organismo vivo.

«La comunidad verbal» (o sea, la sociedad), afirma el señor Skinner, «es la fuente y la causa de la consciencia que tiene el hombre de sí mismo, y de la introspección». ¿Cómo? Esta vez sí que hay respuesta: «La comunidad verbal formula preguntas tales como: ¿qué hiciste ayer?, ¿qué estás haciendo ahora?, ¿qué vas a hacer mañana?, ¿por qué has hecho eso?, ¿de verdad quieres hacer eso?, ¿cómo te sientes en cuanto a eso? Las respuestas ayudan a las personas a adaptarse unas a otras. Y al ser formuladas tales preguntas, una persona se responde a sí misma y responde a su conducta de una forma especial llamada conocer o estar consciente. *Sin la ayuda de una comunidad verbal, toda conducta sería inconsciente. La consciencia es un producto social*» (p. 192; énfasis añadido). Pero, entonces, ¿cómo se les llegan a ocurrir tales preguntas a unos hombres que son incapaces de descubrir la introspección? No hay respuesta.

Aparentemente para apaciguar a los defensores del hombre, el señor Skinner ofrece lo siguiente: «Al transferir el control del Hombre Autónomo al entorno observable, no dejamos un organismo vacío. Siguen ocurriendo muchas cosas debajo de la piel, y, con el tiempo, la fisiología nos dirá más sobre eso» (p. 195). Eso significa: no, el hombre no está vacío, es un trozo macizo de carne.

Inexorablemente, como todos los místicos, el señor Skinner vuelve a un dualismo místico, a un equivalente de la división cuerpo-mente, que se torna una división cuerpo-cuerpos. En la versión del señor Skinner, no se trata de un conflicto entre Dios y el diablo, sino entre dos condicionantes del hombre: el entorno social y la dotación genética. El conflicto tiene lugar debajo de la piel del hombre, en forma de dos yoes. «Un *yo* es un repertorio de conductas apropiadas para un conjunto dado de circunstancias» (p. 199). El conflicto, por consiguiente, es entre dos repertorios. «El *yo* controlador (la consciencia o el superego) es de origen social, pero el *yo* controlado es más probablemente el producto de susceptibilidades genéticas al refuerzo (al "id" de Freud, o el Viejo Adán). El *yo* controlador generalmente representa los intereses de otros, el *yo* controlado representa los intereses del individuo» (p. 199).

¿Dónde hemos oído eso antes, y durante cuántos milenios «precientíficos»?

La voz del señor Skinner es alta y clara cuando afirma: «Ser para uno mismo es no ser casi nada» (p. 123). Como prueba, él invoca otra máxima antigua: la capacidad de la especie humana para transmitir conocimiento despoja al hombre de cualquier pretensión de individualidad (o de *logro* individual) porque el hombre tiene que empezar aprendiendo de otros. «Los grandes individualistas tantas veces citados para mostrar el valor de la libertad personal han debido sus éxitos a entornos sociales anteriores. El individualismo involuntario de un Robinson Crusoe y el individualismo voluntario de un Henry David Thoreau muestran deudas obvias para con la sociedad. Si Crusoe hubiera llegado a la isla como un bebé, y si Thoreau hubiera crecido sin ser cuidado a orillas de la laguna Walden, sus historias habrían sido diferentes. Todos debemos empezar como bebés, y ningún grado de autodeterminación, de autosuficiencia o de confianza en nosotros mismos nos hará individuos en ningún otro sentido que no sea como miembros individuales de la especie humana» (pp. 123-124).

Eso significa: todos empezamos como bebés y permanecemos en ese estado; puesto que un bebé no es autosuficiente, tampoco lo es un adulto; nada ha ocurrido entre un momento y el otro. Observa además el mismo método de montar un hombre de paja que fue usado con la volición: sacándolo fuera de la realidad. Por ejemplo, para poder ser un individuo, Thomas A. Edison habría tenido que aparecer en la selva por partenogénesis, como un bebé sin padres humanos, y luego habría tenido que redescubrir, por sí mismo, el camino entero de la ciencia de la física, desde el fuego primitivo hasta la bombilla eléctrica. Puesto que nadie ha hecho eso, el individualismo no existe.

Partiendo de un fundamento de ese tipo, el señor Skinner procede a buscar «justicia o imparcialidad», o un «equilibrio razonable» en el «intercambio entre el individuo y su entorno social» (p. 124). Pero, anuncia él, tales preguntas «no pueden ser respondidas simplemente señalando lo que es personalmente bueno para uno mismo o lo que es bueno para los demás. Hay otro tipo de valor del cual debemos ocuparnos ahora» (p. 125).

Ahora llegamos al desenlace.

Un código místico de moralidad que exige el autosacrificio no puede ser promulgado o difundido sin un gobernante supremo que resulte ser el recaudador de esos sacrificios. Tradicionalmente, ha habido dos tipos de recaudadores de ese tipo: o Dios o la sociedad. El recaudador tenía que ser inaccesible para la humanidad en general, y su autoridad tenía que ser revelada sólo a través de una élite de intermediarios especiales, llamados de diversas formas: sumos sacerdotes, comisarios, *Gauleiters* [líderes de zona del partido nazi], etcétera. El señor Skinner sigue el mismo patrón, pero tiene un nuevo recaudador y gobernante supremo que enaltecer: *la cultura*.

Una cultura, explica él, son «las costumbres, las *conductas* normales de la gente» (p. 127). «Una cultura, como una especie, es seleccionada por su adaptación a un entorno: en la medida en que esa cultura ayuda a sus miembros a conseguir lo que necesitan y a evitar lo que es peligroso, les ayuda a sobrevivir y a transmitir la cultura. Los dos tipos de evolución están estrechamente entrelazados. Las mismas personas transmiten a la vez una cultura y una dotación genética, pero de formas muy diferentes y para diferentes partes de sus vidas» (p. 129). «Una cultura no es el producto de una "mente grupal" creativa ni la expresión de una "voluntad general" [...]. Una cultura evoluciona cuando nuevas prácticas promueven la supervivencia de aquéllos que las practican» (pp. 133-134). Así que le debemos nuestra supervivencia a la cultura. Por lo tanto, anuncia el señor Skinner, a los dos valores discutidos —el bien personal y el bien de otros— «debemos ahora añadirle un tercero, el bien de la cultura» (p. 134).

¿Qué es el bien de una cultura? La *supervivencia*. ¿La supervivencia de quién? La suya propia. Una cultura es un fin en sí misma. «Cuando ha quedado claro que una cultura puede sobrevivir o perecer, algunos de sus miembros pueden comenzar a actuar para promover su supervivencia» (p. 134). ¿Qué miembros? ¿Por qué medios son ellos capaces de entender un objetivo como ése? No hay respuesta.

El señor Skinner hace hincapié reiteradamente en que la supervivencia de una cultura es un valor diferente de (y superior a) la supervivencia de sus miembros, de uno mismo o de los otros; es un valor por el cual uno debe vivir y morir. ¿Por qué? El señor Skinner es repentinamente explícito: «Nada de esto explicará lo que podríamos llamar una pura preocupación por la supervivencia de una cultura, pero realmente no necesitamos una explicación... El hecho obvio es que una cultura que *por alguna razón* les induce a sus miembros a trabajar por la supervivencia de esa cultura, o por la supervivencia de algunas de sus prácticas, tiene mayores probabilidades de sobrevivir. La supervivencia es el único valor según el cual una cultura ha de ser finalmente juzgada, y cualquier práctica que fomente la supervivencia tiene un valor para esa supervivencia, por definición» (p. 136). ¿La supervivencia *de quién*? No hay respuesta. El señor Skinner deja que el tema quede pendiente de un equívoco de ese tipo.

Si la supervivencia «es el único valor según el cual una cultura ha de ser finalmente juzgada», entonces la cultura nazi, que duró doce años, tuvo un cierto grado de valor; la cultura soviética, que ha durado cincuenta y cinco años, tiene un valor mayor; la cultura feudal de la Edad Media, que duró cinco siglos, tuvo un valor mayor aún; pero el valor más alto de todos debe otorgarse a la cultura del antiguo Egipto, la cual, sin variaciones ni movimientos de ninguna clase, duró *inalterada* durante treinta siglos.

Una «cultura», en términos del propio señor Skinner, no es una cosa ni una idea, y ni siquiera son las personas, sino que es una colección de *prácticas*; es una «conducta», una conducta incorpórea que está por encima de los que tienen esa conducta; o sea, es una forma de actuar a la cual los que actúan deben ser sacrificados. Eso es *misticismo* de un tipo que hace a Dios o a la sociedad parecer gobernantes razonables y realistas en comparación. Es también *conservadurismo* de un estilo metafísico, que hace que el conservadurismo político parezca inocuamente infantil. Exige que vivamos, trabajemos y muramos no por nosotros mismos o por otros, sino para el objetivo de conservar y transmitir a las generaciones aún no nacidas, y a perpetuidad, la forma de vestirnos, la forma de viajar en metro, la forma de emborracharnos, la forma de lidiar con el béisbol o con la religión o con la economía, etcétera.

De esa forma, el señor Skinner, el archimaterialista, acaba como un adorador del movimiento incorpóreo; y el archirrevolucionario, como un guardián del *statu quo*, de *cualquier statu quo*.

Para poder ser inducidas a sacrificarse por el bien de la cultura, a las víctimas les han prometido «ventajas diferidas» (diferidas *indefinidamente*). «Pero ¿cuál es la respuesta de un sistema económico a la pregunta: "¿Por qué debería yo preocuparme por la supervivencia de un tipo concreto de sistema económico?". La única respuesta honesta a ese tipo de pregunta parece ser ésta: "No hay ninguna buena razón por la que tú deberías preocuparte, pero si tu cultura no te ha convencido de que la hay, ella se lo pierde"» (p. 137). Eso significa: para poder sobrevivir, una cultura debe convencer a sus miembros de que hay una buena razón para estar interesado en la supervivencia de esa cultura, aunque no haya ninguna razón.

Eso es un tipo de *darwinismo social* con el que Herbert Spencer no habría soñado. El ejemplo más próximo a un caso práctico fue Adolf Hitler, que «reforzó» a sus seguidores exigiendo sacrificios por la supervivencia de la *Kultur* alemana.

Pero el señor Skinner tiene visiones de una escala más grandiosa. Él aboga por «una cultura única para toda la humanidad», la cual, admite, es difícil de explicarles a las víctimas sacrificables. «Nosotros podemos señalar, sin embargo, muchas razones por las cuales la gente debería preocuparse por el bien de toda la humanidad. Los grandes problemas del mundo de hoy son todos globales [...]. Pero señalar las consecuencias no es suficiente. Nosotros [¿quiénes?] debemos planificar las contingencias bajo las cuales las consecuencias tienen un efecto» (pp. 137-138). Ese «planificador de contingencias» ha de ser un único Estado totalitario mundial, que sirva a la supervivencia de una cultura única y gobierne cada célula del cerebro de cada hombre y cada momento de su vida.

¿Cuáles son los «grandes problemas» que ese Estado solucionaría? ¿Cuáles son las «posibilidades aterradoras» de las cuales debemos ser salvados... al precio de abandonar nuestra libertad, nuestra dignidad, nuestra razón, nuestra mente, nuestros valores y nuestra autoestima? El señor Skinner contesta: «La superpoblación, el agotamiento de recursos, la contaminación del medio ambiente y la posibilidad de un holocausto nuclear; ésas son las consecuencias no tan remotas de los presentes cursos de acción» (p. 138).

Si un rayo cayera en el monte Sinaí y Moisés apareciera en la cima de la montaña llevando las sagradas tablas de la ley e imponiendo silencio a la multitud desorientada, asustada y desesperada allá abajo, para poder leer una revelación de sabiduría divina, y leyera un editorial de cualquier periódico sensacionalista de tercera categoría..., el efecto dramático, intelectual y moral sería muy parecido (excepto que Moisés era menos pretencioso).

El libro del señor Skinner se derrumba en sus capítulos finales. La «conducta verbal» del autor se vuelve tan errática que parece como si él hubiera perdido todo interés en su tema. Enredado en contradicciones, equívocos y numerosos *non sequitur*, él parece ir cansado, en círculos, dando tumbos, agarrando cualquier racionalización al azar, no para defender su tesis, sino para atacar a sus críticos, arrojando débiles y pequeñitos dardos, proyectando un extraño tipo de malicia trillada, letárgica, superficial, casi una «malicia-reflejo». Parece un hombre llenando páginas vacías con algo, con cualquier cosa, para poder burlar el peso acumulado de preguntas sin responder..., o un hombre al que le molesta ser cuestionado.

¿Quiénes serán los «diseñadores» de la cultura global que él propone, y los gobernantes de la humanidad? Él responde de modo inequívoco: los «tecnólogos de la conducta». ¿Qué los cualifica para un trabajo así? Ellos son «científicos». ¿Qué es la ciencia? En todo el libro, no se ofrece ninguna definición de eso, como si el término fuera algo obvio, un fundamento primario místicamente santificado.

Dado que el hombre, según el señor Skinner, es biológicamente incapaz de proyectar un período mayor de tres meses —desde la siembra en primavera hasta la cosecha en otoño—, ¿de qué forma van a ser capaces esos tecnólogos de ver el curso y planificar el futuro de una cultura global? No hay respuesta. ¿Qué tipo de hombres son? Lo más que se acerca a una respuesta es: «Quienes han sido inducidos por su cultura a actuar para promover su supervivencia...» (p. 180).

Es inútil preguntar con qué medios y a través de qué agencias la cultura (o sea, la *conducta*) de criaturas cabeza de chorlito puede lograr tal hazaña, porque aquí obviamente estamos lidiando con una exigencia estándar del misticismo: el señor Skinner está estableciendo una oportunidad para que el sumo sacerdocio «oiga voces», no la voz de Dios o del pueblo, sino la voz de la cultura *induciéndoles* a actuar. Pero la cultura «induce» a un gran número de personas a diferentes cursos de acción, incluyendo a la gente que pinta profecías de destrucción en las rocas al lado de la carretera. ¿Qué van a hacer los diseñadores de la cultura (y qué vamos a hacer el resto de nosotros) para saber que la suya es la verdadera voz de la cultura? No hay respuesta. Uno debe suponer que ellos *sienten* que lo es.

Ahora llegamos al clímax del equívoco básico del libro. El señor Skinner no para de poner énfasis en que la humanidad necesita «más controles, no menos»; en un pasaje polémico, él cita a sus críticos cuando preguntan: «¿Quién ha de controlar?»; y él, en la página 169, les responde así:

> La relación entre el controlador y el controlado es recíproca. El científico en el laboratorio, que está estudiando la conducta de una paloma, diseña las contingencias y observa sus efectos. Su aparato ejerce un control conspicuo sobre la paloma, pero no debemos pasar por alto el control ejercido por la paloma. La conducta de la paloma ha determinado el diseño del aparato y los procedimientos con los que se usa. Algún control recíproco es característico de todas las ciencias... [Aquí omito una frase que es un uso inescrupuloso de una declaración famosa.] El científico que diseña un ciclotrón está bajo el control de las partículas que está estudiando. La conducta con la cual un padre controla a su hijo, sea aversivamente o a través de un refuerzo positivo, está moldeada y mantenida por las respuestas del niño. Un psicoterapeuta cambia la conducta de su paciente en modos que han sido moldeados y mantenidos por su éxito al cambiar esa conducta. Un gobierno o una religión prescriben e imponen sanciones escogidas por su efectividad para controlar al ciudadano o al comulgante. Un patrón induce a sus empleados a trabajar industriosa y cuidadosamente con sistemas de salarios determinados por sus efectos sobre la conducta. Las prácticas que el maestro usa en la escuela son moldeadas y mantenidas por los efectos sobre sus estudiantes. En un sentido muy real, entonces, el esclavo controla al capataz, el niño al padre, el paciente al terapeuta, el ciuda-

dano al Gobierno, el comulgante al sacerdote, el empleado al patrono, y el estudiante al maestro.

A todo eso añadiré sólo un ejemplo más: la víctima controla al torturador, porque si la víctima grita con una voz muy alta ante un método concreto de tortura, ése será el método que el torturador seleccionará para usar.

La cita anterior es suficiente para transmitir el nivel intelectual del libro, la lógica de sus argumentos y la validez de su tesis.

Hasta donde uno puede juzgar el objetivo del libro, el establecimiento de una dictadura no parece ser la ambición *personal* del señor Skinner. Si lo fuera, él habría sido mucho más listo en su enfoque. Sus objetivos parecen ser: 1) despejar el camino hacia una dictadura por medio de la eliminación de sus enemigos; y 2) ver hasta qué punto él puede impunemente salirse con la suya.

La fuerza motriz del libro es el odio hacia la mente y la virtud del hombre (con todo lo que ellas implican: la razón, el logro, la independencia, el disfrute, el orgullo moral, la autoestima), un odio tan intenso y tan destructor que se consume a sí mismo, y lo que leemos son sólo sus grises cenizas, siendo las obscenidades débiles y burlonas (como el título) las pocas últimas brasas humeantes y malolientes. Destruir al «Hombre Autónomo» —pegarle, golpearlo, apuñalarlo y, si todo lo demás falla, escupirle— es el objetivo aparente del libro, y son precisamente las consecuencias *culturales* a largo plazo las que parecen importarle un bledo al autor.

Los pasajes que tratan sobre el Estado Global son tan confusos, incoherentes y difusos, que no parecen ya un plan, sino una fantasía, el tipo de fantasía que el señor Skinner, por lo visto, encuentra «reforzadora». Aunque él sigue sin ser nada original incluso en su fantasía: tomando prestada la noción de Platón de un filósofo-rey, el señor Skinner se imagina un mundo regido por un psicólogo-rey, en unas condiciones que parecen como si un manipulador de poca monta se sintiera tentado por la imagen de un pez gordo.

Si sólo aboliéramos al «Hombre Autónomo» —declara el señor Skinner con un cierto anhelo gruñón—, entonces podríamos ir «de lo milagroso a lo natural, *de lo inaccesible a lo manipulable*» (p. 201; énfasis añadido). Ése, afirmo yo, es el secreto que hay detrás del libro..., y detrás de la respuesta de los intelectuales modernos a él (la cual trato a continuación).

En *Los miserables*, al describir el desarrollo de un joven independiente, Victor Hugo escribió: «[...] y él bendice a Dios por haberle dado esos dos dones de los que muchos ricos carecen: trabajo, que le da libertad, y pensamiento, que le da dignidad».

Dudo que B. F. Skinner leyera jamás o pudiera leer a Victor Hugo —no tendría ni idea de qué va—, pero no es una mera coincidencia lo que le hizo escoger el título de su libro. Victor Hugo sabía las dos cosas esenciales que la vida del hombre requiere. B. F. Skinner sabe las dos cosas esenciales que han de ser destruidas si el hombre como hombre ha de ser destruido.

La respuesta

«La atención prodigada en Harvard al psicólogo B. F. Skinner y a su nuevo libro ha sido nada menos que notable», dice *The New York Times Book Review* (24 de octubre de 1971), en un espacio especial en primera plana. Después de citar una larga lista de entrevistas de prensa y de apariciones en televisión del señor Skinner, el artículo continúa: «La Asociación Psicológica Norteamericana le entregó su premio anual en septiembre y lo aclamó como "un pionero en investigación psicológica, un líder en teoría y un maestro en tecnología que ha revolucionado el estudio de la conducta en nuestra época. Un académico superlativo, un científico, un maestro y un escritor».

Querido lector: por favor, ten presente en tu mente lo que he escrito hasta ahora sobre el libro *Más allá de la libertad y la dignidad*, si quieres confirmar la precisión de lo que digo, mientras lees el resto de este ensayo.

Ten en cuenta el hecho de que el homenaje mencionado le fue dado a un teórico cuya teoría consiste en proclamar que el hombre es un autómata sin mente, a un tecnólogo cuya tecnología consiste en instar a la gente a aceptar un control totalitario, a un académico que sustituye el conocimiento de la filosofía por los más antiguos cuentos de hadas, a un científico que comete el tipo de falacias lógicas por las cuales un estudiante de primero sería suspendido.

Sería injusto suponer que ese homenaje representa el nivel intelectual de toda la profesión psicológica. Obviamente no lo es, y todos sabemos que tales homenajes (o resoluciones, o protestas) son un engaño tramado por una camarilla concreta para influenciar a una mayoría ocupada, confusa e indiferente. Pero ¿qué es peor: una profesión que realmente acepta ese homenaje o una profesión que no lo hace pero acepta que ese tipo de cosa sea declarada en su nombre? Creo que lo segundo es peor. Los manipuladores, como la camarilla del señor Skinner, no buscan persuadir, sino engañar a la gente con algo. El hecho de que el señor Skinner consiguiera salirse con la suya con el mero título del libro (por no hablar de su tesis) muestra que el campo cultural está vacío, que no puede esperarse ninguna oposición seria, y que todo vale.

Para ser exactos, yo diría que no absolutamente *todo* vale, y aún no del todo, pero la prognosis cultural es bastante desoladora. El globo sonda del señor Skinner ha sido pinchado por muchas personas diferentes, incluso por algunos tiradores certeros, pero si él estudia los fragmentos se dará cuenta de que sólo usaron perdigones. El libro no se merece una munición de más calibre; su tesis sí.

Con unas pocas excepciones, los superlativos que aclaman la importancia del libro partieron de agentes o escritores publicitarios, no de críticos. La mayoría de las críticas fueron mixtas o negativas. En conjunto, ellas transmitieron una sensación extraña, no la violencia de una tormenta, sino la tristeza de una constante llovizna, como si unos hombres exhaustos fueran todavía incapaces de aceptar la maldad que tan descaradamente se les presentaba para ser valorada, pero incapaces de saber por qué, sus razones olvidadas hace mucho tiempo, movidos por algún resto de decencia como por un lejano eco de un pasado muy distante. Lo que se habría merecido un grito de indignación fue recibido con un suspiro.

Las dos mejores críticas —o sea, las totalmente desfavorables— aparecen en *The New Republic* y *The New York Review of Books*. Las restantes atacan al señor Skinner, pero aceptan sus argumentos. Lo aceptan como un representante de la razón y de la ciencia, y aprovechan la ocasión para condenar a la razón y a la ciencia.

La crítica en *The New Republic* (16 de octubre de 1971) es sosegadamente firme y civilizada. Su blanco principal es la visión que el señor Skinner —y el conductismo— tiene del hombre, que es descrita como «psicología sin una psique». He aquí un ejemplo de su enfoque: el argumento del señor Skinner «es así: la física solía atribuir características humanas a los objetos físicos (como la de estar cada vez más contentos al acercarse a sus lugares naturales); sólo cuando dejó de hacerlo fue cuando empezó el progreso científico. ¿No se seguiría el progreso científico en psicología si pudiésemos dejar de atribuirles características humanas a los seres humanos? Él, naturalmente, no lo dice exactamente en esos términos, pero ése es, en su estructura esencial, el quid de la cuestión». He aquí un ejemplo de su evaluación de otros aspectos: «[...] la argumentación es a menudo poco rigurosa; la sensibilidad es a menudo culturalmente pobre; el lenguaje es a menudo excéntrico». Como un aparente rechazo a la expresión del señor Skinner «dentro de la piel del hombre», dicen: «Y algo dentro de mi cráneo está reacio a aceptar el mundo tan simple y no problemático que el señor Skinner ofrece, no sólo porque no le gusta, sino porque cree que está totalmente equivocado para las personas cuyos cráneos contienen un aparato de similar complejidad». En todas las críticas que leí, ése es el único pasaje que defiende la *inteligencia*.

Un cauteloso articulito en *Saturday Review* (9 de octubre de 1971) alaba el libro por lo siguiente: «En primer lugar, el doctor Skinner presta admirable atención a los problemas sociales [...]. Su dura crítica del castigo por considerarlo generalmente ineficaz para controlar es relevante para las urgentes cuestiones sobre las prisiones». En el contexto de los profundos fundamentos filosóficos que el señor Skinner desafía, ese tipo de comentario no puede ni siquiera ser clasificado como periodístico o de corto alcance: su alcance es de una fracción de segundo. Después de lo cual, el crítico procede amablemente a culpar al señor Skinner por su «lascivia que tiende a cosificarlo todo». Eso, se queja el crítico, destruye el «misterio del hombre». Por lo tanto, concluye él de forma apaciguadora: «Otro sueño de la razón ha acabado en la pesadilla de un eminente psicólogo, en este caso quizá el más influyente de los psicólogos norteamericanos vivos. Pero ¿era un buen sueño, para empezar? ¿Era incluso un sueño especialmente racional? [Es decir: ¿es racional usar la razón?] Todos conocemos los devastadores resultados de obedecer el viejo imperativo de controlar y doblegar la naturaleza exterior al hombre, de adoptar la máxima del antepasado espiritual del señor Skinner, Francis Bacon: "Conocimiento es poder". ¿Estamos a punto de intentar el mismo experimento con el "hombre manipulable?"». Eso quiere decir que el señor Skinner es un hombre racional y un gran científico, cuya teoría nos conduciría a triunfos tan brillantes como los logrados por las ciencias físicas, pero que no debemos ponerla a prueba. El crítico concluye suavemente: «Así que sólo si los puntos de vista de ese libro son en su mayor parte rechazados, entonces tendrá realmente un buen efecto sobre el entorno social». (Supongo que está hablando de la reforma de las prisiones.) Ese tipo de insulto tan hipócrita es injusto contra cualquier libro, incluso contra el del señor Skinner.

La crítica en *Psychotherapy & Social Science Review* (enero de 1972) es de un calibre muy superior. Demuele muchos aspectos de las nociones del señor Skinner, de forma competente y eficaz; y luego se demuele a sí misma con los siguientes comentarios sobre su propio punto de vista: «Pero lo que en términos individuales puede ser una lucha entre el narcisismo y el objeto del amor, entre la indulgencia para con uno mismo y el amor por otros, en términos de sociedad se convierte en una lucha entre anarquía y control excesivo. Es difícil saber cuál debería ser el remedio». El crítico menciona «las vicisitudes del superego personal y social» y «la evidencia que lentamente se va acumulando de que el hombre siempre tendrá que luchar contra su naturaleza dual y decisiva» (que consiste en la capacidad de pensar y de sentir). Concluye: «Pero buscar el último camino, tratar de convertir un instinto puro en una razón pura, es desafiar abiertamente la naturaleza ambivalente del hombre». (Eso significa que el señor Skinner es un defensor o un representante de la razón pura.) Y: «Quizá para poder encarar esos dilemas irresolubles y esas dolorosas paradojas sin recurrir a la impotencia o a la grandiosidad, finalmente puede que a fin de cuentas merezca el nombre de dignidad». El conductismo declara, a través del señor Skinner: «Yo puedo resolver cualquier cosa (de alguna manera)»; y la psicología freudiana, su principal escuela rival, aconseja: «Resígnate con los dilemas irresolubles». Ante esta disyuntiva, el conductismo triunfará.

La crítica de *The Atlantic* (octubre de 1971) es una mezcla peculiar. El crítico condena (correctamente) al señor Skinner por su «amor al poder sobre otros». Ataca al señor Skinner en un asunto crucial: la destrucción del lenguaje y, por consiguiente, del juicio. Pero veamos la siguiente afirmación: «Seamos claros: no es hacia la sublime estupidez del misticismo [?] hacia donde el idealismo del señor Skinner [?] va encaminado. Está bastante más cerca de las sociedades de *1984* y de su Nuevo Lenguaje: la atrofia de la consciencia a través de la decadencia del lenguaje». En su mejor párrafo, el crítico indica que «el propio evangelio del determinismo ambiental del señor Skinner es una de las amenazas más serias concebibles para la supervivencia humana. Al erosionar el sentido de responsabilidad, le da luz verde a la gente para traspasar la culpa de ellos mismos al "sistema". Ofrece una exoneración universal por atrocidad tras atrocidad, o por condescendencia tras condescendencia. Actúa para *aumentar* la cantidad de maldad en el mundo». Eso es eminentemente verdad. Pero unos cuantos párrafos antes, el crítico dijo: «El determinismo puede ser verdadero, falso o las dos cosas. Pero, sea lo que sea, si es usado como el señor Skinner lo usa, la condena de la vida consciente ha sido anunciada». ¿De qué otra manera puede el determinismo «ser usado»? Si un hombre no puede evitar lo que hace, ¿cómo puede ser considerado responsable por ello? Y si una idea determinada pudiese ser «verdadera, falsa o las dos cosas» (al mismo tiempo y en el mismo sentido), ¿qué clase de vida consciente sería posible?

El misterio de la posición de ese crítico queda resuelto en su último párrafo: «Skinner cree que podemos sobrevivir sólo si permitimos una simplificación gigantesca de la vida. Con eso él quiere decir —debe realmente querer decir— la atrofia de la consciencia. Él no cree que las personas introspectivas, complejas, que dudan de sí mismas, que se autoatormentan, que se lo perdonan todo, las disidentes, las excesivamente prolijas en palabrería, sean *eficientes*. Él puede organizar las cosas, está seguro de eso, para que haya menos personas como ésas. ¿No ve acaso que sólo las gallinas estúpidas ponen huevos de oro?». Eso significa: el señor Skinner representa la razón, el orden y la eficiencia; pero las almas que se dejan llevar por sus emociones, las que están llenas de contradicciones, las que se autodeclaran estúpidas y descuidadas..., ésas son las almas que le dan valor o significado a la vida.

La crítica en *The New Leader* (10 de enero de 1972) es más burda y más transparente. Declara: «"El hombre razonable", dijo Shaw, "intenta adaptarse él mismo al mundo" (ciertamente, ése es el enfoque conductista), "el irrazonable insiste en tratar de adaptar el mundo a él mismo. Por consiguiente, todo progreso depende del hombre irrazonable"». También: «El conductismo sigue siendo, gracias a Dios, una ciencia, no una tecnología». También: «La historia, no menos que los experimentos conductistas, demuestra que el hombre es congénitamente egoísta. La manipulación de la humanidad es inaceptable, no porque el hombre sea un ser noble, sino precisamente porque no lo es. Los poderosos siempre han usado ese poder para lograr sus propios fines, y no hay razón para suponer que sus preocupaciones egoístas disminuirán». (Eso significa, debe suponerse, que el control totalitario y la manipulación de seres nobles y desprendidos por otros seres nobles y desprendidos sería correcto.)

Luego tenemos un montón de críticos sin importancia que se hacen eco de sentimientos similares, o de ningún sentimiento en absoluto, haciendo objeciones insustanciales, llevando cuidado de no entender lo que dice el libro, y sin comprometerse a nada. Hay un artículo increíble en *Science News* (7 de agosto de 1971) que parece haber sido escrito por un adolescente y que hace una declaración impresionante. El nuevo libro del señor Skinner, anuncia, puede ser uno de los más importantes del siglo: «No sólo porque representa el resumen del enfoque de los psicólogos conductistas de Harvard a la psicología, sino porque trasciende a la psicología y entra en la filosofía. Y porque la filosofía del doctor Skinner probablemente será ofensiva para un gran número de personas». Por si fuera poco, ese experto en concreto declara que «el doctor Skinner presenta sus argumentos de forma lógica y racional...».

Después de una colección de artículos de ese tipo, es un alivio leer en *The New York Review of Books* (30 de diciembre de 1971) el ensayo titulado «El caso contra B. F. Skinner». Ese ensayo no es ni apologético ni sentimental. Es brillante y enérgico. Es un trabajo de demolición. Lo que está demoliendo son las pretensiones científicas del señor Skinner y, en esa medida, es una defensa de la ciencia.

«Las especulaciones del señor Skinner carecen de contenido científico y ni siquiera sugieren en rasgos generales una posible ciencia de la conducta humana.» En cuanto a lo que alega el señor Skinner, dice: «Sus alegaciones [...] deben ser evaluadas de acuerdo con la evidencia que es presentada. De hecho, la cuestión de la evidencia es irrelevante, puesto que, si las analizas, las alegaciones se disuelven en trivialidades o en incoherencias».

El crítico usa uno de los mejores métodos para lidiar con una teoría falsa: la toma al pie de la letra. «Si la tesis del señor Skinner es falsa, entonces da igual que haya escrito el libro, o que nosotros lo leamos. Pero si su tesis es verdadera, entonces también da igual que haya escrito el libro, o que nosotros lo leamos. Pues la única conclusión podría ser que modificáramos nuestra conducta, y la conducta, según esa tesis, está totalmente controlada por el apaño de los reforzadores. Por lo tanto, la lectura del libro sólo puede modificar la conducta si es una reforzadora, o sea, si leer el libro va a aumentar la probabilidad de la conducta que indujo a leer el libro (asumiendo un estado apropiado de carencia). Al llegar a este punto, parecemos haber entrado en un galimatías.»

Hay muchos otros pasajes notables en esa crítica. Pero su autor es Noam Chomsky, quien filosóficamente es un lingüista cartesiano que aboga por una teoría según la cual los procesos mentales del hombre son determinados por ideas innatas (y quien, políticamente, pertenece a la Nueva Izquierda).

Discutiré brevemente las dos críticas significativas que aparecieron en *The New York Times*. Pero el cuadro de nuestra devastación cultural es evidente. No hay defensores de la *razón*, no los hay en el país que fue creado no por un accidente histórico, sino por un designio filosófico. No hay defensores de la *libertad* en el que una vez fue el único sistema social moral del planeta. No hay defensores de la *mente* del hombre en la mayor civilización científica y tecnológica del mundo. Lo único que queda es una batalla entre los místicos del espíritu y los místicos del músculo: entre los hombres guiados por sus *emociones* y los hombres guiados por sus *reflejos*.

Somos pasajeros de un avión volando a una enorme velocidad. Uno de estos días descubriremos que la cabina del piloto está vacía.

Los periódicos no crean una cultura, son el producto de ella. Ellos son las correas transmisoras que llevan las ideas desde las universidades hasta el público en general. *The New York Times* es uno de los periódicos más influyentes en este país, y un buen indicador de nuestras tendencias culturales. Publicó dos críticas del libro del señor Skinner, y esas críticas, de distintas maneras, son las más reprensibles del lote.

«No hay ninguna contradicción en atribuirle una profunda importancia al nuevo libro de B. F. Skinner, *Más allá de la libertad y la dignidad*. Si tienes planes de leer un solo libro este año, ése es probablemente el que deberías elegir.» Así empieza la crítica en el diario *Times* (22 de septiembre de 1971), la única crítica esencialmente favorable que he encontrado.

«El mensaje del doctor Skinner es difícil de aceptar», afirma el crítico, pero advierte que «no puede ser descartado tan frívolamente...». Luego, sin evasivas protectoras, resume con precisión los brutales puntos esenciales de la tesis del señor Skinner, y declara: «Todos ellos son *lógicamente incontestables*...» (énfasis añadido). Tratando, aparentemente, de oponerse a la tesis, él afirma que «uno intenta revisar las críticas tradicionales del conductismo. Pero incluso ahí, el señor Skinner no es tan vulnerable como parecía un tiempo atrás; pues confronta a sus muchos críticos con contrargumentos muy efectivos [...]. Para quienes dicen que su programa es totalitario, él responde que "la relación entre el controlador y el controlado es recíproca"». Eso se refiere al pasaje de la página 169 del libro del señor Skinner que cité anteriormente. Por favor, léelo para poder juzgar si eso es un «contrargumento efectivo».

«No, ninguna de las objeciones familiares al conductismo será suficiente para demoler *Más allá de la libertad y la dignidad*», suspira el crítico, «el libro sigue siendo lógicamente sostenible. A mí no me gusta, lo cual quiere decir que a mí no me refuerza en la forma a la que estoy acostumbrado». Hacer una concesión de ese tipo es confesar que uno no tiene ninguna base para sus propias convicciones, y que uno no es consciente de sus propios procesos mentales. A esa concesión la sigue una extraña declaración: «Pero, por el momento, la única réplica que se me ocurre es la concebida por "el hombre del subsuelo", de Dostoievski, la de "deliberadamente volverse loco para demostrar" que no toda conducta puede ser prevista o controlada. Pero tal réplica no sería de mucha utilidad para mí o para la cultura [...]. Así es que tal vez estemos ciertamente atrapados en un laberinto skinneriano». Lo que es raro aquí es el hecho de que la cita del «hombre del subsuelo», de Dostoievski, no es una réplica en la que el crítico pensó espontáneamente: esa misma cita la menciona el señor Skinner en las páginas 164-165 de su libro y es, correctamente, descartada.

A primera vista, la crítica crea la impresión de haber sido escrita por un intelectual serio luchando desesperadamente contra la necesidad de aceptar un estado totalitario, pero que no pudo encontrar contrargumentos y abandonó, de mala gana, ante el poder de una lógica incontestable. Después de leer el libro, uno se pregunta: ¿es ése el argumento del crítico o es el argumento de un hombre deseando convencernos de que la tesis del señor Skinner es incontestable?

La crítica en *The New York Times Book Review* (24 de octubre de 1971) es diferente. Es desfavorable. Declara que el señor Skinner tiene un motivo secreto (una «agenda oculta») que le es desconocido al propio señor Skinner, pero sí le es conocido al crítico. «El texto real del nuevo libro del señor Skinner revela a un hombre buscando desesperadamente alguna forma de conservar las anticuadas virtudes asociadas con el individualismo del siglo XIX en un mundo donde la confianza en uno mismo ya no tiene sentido.» ¿Qué virtudes? Trabajar duro, lo creas o no. «Primero, el control de la conducta le parece a él una forma de conseguir que la gente vuelva a trabajar seriamente, en una época en la que la indolencia abunda.» Si el trabajo duro es la característica esencial del individualismo, entonces los campos de trabajos forzados nazis y soviéticos son ejemplos de un individualismo sin precedentes en el siglo XIX o en cualquier otro siglo. Pero no hay ninguna discusión ni ninguna defensa del «trabajo duro» en el libro del señor Skinner, y nada que justifique la pretensión de que ésa es su principal preocupación.

«Esa agenda oculta puede ser detectada en primer lugar en la forma como el señor Skinner habla sobre la conducta controladora. Toda su atención está centrada en situaciones donde una persona está siendo controlada; él usa frases como "la conducta de una persona" o "el condicionamiento operante del sujeto". Rara vez se refiere a diferentes controles para diferentes tipos de grupos sociales.» Ni siquiera el señor Skinner se merece un crítico como ése. Muchas personas son incapaces de lidiar con cuestiones metafísicas, pero ese crítico concreto es militantemente agresivo sobre ello. Él es un colectivista tan fanático que no tolerará ninguna preocupación por el individuo, incluso con el objetivo de destruirlo. No se da cuenta de que si sus propias creencias fueran llevadas a la práctica, es el señor Skinner quien le estaría proporcionando los cimientos necesarios.

Si un médico afirmara que el hombre necesita alimento y fuera criticado diciendo «¿a qué hombre se refiere, a Smith, o a Jones?, porque hombres diferentes necesitan alimentos diferentes..., y no ha dicho nada sobre los pobres, los negros, los jóvenes y las mujeres», entonces, la *Skedunk Gazette* no lo publicaría. Y, sin embargo, ese tipo de mentalidad se publica en la primera página de *The New York Times Book Review*. Si crees que estoy exagerando, juzga lo siguiente. El crítico se mete con un pasaje en el que el señor Skinner intenta enseñarnos el lenguaje conductista describiendo los estados emocionales de un joven en términos conductistas; por ejemplo, el señor Skinner traduce «él se siente inquieto o ansioso» por «su conducta frecuentemente tiene consecuencias aversivas inevitables que tienen efectos emocionales». El comentario del crítico: «¡Pero, profesor, estamos teniendo una guerra! ¿Por qué no habla usted de la causa social de la conducta de ese joven? ¿Por qué lo trata como si él viviera en un vacío?».

El señor Skinner es no sólo demasiado individualista, afirma el crítico, sino también *demasiado racional*. «Mientras Heisenberg reflexionó sobre la imprevisible conducta de la materia, el señor Skinner insiste en que debemos encontrar hechos inequívocos sobre la conducta humana; la diferencia está entre querer explorar el mundo tal y como es y querer poseer conocimiento. La posesión del conocimiento, de hechos indiscutibles con base en los que poder actuar, es un eco de la ciencia positivista del siglo XIX, igual que las creencias de Skinner son un eco de la sociedad pueblerina de ese siglo.»

Si «la posesión del conocimiento» es inalcanzable, ¿qué es lo que tú adquieres cuando «exploras el mundo tal y como es», y por qué lo exploras? ¿Qué es un hecho «discutible»? ¿Con base en qué actúas, cuando no puedes actuar con base en el conocimiento o en hechos? (Esa propia crítica puede ser un ejemplo de tal acción.) Pero pediré prestada una frase del ensayo de Noam Chomsky y diré que ésas son cuestiones «que de buen grado les dejo descifrar a otros».

El crítico del diario *Times* puede ser considerado típico del presente: un asustado izquierdista intentando convencernos (y convencerse a sí mismo) de que el Estado totalitario del señor Skinner es la ola del futuro. Pero el crítico del *Times* del domingo es el futuro, el futuro de las teorías del señor Skinner, su producto exitoso y su encarnación; él ha sido moldeado por las «contingencias de reforzamiento» en nuestras universidades; él ve la razón, el individualismo y la «autonomía» como cosas indiscutibles que no existen; él no ve la necesidad de discutir sobre ellas, no ve nada más allá del momento inmediato, piensa que el señor Skinner está anticuado, y sigue en esa línea. Si has leído *El manantial*, entenderás la relación: él es el Gus Webb que va contra el Ellsworth Toohey del señor Skinner.

El *Times* escogió la publicación de *Más allá de la libertad y la dignidad* como una ocasión para ir aún más allá que B. F. Skinner. Un impulso diferente en la misma dirección fue provisto por la revista *Time*. El titular de su portada (20 de septiembre de 1971) anunció: «B. F. Skinner dice: NO PODEMOS PERMITIRNOS LA LIBERTAD»; no es que sea una afirmación muy original, pero por lo visto es considerada importante o lo suficientemente valiosa como para justificar la foto del señor Skinner en la portada y dedicarle un largo artículo. El artículo, sin embargo, es halagador sólo en su extensión; por lo demás, es evasivo y vacío, danzando a ambos lados de la valla al estilo moderno y «seguro», o sea, alabando al señor Skinner y a la vez insultándolo al citar a sus enemigos.

Si te preguntas qué motivos podrían haber llevado al señor Skinner a sus teorías, qué frustración pudo haberlo llevado a un odio tan profundo por la humanidad, y quiénes serían sus primeras víctimas, el artículo de *Time* ofrece tres pasajes que proveen unas pistas elocuentes. El primero es una cita de la novela del señor Skinner, *Walden Dos*. El que habla, explica el artículo, «es T. E. Frazier, un personaje de *Walden Dos* y el fundador ficticio de la comunidad utópica descrita en esa novela. Es también un *alter ego* del autor...». La cita: «He tenido una sola idea en mi vida, una auténtica *idée fixe*. Para decirlo lo más francamente posible, es la idea de hacer lo que me dé la gana. "¡Control!" lo expresa bien. El control de la conducta humana. En los primeros días de mis experimentos, era el deseo frenético y egoísta de dominar. Recuerdo la furia que yo solía sentir cuando una predicción me salía mal. Podría haberles gritado a los sujetos de mis experimentos: "¡Compórtate, maldito seas! ¡Compórtate como deberías!"».

El segundo pasaje trata de la juventud del señor Skinner. Durante sus años en la universidad, él escribió historietas y «le envió tres de ellas a Robert Frost, quien las elogió calurosamente. Ese ánimo convenció a Fred Skinner de que debería ser escritor. La decisión, dice él, fue "desastrosa" [...]. En sus propias palabras, él "fracasó como escritor" porque "no tenía nada importante que decir"».

El tercer pasaje es sobre Twin Oaks, una comuna que existió en la vida real, fundada en una granja en Virginia y «regida por las leyes de ingeniería social del señor Skinner». «La propiedad privada está prohibida, excepto para cosas tales como libros y ropa [...]. A nadie se le permite presumir de logros individuales [...]. Lo que se considera conducta apropiada —cooperar, mostrar afecto, poner la otra mejilla y trabajar diligentemente— es, por otro lado, aplaudido, o "reforzado" por el grupo.» «Los deportes favoritos son "voleibol de cooperación" y nadar desnudos en el South Anna River —la falsa modestia es otro de los pecados que no son reforzados— y hay un montón de danzas y cantos folclóricos.» En cuanto a las consecuencias: «Después de empezar con sólo 35.000 dólares, Twin Oaks, cuatro años más tarde, todavía encuentra que la supervivencia es una lucha. La granja trae más recompensas emocionales que monetarias; para los miembros sería más económico trabajar en otros empleos y comprar su comida al precio de mercado [...]. Más allá de la economía, hay problemas psicológicos serios en Twin Oaks, y pocos miembros se han quedado durante mucho tiempo. [¿Recompensas emocionales?] La rotación el año pasado fue de cerca del 70 por ciento. Los que se van primero, de hecho, suelen ser los miembros más competentes, los que todavía esperan un reconocimiento especial por sus talentos. "Con las personas competentes es difícil llevarse bien", dice Richard Stutsman, uno de los psicólogos entrenados de Twin Oaks. "Tienden a hacer demandas, no peticiones. No podemos permitirnos el lujo de reforzar la conducta de ultimátums, aunque reconocemos que necesitamos sus competencias [...]." Cuando se van, la comunidad no sólo pierde sus habilidades, sino que también sacrifica un potencial aumento en su nivel de vida».

Para mis comentarios al respecto, ver *La rebelión de Atlas*.

El *establishment* cultural ha empujado a *Más allá de la liber-*

tad y la dignidad a las listas de bestsellers. La parte más peligrosa de su posible impacto —sobre todo en los lectores jóvenes— no es que el libro sea convincente o elocuente, sino que sea tan malo. Si fuera menos burdamente irracional e inepto, un lector podría otorgarle el beneficio de la duda a quienes se dejaron engañar por algunos argumentos insidiosamente complejos. Pero si una tesis tan malvada como la defensa de una dictadura totalitaria es presentada en términos tan ilógicos y tan poco convincentes, pero aun así es aclamada como «importante», ¿qué debe uno pensar sobre el estado intelectual y moral de nuestra cultura? Un lector racional puede quedarse paralizado, pero no por miedo —el miedo no es el peligro psicológico que corre—, sino por repugnancia, desprecio, desánimo y, finalmente, por retirarse del reino del intelecto (lo cual tal vez sea lo que espera el señor Skinner).

Pero antes de que llegues a la conclusión (típica de un «universo malevolente») de que el engaño siempre triunfa sobre la verdad o de que los hombres prefieren la irracionalidad a la razón y la dictadura a la libertad (y, por lo tanto, «¿para qué preocuparse?»), considera lo siguiente. *Human Events* (15 de enero de 1972) informa que «los Institutos Nacionales de Salud Mental le habían dado 283.000 dólares al doctor B. F. Skinner...», lo cual, por lo visto, financió la publicación de su libro. *The New Republic* (28 de enero de 1972) añade algunos detalles: la subvención a Skinner «fue uno de veinte premios del Senior Research Career, es decir, una ganga para los líderes científicos en "salud mental" que comprende todas las categorías en vez de ser una donación única [...]. Ese premio concreto fue otorgado con el objetivo de "integrar y consolidar" los descubrimientos del señor Skinner y "considerar la aplicación de la ciencia de la conducta a los problemas de la sociedad" [!]».

Así es como un *establishment* se forma y es colocado fuera del alcance de la disensión. ¿Qué oportunidad tendrían un principiante, un inconformista, un adversario del conductismo, contra el poder consolidado de una camarilla mantenida con fondos gubernamentales? Eso ya no es un mercado libre de ideas. La maldad, la falsedad y la irracionalidad no están ganando en libre competencia con la virtud, la verdad y la razón. La cultura de hoy está regida por grupos de presión intelectuales que se han convertido en monopolios intelectuales, respaldados, como todos los monopolios, por la pistola del Gobierno y por el dinero de las víctimas.

(La solución, por supuesto, no es censurar los proyectos de investigación, sino *abolir* todos los subsidios del Gobierno en el campo de las ciencias sociales y, poco a poco, en todos los campos. Pero ése es un tema diferente, que discutiré en otro capítulo.)

La trascendencia del libro de B. F. Skinner reside en su elocuente demostración de los resultados del colapso filosófico y del poder gubernamental: cuando la negligencia intelectual de las víctimas permite que la mano muerta del Gobierno ejerza un dominio absoluto en el campo de las ideas, una nación necesariamente será empujada más allá de la libertad y la dignidad.

14

Cómo se establece un *establishment*

El estancamiento es la característica dominante de la cultura actual; a primera vista, puede parecer un fenómeno misterioso.

Hay un aire de deslustre empobrecido, de rutina cansada y de monotonía estancada en todas nuestras actividades culturales, desde el escenario y la pantalla hasta la literatura, las artes y las supuestas publicaciones y discusiones intelectuales. No hay nada para ver ni que oír. Todo produce el efecto de un *déjà vu* o *déjà entendu*. ¿Cuánto tiempo hace que has leído algo sorprendente, diferente, fresco, inesperado?

Intelectualmente, la gente está usando joyas falsas copiadas de otras joyas falsas por artesanos que nunca han visto las gemas originales. La originalidad es una experiencia olvidada. Las últimas modas empiezan a marchitarse al nacer. Los sustitutos de la audacia y la vitalidad —como los *hippies* chirriantes— son mero camuflaje, como demasiado maquillaje en la cara arrugada de una mujerzuela envejecida.

Los síntomas de la enfermedad cultural de hoy son: el conformismo, cuando no hay nada a lo que conformarse; la timidez, expresada en un retraimiento preocupado sólo con trivialidades; una especie de ansiedad servil para complacer los estándares desconocidos de alguna autoridad inexistente; y un palio de miedo sin objeto. Psicológicamente, ésa es la atmósfera cultural de una sociedad que vive bajo la censura.

Pero no hay censura en Estados Unidos.

He dicho que la causa fundamental de la desintegración de una cultura es el colapso de la filosofía, que deja a los hombres sin guía intelectual. Pero ésa es la causa *fundamental*; sus consecuencias no son siempre directas ni obvias, y su funcionamiento puede plantear muchas preguntas. ¿Mediante qué procesos intermedios afecta esa causa la vida de los hombres? ¿Funciona sólo por medios psicológicos, desde dentro, o está asistida, desde fuera, por medidas prácticas y existenciales? Cuando la filosofía se derrumba, ¿por qué no hay pensadores que llenen ese vacío y reconstruyan un sistema de pensamiento sobre una nueva base? Ya que no hay unanimidad filosófica, ¿por qué el colapso de las falsedades paraliza a los hombres que nunca habían creído en ellas? ¿Por qué perduran las falsedades sin que nadie las cuestione, como una nube de polvo sobre los escombros? La filosofía afecta a la educación, y una filosofía falsa puede incapacitar las mentes de los hombres desde su infancia; pero no puede incapacitarlas a todas, ni llega a incapacitar a la mayoría de los hombres de forma irreparable; así que, ¿qué pasa con los que consiguen sobrevivir? ¿Por qué no oímos hablar de ellos? ¿Qué cosa —que no sea la fuerza física— puede silenciar a las mentes activas?

La respuesta a esa última pregunta es: nada. Sólo el uso de la fuerza física puede proteger a las falsedades de ser desafiadas y perpetuadas. Sólo la intrusión de la fuerza en el reino del intelecto —o sea, sólo la acción del Gobierno— puede silenciar a una nación entera. Pero, entonces, ¿cómo conserva la ruina cultural su poder sobre Estados Unidos? No hay ninguna represión ni supresión de ideas por parte del Gobierno en este país.

Como economía mixta, estamos encadenados por una enorme maraña de controles gubernamentales; pero, se argumenta, esos controles afectan a nuestros ingresos, no a nuestras mentes. Esa distinción es insostenible; un aspecto encadenado de la actividad de un hombre, o de una nación, afectará gradual y necesariamente al resto. Pero es verdad que el Gobierno, hasta ahora, no ha dado ningún paso para reprimir o controlar abiertamente la vida intelectual de este país. Cualquiera es todavía libre de decir, escribir y publicar lo que quiera. Pero los hombres se mantienen callados, mientras su cultura perece por una epidemia de mediocridad arraigada e institucionalizada. No es posible que la estatura intelectual de la humanidad se haya reducido hasta ese punto. Y no es posible que todo el talento haya desaparecido repentinamente de este país y de esta Tierra.

Si eso te parece incomprensible, la premisa que hay que verificar es la idea de que la represión gubernamental es la única forma en que un gobierno puede destruir la vida intelectual de un país. No lo es. Hay otra forma: el *incentivo gubernamental.*

El incentivo gubernamental no les ordena a los hombres que crean que lo falso es verdadero: meramente los torna indiferentes a la cuestión de la verdad o la falsedad.

Teniendo en mente este prefacio, consideremos un ejemplo de los métodos, los procesos y los resultados de esa política.

En diciembre de 1971, el diputado de la Cámara de Representantes Cornelius E. Gallagher (demócrata de Nueva Jersey) declaró en la Cámara que «el Instituto Nacional de Salud Mental le concedió al doctor B. F. Skinner la suma de 283.000 dólares para que pudiera escribir *Más allá de la libertad y la dignidad*». Una investigación ulterior le permitió descubrir que «esto no era más que la punta del *iceberg*» (Registro del Congreso, 15 de diciembre de 1971, H12623).

Human Events (15 de enero de 1972) resumió así sus descubrimientos: «Cuando Gallagher buscó información sobre la subvención a Skinner y sobre el alcance y la magnitud de los gastos gubernamentales en el campo de la investigación conductista, el Departamento General de Cuentas respondió informando que esa tarea era virtualmente imposible de realizar. Los funcionarios del departamento manifestaron que había decenas de miles de proyectos de investigación conductista que estaban siendo financiados por agencias gubernamentales. Una verificación preliminar elevó a 70.000 las concesiones y los contratos en el Departamento de Salud, Educación y Bienestar, y a 10.000 los que había en la Administración de Mano de Obra del Ministerio de

Trabajo. Miles de proyectos conductistas adicionales, con un coste de millones de dólares, también están siendo financiados por el Departamento de Defensa, por la Administración Nacional de la Aeronáutica y del Espacio (la NASA) y por la Comisión de Energía Atómica, según la encuesta del Departamento General de Cuentas».

En su discurso ante la Cámara, el representante Gallagher declaró: «El Congreso ha autorizado y ha asignado cada dólar de estas donaciones y de estos contratos, pero, en la mayoría de los casos, ignoramos cómo se están gastando». Y más: «El sistema federal de subvenciones y contratos ha entrelazado inextricablemente a las facultades y a las universidades con los fondos autorizados y asignados por el Congreso. No estoy sugiriendo con esto que exista una disminución de la libertad académica de la nación, pero sí sugiero que el Congreso debería, como mínimo, estar totalmente informado y, si fuera preciso, tener a su disposición las herramientas y las pericias necesarias para combatir los pensamientos antidemocráticos financiados con fondos federales» (Registro del Congreso, H12624).

El señor Gallagher afirmó que cree en el derecho del doctor Skinner a promover sus ideas. «Pero lo que cuestiono es si él debería ser subsidiado por el Gobierno federal [...], sobre todo porque, en mi opinión, él está presentando ideas que amenazan el futuro de nuestro sistema de gobierno, ya que está denigrando las tradiciones estadounidenses de individualismo, dignidad humana y autosuficiencia» (Ibídem, H12623).

Si el señor Gallagher fuera un defensor coherente de las tradiciones estadounidenses que él menciona en la segunda mitad de su oración, él habría parado después de escribir la primera mitad. Pero, aparentemente, él no era consciente de la contradicción, porque su solución fue una propuesta para crear «un Comité Selecto sobre la Privacidad, los Valores Humanos y las Instituciones Democráticas [...] diseñado para encargarse específicamente de ese tipo de amenazas a nuestra Constitución, a nuestro Congreso y a nuestros electores, el tipo de amenazas contenidas en las ideas de B. F. Skinner» (Ibídem, H12624).

Nada podría ser una amenaza tan peligrosa para nuestras

instituciones como una propuesta para establecer un comité gubernamental para lidiar con las «ideas antidemocráticas» de B. F. Skinner o con las *ideas* de cualquier otro. La publicación izquierdista *New Republic* rápidamente sintió el peligro, y protestó (28 de enero de 1972). Pero, al no cuestionar la validez de las subvenciones gubernamentales, se limitó a exponer el otro lado de la misma contradicción: desaprobó la noción de que el Gobierno determinara qué ideas son correctas o aceptables y estableciera así una especie de ortodoxia intelectual.

Y, sin embargo, ambas posiciones son ciertas: es perversamente inapropiado que el Gobierno subsidie a los enemigos de nuestro sistema político; también es perversamente inapropiado que el Gobierno asuma el papel de árbitro ideológico. Pero ni el representante Gallagher ni *The New Republic* optaron por ver la respuesta: que esas maldades son inherentes a la malvada impropiedad de que el Gobierno subsidie las ideas. Ambos decidieron ignorar el hecho de que cualquier intrusión del Gobierno en el campo de las ideas, en favor o en contra de alguien, ataca la libertad intelectual y crea una ortodoxia oficial, una élite privilegiada. Hoy, eso se llama un *establishment*.

Por irónico que parezca, fue *The New Republic* la que nos dio una indicación del mecanismo por el cual se constituye un *establishment*..., y al parecer, lo hizo sin darse cuenta de las implicaciones sociales de su propio argumento. Objetando a la afirmación de Gallagher de que una política deliberada puede favorecer a la escuela conductista de psicología, *The New Republic* escribió: «El informe de Gallagher no mencionó que la subvención a Skinner fue uno de los 20 premios del Senior Research Career, es decir, un fantástico logro para los líderes científicos en todas las categorías de "salud mental" en vez de ser una donación única. No ha habido nuevos premios de ese tipo otorgados por el Instituto Nacional de Salud Mental desde 1964; pero 18 de ellos, los cuales se mantuvieron originalmente durante cinco años, han sido renovados. El de Skinner fue renovado en 1969, así que su importe de 283.000 dólares asciende a 28.300 dólares anuales hasta 1974... Skinner ha continuado dando aproximadamente un seminario por año en Harvard desde 1964... En otras palabras, su salario en Harvard será pagado por los agentes federales hasta 1974, un negocio quizá más lucrativo para Harvard que para él, ya que él podría exigir un salario por lo menos igual... en muchos otros lugares».

Piensa en la desesperada situación financiera de las universidades privadas, y luego pregúntate lo que un «lucrativo negocio» de ese tipo hará para ellas. Es de conocimiento público que la mayoría de las universidades ahora dependen de proyectos de investigación del Gobierno como una de sus mayores fuentes de ingresos. Las donaciones del Gobierno a esos investigadores «séniores» establece a cada uno que las recibe como una autoridad reconocida extraoficialmente. Es la influencia de *cada uno de ellos* —sus ideas, sus teorías, sus preferencias al contratar a miembros de la facultad— lo que llegará a dominar en la universidad, de una forma silenciosa e inconfesada. ¿Qué administrador de una universidad llena de deudas se atrevería a antagonizar al portador de tales negocios lucrativos?

Ahora observa que esas donaciones les fueron dadas a investigadores *séniores*, que eran «gangas» —como las llama *The New Republic* de forma a la vez recatada y tímida— para «líderes científicos». ¿Cómo pueden saber los burócratas de Washington —o los congresistas, si es el caso— a qué científico favorecer, sobre todo en un campo tan controvertido como las ciencias sociales? El método más seguro es elegir a los hombres que ya han logrado algún tipo de reputación. Si su reputación es merecida o no, si sus logros son válidos o no, si resaltaron por mérito, por enchufe, por publicidad o por accidente, ésas son cuestiones que los adjudicadores no consideran y no pueden considerar. Cuando el juicio personal es inaplicable (o está prohibido), la principal preocupación de los hombres no es cómo elegir, sino cómo justificar su elección. Eso necesariamente impulsará a los miembros de un comité, a los burócratas y a los políticos, a gravitar hacia los «nombres prestigiosos». El resultado es ayudar a establecer a quienes ya están establecidos: o sea, a consolidar el *statu quo*.

Lo peor de todo es el hecho de que ese método de selección no está limitado a los cobardes o a los corruptos, sino que un directivo *honesto* está obligado a emplearlo. El método se le impone por la fuerza debido a las condiciones de la situación. Para pronunciar un juicio informado e independiente sobre el valor de cada solicitante o de cada proyecto en cada campo de la ciencia, un funcionario tendría que ser un académico universal. Si consulta a los «expertos» en el campo, el dilema permanece: o tiene que ser un académico que sabe cuáles son los expertos que debe consultar, o tiene que someter su juicio a hombres entrenados por los mismos profesores que él supuestamente tiene que juzgar. La adjudicación de subvenciones a «líderes famosos», por lo tanto, le parece a él la única política justa, con base en la premisa de que «alguien los hizo famosos, alguien sabe algo, aunque no sea yo quien lo sepa».

(Si los funcionarios intentaran pasar por encima de los «líderes» y otorgar las donaciones a principiantes que prometen, la injusticia y la irracionalidad de la situación serían mucho peores, hasta el punto de que la mayoría de ellos tendrían el sentido común de no intentarlo. Si se requiere una erudición universal para juzgar cada valor que ya existe en cada campo, entonces nada menos que la omnisciencia se requeriría para juzgar el valor de lo potencial, como han demostrado ampliamente diversos concursos patrocinados por entidades privadas para descubrir futuros talentos, incluso en campos acotados.)

Además, de hecho, los términos de la situación le prohíben a un funcionario honesto que use su propio juicio. Supuestamente, él ha de ser «imparcial» y «justo» al evaluar los premios en las ciencias sociales. Un funcionario que no tiene algún conocimiento y algunas convicciones en *ese* campo no tiene el derecho moral a ser un funcionario público. Y, sin embargo, el tipo de «justicia» que se le exige significa que él debe suspender, ignorar o evadir sus propias convicciones (porque ellas serían cuestionadas como si fueran «prejuicios» o «censura») y proceder a disponer de grandes sumas de dinero público, con consecuencias incalculables para el futuro del país, sin juzgar la naturaleza de las ideas de los receptores, o sea, sin usar ningún juicio en absoluto.

Los adjudicadores pueden escudarse tras la idea de que, al elegir a «líderes reconocidos», están actuando «democráticamente» y recompensando a hombres escogidos por el público. Pero no existe «democracia» en ese campo. La ciencia y la mente no trabajan por voto o por consenso. Lo más conocido no es necesariamente lo mejor (ni tampoco es lo mejor lo menos conocido). Dado que ninguno de los estándares racionales es aplicable, el método de los adjudicadores llega a implementarse por las personalidades, no por las ideas; por la influencia, no por el mérito; por el «prestigio», no por la verdad. El resultado es el gobierno a través de los agentes de prensa.

Los beneficiarios de los subsidios gubernamentales están normalmente entre los que más gritan en protesta contra «la tiranía del dinero»: la ciencia y la cultura, claman ellos, deben ser liberadas del arbitrario poder privado de los ricos. Pero hay una diferencia: los ricos no pueden comprar una nación entera ni pueden *forzar* a ningún individuo concreto. Si un hombre rico decide patrocinar unas actividades culturales, él puede hacerlo solamente a una escala muy limitada, y él acarreará con las consecuencias de sus acciones. Si no usa su juicio, sino que simplemente da rienda suelta a sus caprichos irracionales, conseguirá lo contrario de su intención: sus proyectos y sus protegidos serán ignorados o despreciados en sus profesiones, y ninguna cantidad de dinero le permitirá comprar cualquier influencia sobre la cultura. Como el publicar por vanidad, su proyecto seguirá siendo un derroche personal sin ningún significado más amplio. La cultura está protegida de su acción por tres elementos invencibles: opciones, variedad y competencia. Si él pierde su dinero en proyectos ridículos, nadie sale perjudicado excepto él mismo. Y, sobre todo: *el dinero que él gasta es el suyo*; no es dinero que les haya sido quitado por la fuerza a víctimas involuntarias.

La maldad fundamental de los subsidios gubernamentales es el hecho de que los hombres están forzados a pagar para mantener ideas diametralmente opuestas a las suyas. Eso es una profunda violación de la integridad y de la consciencia de un individuo. Es perversamente errado quitarles el dinero a hombres racionales para apoyar a B. F. Skinner..., o viceversa. La Constitución prohíbe que el Gobierno establezca una religión, correctamente considerando que es una violación de los derechos individuales. Dado que las creencias de un hombre están protegidas del inicio de la fuerza, el mismo principio debería proteger sus convicciones razonadas y prohibir la injerencia gubernamental en el campo del pensamiento.

Socialmente, las consecuencias más destructivas de la tiranía son propagadas por un tipo indeterminado y extraoficial de dirigentes: los preferidos de los funcionarios. En la historia de las monarquías absolutas, eran los preferidos de los reyes quienes perpetraban las peores iniquidades. Incluso un monarca absoluto estaba limitado, en algún grado mínimo, por la necesidad de aparentar mantener alguna semblanza de justicia, para poder proteger su imagen de la indignación del pueblo. Pero los receptores de su favor arbitrario y caprichoso mantenían todos los privilegios del poder sin ninguna de sus restricciones. Los peores exponentes del poder por el poder mismo se encontraban entre los trepadores, los conspiradores, los aduladores, los traidores de una corte real. Eso sigue siendo verdad en cualquier sistema político que les deja una oportunidad abierta a ellos: en una monarquía absoluta, en una dictadura totalitaria, en una economía mixta.

Hoy, lo que vemos en el ámbito intelectual de este país es una de las peores manifestaciones del poder político: el gobierno de los preferidos, de los extraoficialmente preferidos: *de grupos privados con poder gubernamental, pero sin responsabilidad gubernamental.* Son grupos que van cambiando y alternando, a menudo luchando entre ellos, pero unidos contra terceros; ellos luchan por capturar favores momentáneos, siendo su situación exacta desconocida para sus miembros, para sus rivales o para sus patrocinadores concretos entre los cientos de congresistas y los miles de burócratas, que son los que ahora están desconcertados e intimidados por esas creaciones frankensteinianas. Como en cualquier otro juego en el que no hay reglas objetivas, el éxito y el poder en ese juego dependen de los que más vociferan (los agentes de prensa) y de los fanfarrones.

Las camarillas privadas siempre han existido en el campo intelectual, sobre todo en las artes, pero solían servir de controles y equilibrios unas para otras, para que ningún inconformista pudiese entrar en el campo y ascender sin la ayuda de una camarilla. Hoy, las camarillas se han consolidado en un *establishment*.

El término *establishment* no fue generalmente usado o escuchado en este país hasta la década de 1960. El término se originó en Gran Bretaña, donde se aplicaba a las familias de clase alta que tradicionalmente se apropiaban de ciertos campos de actividad. La aristocracia británica es una casta creada políticamente, una institución abolida y prohibida por el sistema político de Estados Unidos. El origen de una aristocracia es el poder del rey para conferirle a un individuo escogido el privilegio de recibir un ingreso no ganado proveniente de la servidumbre involuntaria de los habitantes de un distrito dado.

Ahora, la misma política está operando en Estados Unidos, sólo que los privilegios no son concedidos a perpetuidad, sino en un pago único durante un tiempo limitado, y la servidumbre involuntaria no le es impuesta a un grupo de siervos en un territorio específico, sino a todos los ciudadanos del país. Pero eso no cambia la naturaleza de la política ni sus consecuencias.

Observa el carácter de nuestro *establishment* intelectual. Tiene unos cien años de atraso. Mantiene como dogma las premisas básicas que estaban de moda a principios del siglo XX: el misticismo de Kant, el colectivismo de Marx, el altruismo de los evangelistas predicando en las esquinas. Dos guerras mundiales, tres dictaduras monstruosas —en la Rusia soviética, en la Alemania nazi, en la China comunista—, más todas las demás variantes secundarias de una devastadora experimentación socialista en una global propagación de brutalidad y desesperación, no han convencido a los intelectuales modernos de cuestionar o de revisar su dogma. Ellos siguen pensando que es audaz, idealista y no convencional incriminar a los ricos. Siguen creyendo que el dinero es la raíz de toda maldad..., excepto el dinero del Gobierno, que es la solución a todos los problemas. El *establishment* intelectual está congelado al nivel de esos «líderes» más viejos que eran prominentes cuando el sistema de «estímulo» gubernamental se afianzó. Al ir controlando las escuelas, los «líderes» perpetuaron su dogma y gradualmente fueron silenciando a la oposición.

El desacuerdo todavía existe entre los intelectuales, pero es un desacuerdo sobre trivialidades, un desacuerdo que nunca cuestiona las premisas fundamentales. Ese tipo de desacuerdo se permite incluso en la Iglesia católica, siempre que no desafíe el dogma, o en las sesiones «de autocrítica» de las instituciones soviéticas, siempre que no ponga en tela de juicio las premisas del comunismo. Un desacuerdo que no desafía los fundamentos sólo sirve para reforzarlos. Es particularmente en ese sentido en el que el colapso de la filosofía y el crecimiento del poder gubernamental operan juntos para consolidar el *establishment.*

El gobierno ejercido por grupos privados extraoficialmente privilegiados propaga un tipo especial de miedo, como un veneno lento inyectado en la cultura. No es miedo a un gobernante específico, sino al poder desconocido de camarillas anónimas, que se convierte en un miedo crónico a enemigos incognoscibles. La mayoría de la gente no tiene ninguna convicción firme sobre cuestiones fundamentales; hoy, las personas están más confundidas e inseguras que nunca, y sin embargo el sistema exige de ellas un tipo de integridad heroica que ellas no poseen: las personas son destruidas por medio de temas fundamentales que son incapaces de reconocer en cosas concretas aparentemente intrascendentes. Muchos hombres son capaces de morir en las barricadas por algún tema importante, pero pocos —muy pocos— son capaces de resistir la succión de pequeñas concesiones diarias, grises y sin anunciar. Pocos quieren armar jaleos, crear enemigos, arriesgar su posición y, quizá, su sustento, sobre cuestiones tales como las ideas abstractas objetables de un colega (a las que tendrían que oponerse, pero no lo hacen), o las demandas vagamente inapropiadas de una camarilla de la facultad (a la que tendrían que resistir, pero no lo hacen), o la actitud independiente de un instructor talentoso (quien debería ser contratado, pero no lo es). Si un hombre siente que debería protestar, él se ve detenido por la rutina del escepticismo moderno: «¿Quién soy yo para saber?»; a la cual se le añade en su mente otra cláusula paralizante: «¿A quién le desagradaría lo que yo hiciera?».

La mayoría de los hombres se dan cuenta rápidamente de si la verdad les importa o no a sus superiores. La atmósfera de cauteloso respeto por los receptores de subsidios inmerecidos, concedidos por un misterioso poder gubernamental, propaga rápidamente la convicción de que la verdad no importa, porque lo misterioso no importa; de que hay algo que tiene prioridad sobre ambos. (Y el tema de las subvenciones es sólo uno de los innumerables métodos con los cuales el propio poder arbitrario se entromete en las vidas de los hombres.) Desde la cínica noción de «¿a quién le importa la justicia?», un hombre desciende a la de «¿a quién le importa la verdad?», y luego a la de «¿a quién le importa?». De esa forma, la mayoría de los hombres sucumben a una corrupción intangible, y venden sus almas en un plan de pagos en cuotas —haciendo pequeñas concesiones, tomando pequeños atajos— hasta que no queda nada de sus mentes excepto el miedo.

En los negocios, el aumento del Estado benefactor congeló el *statu quo*, perpetuando el poder de las grandes corporaciones de la era anterior a los impuestos sobre la renta, colocándolas más allá de la competencia de los recién llegados que estaban abrumados por los impuestos. Un proceso similar tuvo lugar en el Estado benefactor del intelecto. Los resultados, en ambos campos, son los mismos.

Si hablas con un típico ejecutivo de negocios, un decano universitario o un editor de revistas, puedes observar la cualidad moderna especial que tienen: un tipo de actitud huidiza o evasiva que salta o rebota automáticamente sobre cada asunto fundamental, una suavidad delicadamente reservada, una cautela arraigada hacia todo, como si un grabador interno le estuviera susurrando: «Juega sobre seguro, no antagonices... ¿Con quién? Con nadie».

¿A quién le temerían más esos hombres psicológicamente (y al menos, existencialmente)? Al brillante *lobo solitario*, al principiante, al joven genio potencial de integridad inocentemente despiadada, cuyas únicas armas son el talento y la verdad. Ellos lo rechazan a él «instintivamente», diciendo que él «no pertenece» (¿a qué?), sospechando que él los pondría en aprietos al plantear temas que ellos prefieren no enfrentar. Él podría superar sus barreras protectoras, de vez en cuando, pero está impedido por sus propias virtudes... en un sistema amañado contra la inteligencia y la integridad.

Nunca sabremos cuántos jóvenes precozmente perceptivos sintieron la maldad a su alrededor antes de hacerse lo suficientemente mayores para encontrar un antídoto, y abandonaron, en indignante desamparo y perplejidad; o cuántos de ellos se dieron por vencidos, atrofiando sus mentes. No sabemos cuántos jóvenes innovadores pueden existir hoy día y están esforzándose por ser escuchados; pero nunca sabremos nada sobre ellos porque el *establishment* prefiere no reconocer su existencia y no tener ningún conocimiento de sus ideas.

Hasta que una sociedad no dé el paso final hacia el abismo imponiendo la censura, algunos hombres talentosos siempre tendrán éxito y se abrirán paso. Pero el precio —en esfuerzo, en lucha y en tesón— es tal que sólo los excepcionales pueden permitírselo. Hoy, la originalidad, la integridad y la independencia se han convertido en un camino hacia el martirio, que sólo los más dedicados elegirán, sabiendo que la alternativa es mucho peor. Una sociedad que establece esas condiciones como el precio del logro tiene graves problemas.

Lo siguiente es para la consideración de esos congresistas «humanitarios» (y sus seguidores) que piensan que algunas «gangas» públicas lanzadas a algunos viejos profesores no perjudicarán a nadie: es la fibra moral de los hombres decentes comunes y corrientes la que no tiene ninguna oportunidad bajo el gobierno de la arraigada mediocridad. El genio puede pelear, y lo hará hasta el final. El hombre común y corriente no puede, y no lo hace.

En *La rebelión de Atlas* hablé de la «pirámide de la capacidad» en el campo de la economía. Hay otro tipo de pirámide social. El genio que lucha contra «todo tipo de tiranía ejercida sobre la mente del hombre» está librando una batalla para la cual los hombres inferiores no tienen la fuerza, pero de la cual dependen la libertad, la dignidad y la integridad de ellos. Es la pirámide de la resistencia moral.

15

Censura: local y directa

He estado diciendo, durante muchos años, que el estatismo está ganando por abandono —por el abandono intelectual de los supuestos defensores del capitalismo—; que la libertad y el capitalismo nunca han tenido una base firme y filosófica; que los conservadores de hoy comparten todas las premisas fundamentales de los liberales actuales [en terminología estadounidense, por «liberal» se entiende: izquierdista, progresista o socialista], y de esa forma le han preparado el camino al estatismo, y siguen haciéndolo. También he dicho repetidamente que la batalla por la libertad es principalmente filosófica y no puede ser ganada por ningún medio menor, porque la filosofía rige la existencia humana, incluyendo la política.

Pero la filosofía es una ciencia que trata de las más amplias abstracciones, y, por consiguiente, muchas personas no saben cómo ver su influencia en la práctica o cómo captar el proceso por el cual la filosofía incide en las condiciones de su vida diaria. Un episodio reciente, sin embargo, ofrece una ilustración clara y notable de ese proceso; muestra la influencia de la filosofía en acción, y revela la esencia (y las contradicciones) tanto de la ideología conservadora como de la izquierda liberal. El episodio se refiere a la decisión del Tribunal Supremo en cinco casos recientes de «obscenidad».

En mi boletín informativo *The Ayn Rand Letter* del 20 de noviembre de 1972, expresé mi esperanza en cuanto a los cuatro hombres nombrados para el Tribunal Supremo por el presidente Nixon, aunque era demasiado pronto para conocer la naturaleza exacta de sus opiniones. «Pero», dije yo, «si están a la altura de su enorme responsabilidad, podemos perdonar al señor Nixon muchos de sus defectos: el Tribunal Supremo es el último recurso para tener una influencia filosófica en este país». Hoy, menos de un año más tarde, la evidencia es suficiente para indicar que ya no queda ningún argumento intelectual para perdonar al señor Nixon.

Puesto que unas premisas inconsistentes conducen a unas acciones inconsistentes, no es imposible que el Tribunal Supremo actual pueda tomar algunas decisiones liberadoras. Por ejemplo, el Tribunal hizo una gran contribución a la justicia y a la protección de los derechos individuales cuando legalizó el aborto. No estoy de acuerdo con todos los razonamientos aportados en esa decisión, pero estoy totalmente de acuerdo con el resultado, es decir, con el reconocimiento del derecho que tiene una mujer sobre su propio cuerpo. Pero la decisión del Tribunal con respecto a la obscenidad toma una posición opuesta: le niega a un hombre (o a una mujer) el derecho al ejercicio de su propia mente, al establecer la base legal e intelectual de la *censura*.

Antes de proceder a hablar de esa decisión, quiero dejar claro, para que quede constancia, mi punto de vista sobre lo que se conoce como pornografía explícita, *hardcore*. La considero abominable y repugnante. No he leído ninguno de los libros ni he visto ninguna de las películas actuales que pertenecen a esa categoría, y no tengo intención de leerlos ni de verlas jamás. Las descripciones aportadas en los casos legales, así como los toques «modernos» en producciones suavizadas, *softcore*, son argumentos suficientes para formar una opinión. La razón de mi opinión es la contraria a la razón normal: yo *no* veo el sexo como algo malo; lo veo como algo *bueno*, como uno de los aspectos más importantes de la vida humana, demasiado importante como para ser objeto de exhibición *anatómica* pública. Pero el asunto aquí no es la visión que uno tenga sobre el sexo. El asunto es la libertad de expresión y la libertad de prensa, o sea, el derecho a tener *cualquier* punto de vista y a expresarlo.

No es muy inspirador luchar por la libertad de los proveedores de pornografía, o por la de sus clientes. Pero, en la transición hacia el estatismo, cada infracción de los derechos humanos ha empezado con la supresión de un derecho contra los participantes menos atractivos. En este caso, la repugnante naturaleza de los ofensores hace que se convierta en una buena prueba de la lealtad de uno a un principio.

En los cinco casos de «obscenidad» que se decidieron el 21 de junio de 1973, el Tribunal estaba dividido cinco a cuatro. En cada caso, la opinión de la mayoría fue redactada por el juez supremo Burger, a quien se unieron los jueces Blackmun, Powell, Rehnquist (los cuatro nominados por Nixon) y el juez White (nominado por Kennedy); en todos los casos, la opinión disidente fue redactada por el juez Brennan, a quien se unieron los jueces Stewart y Marshall; el juez Douglas, en todos los casos, redactó una opinión disidente por separado. Los dos casos más importantes son el de Miller contra California y el de Paris Adult Theater I contra Slaton.

El caso Miller tiene que ver con un hombre que fue condenado en California por enviar por correo material sexualmente explícito y no solicitado, que publicitaba libros pornográficos. Es en el fallo de Miller en el que el juez supremo Burger promulgó los nuevos criterios para juzgar si un trabajo dado es obsceno o no. Esos criterios son los siguientes:

> Las reglas básicas para quien juzga los hechos deben ser: a) si «una persona normal, aplicando los estándares comunitarios contemporáneos», consideraría que el trabajo, tomado como un todo, atraería a alguien con un interés lascivo...; b) si el trabajo representa o describe, de una forma claramente ofensiva, una conducta sexual específicamente definida por la ley estatal aplicable; y c) si el trabajo, tomado como un todo, carece de un serio valor literario, artístico, político o científico.

Esos criterios están basados en decisiones anteriores del Tribunal Supremo, sobre todo en el caso Roth contra Estados Unidos, de 1957. Nueve años más tarde, en el caso Memoirs contra Massachusetts, de 1966, el Tribunal Supremo introdujo un nuevo criterio: «Un libro no puede ser proscrito a menos que se demuestre que ese libro no tenga *absolutamente* ningún valor social que lo redima». Eso ya era malo de por sí, pero el fallo actual rechaza enfáticamente esa noción concreta y la sustituye por su propio y horroroso criterio: «[...] si el trabajo, tomado como un todo, carece de un serio valor literario, artístico, político o científico».

Moralmente, ese criterio, igual que el resto del fallo del juez supremo Burger, *tomado como un todo*, es una proclamación del colectivismo, no tanto de un colectivismo político, sino de un colectivismo específicamente *moral*. El criterio intelectual que se establece aquí para regir la mente de un individuo —para prescribir lo que un individuo puede escribir, publicar, leer o ver— es el juicio de una persona *normal* aplicando estándares *comunitarios*. ¿Por qué? No se da razón alguna, lo cual significa que la voluntad del colectivo se da aquí por sentada como si fuera la fuente, la justificación y el criterio de los juicios de valor.

¿Qué es una *comunidad*? No se da ninguna definición; por lo tanto, puede ser un estado, una ciudad, un barrio o simplemente la manzana en la que vives. ¿Qué son *estándares comunitarios*? No se da ninguna definición. De hecho, los estándares de una comunidad (cuando y si pueden ser considerados como tales, a diferencia de los estándares de sus ciudadanos individuales) son producto del azar, de la apatía, de la hipocresía, de la dependencia, de la indiferencia, del miedo, de las manipulaciones de entrometidos locales o de mequetrefes con ansias de poder... y, de vez en cuando, de la aceptación convencional de algunos valores decentes heredados de alguna gran mente del pasado. Pero la gran mente será ahora proscrita por el fallo del Tribunal Supremo.

¿Quién es esa *persona normal*? No se da ninguna definición. Hay alguna indicación de que el término, en ese contexto, se refiere a una persona que no es ni particularmente susceptible o sensible ni totalmente insensible en cuanto al sexo. Pero encontrar a una persona *sexualmente* normal es una misión más ridículamente imposible que encontrar al representante normal de cualquier otra característica humana; y, además, eso no es lo que dice el fallo del Tribunal. Dice, simplemente, «normal», lo cual, al hablar de juzgar, quiere decir *intelectualmente* normal: normal en inteligencia, en habilidad, en ideas, en emociones, en gustos..., lo cual significa: un conformista o una no entidad. Cualquier proposición que intente establecer una «normalidad» humana necesariamente elimina a los de arriba y a los de abajo, o sea, a los mejores y a los peores. Así, los estándares de un genio y los estándares de un retrasado mental son automáticamente eliminados, suprimidos o prohibidos, y esos dos grupos son forzados a subordinar sus opiniones a las opiniones de los normales. ¿Por qué habría que darle a la persona normal un privilegio tan extraordinario? En virtud del hecho de que ella no posee ninguna diferenciación especial. Nada puede justificar una noción así, excepto la teoría del colectivismo, la cual en sí misma es injustificable.

El fallo del Tribunal afirma repetidamente —simplemente afirma— que ese fallo se aplica sólo a la pornografía o a la obscenidad *hardcore*, o sea, a ciertas ideas que tienen que ver con el sexo, no a ningún otro tipo de ideas. Otros tipos de ideas —sigue afirmando— están protegidas por la Primera Enmienda, pero las ideas relacionadas con el sexo no lo están. Aparte de la imposibilidad de trazar una línea divisoria entre esas dos categorías (de lo cual hablaremos más adelante), esa distinción es refutada e invalidada precisamente en el texto de ese mismo fallo: los jueces y los jurados tienen el poder de determinar si una obra concreta contiene los elementos sexuales que «carecen de un *serio valor literario, artístico, político o científico*».

Eso significa —y no puede significar ninguna otra cosa— que el Gobierno está autorizado a juzgar valores literarios, artísticos, políticos y científicos, y a aceptar o suprimir ciertos trabajos de acuerdo con eso.

Los supuestos límites de ese poder, las condiciones de cuándo, dónde y por quién ese poder puede ser ejercido, no significan nada... una vez que se ha establecido el principio de que el Gobierno posee tal poder. El resto es sólo cuestión de detalles... y de tiempo. El Tribunal Supremo actual puede tratar de suprimir únicamente los materiales de índole sexual; sobre la misma base (la voluntad de la comunidad), un Tribunal futuro podrá suprimir debates *científicos* «indeseables»; otro Tribunal podrá suprimir debates *políticos* (y un año más tarde todos los debates en todos los campos serían suprimidos). La ley funciona mediante el proceso de derivar consecuencias lógicas a partir de precedentes establecidos.

El criterio de «los estándares comunitarios de la persona normal» fue establecido en el caso Roth. Pero el criterio de Roth de «no tener absolutamente ningún valor social que lo redima» era demasiado vago para ser inmediatamente peligroso; de cualquier cosa puede decirse que tiene algún tipo de «valor social». Entonces, lógicamente, con base en ese precedente, el Tribunal actual dio el siguiente paso hacia la censura. Le dio al Gobierno el poder de entrar en cuatro campos intelectuales *concretos*, con el poder de juzgar si los valores de los trabajos en esos campos son serios o no.

«Serio» es un estándar *nada serio*. ¿Quién va a determinar qué es serio, para quién y con base en qué criterio? Al no dar ninguna definición, uno debe suponer que el criterio a aplicar es el único promulgado en esas directrices: lo que a una persona normal le parezca serio. ¿Te imaginas contemplar el espectáculo de una persona normal como autoridad final —el censor— en el campo de la literatura? ¿En el campo del arte? ¿En el campo de la política? ¿En el campo de la ciencia? ¿Una autoridad cuyo edicto ha de ser impuesto por la *fuerza*, y que ha de determinar qué será permitido y qué será suprimido en cada uno de esos campos? Afirmo sin reservas que ninguna película pornográfica puede ser tan moralmente obscena como una perspectiva de ese tipo.

Ningún talento de primer orden en cualquiera de esos campos estará dispuesto jamás a trabajar bajo los estándares intelectuales y a las órdenes de ninguna autoridad, aunque fuera una autoridad constituida por los mejores cerebros del mundo (los cuales no aceptarían el trabajo), y mucho menos a las órdenes de una autoridad que consistiera en «personas normales». Y cuanto mayor el talento, menor la actitud de querer hacerlo.

En cuanto a quienes *sí estarían* dispuestos, observa la ironía moral del hecho de que ellos existen hoy en grandes cantidades y generalmente son despreciados: son los piratas, los que buscan publicidad, los que tratan de satisfacer lo que ellos creen que son los gustos —y los estándares— del público, para poder ganar dinero. Por lo visto, la prostitución intelectual es malvada si se hace por un motivo «egoísta», pero es noble si se acepta como un servicio altruista en aras de la «pureza moral» de la comunidad.

En otro de los cinco casos de «obscenidad» (Estados Unidos contra 3.700 metros de carretes de película super-8), pero en un contexto totalmente diferente, el propio juez supremo Burger describe el peligro creado por las implicaciones lógicas de un precedente:

> La seductora plausibilidad de pasos individuales en una cadena de desarrollo evolutivo de una norma legal no es percibida a menudo hasta que se produce una tercera, cuarta o quinta «extensión» lógica. Cada paso, cuando se da, parece un paso razonable en relación con el que lo precedió, aunque el agregado o el resultado final sea uno que nunca habría sido considerado seriamente en una primera instancia. Ese tipo de propensión gestativa requiere el «límite» familiar en el proceso judicial, igual que en el proceso legislativo: «Hasta aquí, pero sin pasarnos».

Yo argumentaría que, puesto que una norma legal es un principio, el desarrollo de sus consecuencias lógicas no puede ser interrumpido, a menos que sea revocando el principio. Pero asumiendo que tal interrupción fuera posible, *ningún límite de ningún tipo ha sido trazado* en el fallo Miller: los estándares comunitarios de personas normales han sido explícitamente declarados como si constituyeran un poder soberano en cuestiones sexuales y en los trabajos que tienen que ver con cuestiones sexuales.

En el mismo fallo Miller, el juez supremo Burger admite que una línea así no puede ser trazada: «Nada en la Primera Enmienda requiere que un jurado deba considerar "estándares nacionales" hipotéticos e imprevisibles al intentar determinar si ciertos materiales son obscenos como una cuestión de hecho». Él cita al juez supremo Warren, quien dice en un caso anterior: «Creo que no hay ningún "estándar nacional" demostrable [...]. En cualquier caso, este Tribunal no ha sido capaz de enunciar ni uno, y no sería razonable esperar que los tribunales locales adivinaran uno».

¿Por qué medios adivinarían los tribunales locales un estándar *local*? Realmente, el único estándar *demostrable* de qué constituye obscenidad sería un estándar *objetivo*, un estándar que estuviese filosóficamente demostrado y que fuese válido para todos los hombres. Tal estándar no puede ser definido o implementado en términos de una ley: requeriría la formulación de un sistema filosófico completo; pero incluso eso no le daría a nadie el derecho a imponerle ese estándar a otros. Cuando el Tribunal, sin embargo, habla de un «estándar nacional demostrable», no está hablando de un estándar *objetivo*; sustituye lo objetivo por lo *colectivo*, y trata de enunciar un estándar sostenido por todas las personas normales de la nación. Ya que incluso una conjetura sobre un concepto así es evidentemente imposible, el Tribunal concluye que lo que es imposible (e inapropiado) a escala nacional está permitido a escala local; y, de hecho, les pasa la pelota a las legislaturas estatales, dándoles el poder de implementar estándares locales arbitrarios (*indemostrables*).

Los argumentos del juez supremo Burger en el fallo Miller no son muy persuasivos: «No es ni realista ni constitucionalmente sensato leer la Primera Enmienda como si requiriera que las personas de Maine o de Misisipi acepten la descripción pública de la conducta que se considera tolerable en Las Vegas o en la ciudad de Nueva York». Yo entendí la Primera Enmienda como si requiriera que ninguna persona en ningún lugar tuviera que aceptar ninguna descripción de lo que ella no desea leer o ver, sino prohibiéndole a ella limitar los derechos y la libertad de quienes sí desean leerla o verla.

En otro argumento en contra de un estándar nacional sobre lo que constituye obscenidad, el fallo declara: «Las personas en estados diferentes difieren en sus gustos y en sus actitudes, y esa diversidad no puede ser constreñida por el absolutismo de la uniformidad impuesta». ¿Y qué pasa con el absolutismo de la uniformidad impuesta *dentro* de un estado? ¿Qué pasa con los anticonformistas en ese estado? ¿Qué pasa con la comunicación entre ciudadanos de estados diferentes? ¿Qué pasa con la libertad de un mercado *nacional* de ideas? No se da respuesta alguna.

El siguiente argumento, presentado en una nota al pie de página, es indigno de un tribunal *serio*:

> El mero hecho de que los jurados puedan llegar a conclusiones diferentes sobre el mismo material no quiere decir que los derechos constitucionales hayan sido reducidos. Como este Tribunal observó en el caso Roth contra Estados Unidos: «Es una experiencia común que jurados diferentes puedan llegar a conclusiones diferentes bajo cualquier estatuto criminal. Ésa es una de las consecuencias que aceptamos dentro de nuestro sistema jurídico [...]».

En un caso criminal, el deber del jurado es sólo determinar si un acusado concreto cometió el crimen que está clara y específicamente definido por el estatuto. Según la nueva regla sobre la «obscenidad», se espera que un jurado determine si el acusado cometió un delito indefinido y, a la vez, que determine cuál es ese delito.

Así, la noción del Tribunal de Nixon de compartir la censura mediante su difusión al azar por todo el país es tan ilusoria como la noción de Nixon de devolverles poder a los estados por medio de compartir ingresos. Mientras el público viaja en el tren rechinante de la censura local, con retrasos, descarrilamientos y caos en cada pequeña estación, el tren expreso del estatismo vuela a toda velocidad por una vía despejada.

Cuatro de los jueces que dictaron el fallo Miller son considerados conservadores; el quinto, el juez White, es considerado centrista. Por otra parte, el juez Douglas es el miembro más liberal y con tendencias más izquierdistas del Tribunal. Sin embargo, su disidencia en el caso Miller es un grito apasionado de protesta y de indignación. Él rechaza la noción de que la Primera Enmienda permita una excepción implícita en el caso de la obscenidad. «Creo que no lo hace, y mi opinión sobre el tema ha sido manifestada reiteradas veces.» Dice: «La obscenidad —la cual ni siquiera podemos definir con precisión— es un galimatías. Mandar a unos hombres a la cárcel por violar estándares que ellos no pueden entender, interpretar o aplicar es hacer algo monstruoso en una nación comprometida a tener juicios justos y a un Estado de derecho».

¿Y qué pasa con las leyes antimonopolio, que son responsables precisamente por ese tipo de monstruosidad? El juez Douglas no las menciona; pero las leyes antimonopolio, como veremos más adelante, son como pollos volviendo al gallinero, como maldiciones que siempre se vuelven contra quien las ha lanzado, en este caso contra *ambos* lados del asunto.

En cuanto al tema de la censura, sin embargo, el juez Douglas es elocuentemente consistente:

> La idea de que la Primera Enmienda permita el castigo por ideas que son «ofensivas» para un juez o un jurado concreto responsables por juzgarla es asombrosa. Jamás se ha concebido un mayor nivelador de la lengua o de la literatura. Darle poder al censor, como estamos haciendo hoy, es cortar de forma brusca y radical con las tradiciones de una sociedad libre. La Primera Enmienda no fue concebida como un vehículo para dispensar tranquilizantes a las personas. Su función principal fue mantener abierto el debate tanto para personas «ofensivas» como para personas «serias». La tendencia a lo largo de la historia ha sido doblegar al individuo y exaltar el poder del Gobierno. El uso del estándar «ofensivo» le da al Gobierno autoridad para excluir precisamente las partes vitales de la Primera Enmienda. Como insinúa la opinión del Tribunal, los materiales que tenemos ante nosotros pueden ser basura; pero también lo es la mayoría de lo que se dice en las campañas políticas, en la prensa, en la televisión o en la radio. En razón de la Primera Enmienda —y exclusivamente por causa de ella— los que hablan y los que publican no han sido amenazados o subyugados porque sus pensamientos y sus ideas puedan ser «ofensivos» para algunos.

Yo sólo puedo decir «amén» ante esa declaración.

Observa que temas tales como el individuo contra el Estado federal nunca son mencionados en el fallo mayoritario del Tribunal Supremo. Es el juez Douglas, el archiliberal, quien defiende los derechos individuales. Son los conservadores los que hablan como si el individuo no existiera, como si la *unidad* de interés social fuera el colectivo: la *comunidad*.

Un compromiso profundo hacia un colectivismo moral no se produce en el vacío, como algo primario y sin causa: requiere un fundamento epistemológico. El fallo mayoritario del Tribunal Supremo en el caso Paris Adult Theater I contra Slaton revela ese fundamento.

Ese caso es sobre dos salas de cine en Atlanta (Georgia) que exhibieron películas supuestamente obscenas, admitiendo sólo a adultos. El Tribunal procesal local falló que eso estaba permitido constitucionalmente, pero el Tribunal Supremo de Georgia revirtió el fallo, basándose en que la pornografía *hardcore* no está protegida por la Primera Enmienda. De esa forma, la cuestión planteada ante el Tribunal Supremo de Estados Unidos fue si es constitucional reducir la libertad de los adultos que consienten en algo. El fallo de la mayoría del Tribunal fue: «Sí».

Epistemológicamente, ese fallo es una proclamación de la no objetividad, porque apoya y defiende explícitamente el más malvado de los fenómenos sociales: la ley no objetiva.

El fallo, redactado por el juez supremo Burger, dice: «Opinamos que hay en juego intereses legítimos del Estado federal para contener el torrente de obscenidad comercializada [...]. Esos intereses incluyen *el interés del público en la calidad de vida y el entorno total de la comunidad*, el tono del comercio en los grandes centros de la ciudad y, posiblemente, la propia seguridad pública» (énfasis añadido). Trata de encontrar un solo asunto o una sola acción que estén exentos de ese tipo de interés estatal «legítimo».

Citando un libro del profesor Bickel, el fallo declara: «Un hombre puede tener derecho a leer un libro obsceno en su habitación [...]. Pero si él exige el derecho a conseguir los libros y las fotos que él quiere en el mercado libre..., entonces concederle ese derecho es afectar al mundo en el que el resto de nosotros vivimos, así como vulnerar otras privacidades [...]. Lo que comúnmente se lee, se ve, se oye y se hace es una intrusión en todos nosotros, lo queramos o no». ¿Qué actividad humana estaría exenta de una declaración de ese tipo? ¿Y qué defensor de una dictadura totalitaria no apoyaría esa declaración?

El señor Burger admite que «no hay datos científicos que demuestren de modo concluyente que esa exposición a materiales obscenos afecte negativamente a los hombres y a las mujeres o a su sociedad». Pero él rechaza eso como un argumento contra la supresión de tales materiales. Y de ahí se deducen una avalancha de declaraciones y de citas de fallos anteriores del Tribunal, todos ellos diciendo (en términos más amplios que el asunto de la pornografía) que *un conocimiento científico y una prueba concluyente* no son requeridos como base para legislar, y que el Estado tiene el derecho a promulgar leyes con base en lo que existe o en lo que *podría* existir.

«Datos científicos» (en el sentido auténtico y literal de esas palabras) significa el conocimiento de la *realidad*, al que se llega por un proceso en el que se aplica la *razón*; y «prueba concluyente» significa que el contenido de una proposición concreta ha sido demostrado por un hecho de la realidad. Son la razón y la realidad las que están siendo eliminadas aquí como limitación al poder del Estado. Lo que se le está confiriendo aquí al Gobierno es el derecho a legislar con base en cualquier suposición, en cualquier hipótesis, en cualquier conjetura, en cualquier emoción, en cualquier *capricho*..., con base en algo o con base en nada.

«No exigimos de las legislaturas "criterios de legislación que sean científicamente seguros"», afirma el fallo. «Aunque no hay ninguna prueba concluyente de una conexión entre una conducta antisocial y un material obsceno, la Asamblea Legislativa de Georgia podría muy razonablemente determinar que tal conexión existe o podría existir. En el fallo de Roth, este Tribunal implícitamente aceptó que una asamblea legislativa puede legítimamente actuar con base en esa conclusión, para proteger *el interés social en el orden y la moralidad*.»

Si la noción de que algo *pudiera* ser una amenaza para el «interés social» es suficiente para justificar su supresión, entonces la dictadura nazi o la dictadura soviética están justificadas al exterminar a cualquiera que, según creyeran ellas, *pudiera* ser una amenaza para el «interés social» de la «comunidad» soviética o de la nazi.

Sea cual sea la teoría de gobierno que esa noción representa, *no es* la teoría de los padres fundadores de Estados Unidos. Aunque parezca extraño, el juez supremo Burger parece darse cuenta de eso, porque invoca un precedente anterior a Estados Unidos: «Desde el principio de las sociedades civilizadas, los legisladores y los jueces han actuado con base en varios supuestos imposibles de demostrar. Tales supuestos son la base de muchas de las regulaciones legales de los Estados en asuntos comerciales y empresariales».

Eso es en su mayoría verdad..., y mira los resultados. Mira la historia de *todos* los gobiernos del mundo antes del nacimiento de Estados Unidos. El nuestro fue el primer gobierno basado en un documento escrito, la primera Constitución moderna, y estrictamente limitado por ella; la Constitución prohíbe específicamente violar los derechos individuales, o actuar por capricho. La historia de las atrocidades perpetradas por todos los otros tipos de gobiernos —gobiernos sin restricciones, actuando bajo premisas indemostrables— demuestra el valor y la validez de la teoría política original sobre la cual se construyó este país. Pero ahí tenemos al Tribunal Supremo citando todos esos cruentos milenios de tiranía como un precedente que debemos seguir.

Si eso parece inexplicable, justamente la siguiente frase del fallo del señor Burger ofrece una pista para conocer las razones y una demostración violentamente clara del papel de un precedente en el desarrollo de la ley. Esa frase que sigue parece desencadenar un vertiginoso remolino de plumas, a medida que los pollos vuelven a casa desde todas direcciones para posarse en el gallinero, en la percha y en la valla de todo el mundo, en retribución por cada evasión, concesión, injusticia y violación de derechos perpetrados en las décadas pasadas.

Esa frase que sigue es: «Lo mismo [una base de supuestos indemostrables] puede decirse de los títulos federales, de las leyes antimonopolio y de un gran número de otras regulaciones federales».

Formalmente, yo tendría que decir: «¡Oh, señor juez supremo!». Informalmente, lo que quiero decir es: «¡Ay, compadre!».

«Con base en esos supuestos», continúa el señor Burger, «tanto el Congreso como las legislaturas estatales han restringido drásticamente, por ejemplo, los derechos de asociación al adoptar leyes antimonopolio, y han regulado estrictamente la expresión pública de los emisores y los vendedores de valores, de "vales" y "cupones" de participación en beneficios, exigiendo lo que ellos deben, o no pueden, publicar y anunciar [...]. Obviamente, quienes tienen una visión absolutista de la Primera Enmienda se sienten incómodos al explicar por qué los derechos de asociación, de libertad de expresión y de prensa deberían ser severamente restringidos en el mercado de mercancías y de dinero, pero no en el mercado de la pornografía».

Bajo la premisa colectivista, no hay, por supuesto, ninguna respuesta. La única respuesta, en la situación actual, es desafiar esa premisa y rechazarla, y empezar a revocar todas esas violaciones catastróficamente destructivas de los derechos individuales y de la Constitución. Pero eso no es lo que la mayoría del Tribunal ha decidido. Olvidando su propia advertencia sobre la «propensión "gestativa"» de los procesos judiciales y legislativos, el juez supremo Burger acepta el precedente como un absoluto irrevocable, y le da un empujón al país para que dé muchos pasos adelante hacia el abismo del estatismo.

«Asimismo», continúa el fallo, «cuando las legislaturas y los administradores actúan para proteger el entorno físico de la contaminación y para conservar nuestros recursos de bosques, ríos y parques, ellos deben decidir sobre imponderables tales como el impacto de una nueva carretera que pase cerca o a través de un parque existente o de una zona virgen [...]. Por lo tanto la Ley de Ayuda Federal para la Construcción de Carreteras de 1968 [...] y la Ley del Departamento de Transportes de 1966 [...] han sido descritas por el juez Black como "una solemne determinación del más alto cuerpo legal de esta nación para que la belleza y la salubridad de nuestros parques no sean incautadas para construir carreteras públicas sin audiencias, investigaciones y determinaciones políticas bajo la supervisión de un funcionario del Gabinete [...]". El hecho de que una directiva del Congreso refleje supuestos indemostrables sobre lo que es bueno para las personas, incluyendo supuestos estéticos imponderables, no es razón suficiente para considerar inconstitucional ese estatuto».

Ah, ¿no? Si no lo es, entonces *los supuestos estéticos imponderables* de los oficiales del Gobierno están facultados para invadir el campo de la literatura y del arte, como la decisión del señor Burger los invita a hacer.

La fea mano del altruismo penetra calladamente en ese fallo, en un pasaje que deja totalmente de lado el concepto de libre albedrío. «Acabamos de darnos cuenta, por ejemplo, de que ni la Primera Enmienda ni el "libre albedrío" les impiden a los estados tener leyes reguladoras del comercio bursátil para reglamentar lo que los vendedores de títulos de valor pueden escribir o publicar sobre sus mercancías... Tales leyes son para proteger a los débiles, a los ignorantes, a los confiados y a los crédulos, del ejercicio de su propia voluntad.» Es por ese tipo de objetivo por el cual el resto de nosotros —que no somos débiles, ignorantes, confiados y crédulos— hemos de ser *protegidos* de *nuestra* voluntad y despojados del derecho a ejercerla. No hay más que decir sobre la relación que hay entre el altruismo y los derechos y la libertad.

Aquí hay otro pollo volviendo al gallinero: «Algunos dicen [en Estados Unidos] que los estados deben esperar una solución del mercado *laissez-faire* para el problema de la pornografía y la obscenidad; los que afirman eso son, paradójicamente, "gente que nunca ha tenido ni una palabra positiva que decir sobre el *laissez-faire*", sobre todo para solucionar problemas urbanos, comerciales y de contaminación ambiental».

El fallo contiene muchos otros pollos de ese tipo —una granja entera—, y son tantos que no tengo espacio para citarlos. Pero ésos son suficientes para mostrarte la naturaleza, el estilo y el espíritu de ese fallo.

En su opinión disidente, el juez Brennan, junto con los jueces Stewart y Marshall, ofrece buenos argumentos para sustentar la conclusión de que la censura en cuanto a adultos que consienten es inconstitucional. Pero él vacila, duda en ir hasta el final, y trata de hacer concesiones, de encontrar «un término medio entre la garantía de la libertad de expresión y los legítimos intereses de los estados».

Él admite la noción de que el material obsceno no está protegido por la Primera Enmienda, pero expresa una ansiosa preocupación por el fracaso del Tribunal en trazar una línea clara entre la libertad de expresión que está protegida y la que no. Él cita el caótico y contradictorio historial de las decisiones del Tribunal en casos de «obscenidad», pero evade el tema al decir, en una nota al pie de página: «Si existe o no un tipo de expresión "obscena" y, por lo tanto, no protegida, me veo forzado a concluir que ese tipo no puede ser definido con suficiente claridad como para resistir el ataque por razones de su imprecisión. Por lo tanto, esta opinión cuenta exclusivamente con los principios de que la doctrina es nula por falta de precisión».

El juez Brennan habla elocuentemente del peligro de las leyes imprecisas, y cita al juez supremo Warren, quien dijo que «el requisito constitucional de una precisión clara es violado por un estatuto criminal que no consigue darle a una persona de inteligencia media un justo aviso de que la conducta que esa persona está contemplando está prohibida por el estatuto». Pero el juez Brennan no menciona las leyes antimonopolio, las cuales hacen exactamente eso. Él afirma: «El nivel resultante de incertidumbre es absolutamente intolerable, no sólo porque hace que "la venta de libros sea una profesión arriesgada", sino también porque invita a una aplicación arbitraria y errática de la ley». Él deplora el hecho de que los juicios sobre «obscenidad» ahora se hacen «caso a caso, vista a vista». Él indica que el Tribunal ha estado luchando por «detener los intentos legislativos de "pasarles a los tribunales —y finalmente al Tribunal Supremo— la imponente tarea de hacer que el caso a caso sea a la vez una ley criminal y una ley constitucional"». Pero él no menciona el infierno viviente de las leyes antimonopolio, el lúgubre monumento a una ley hecha caso a caso.

Sin embargo, un mayor respeto por los principios y una mayor comprensión de sus consecuencias son revelados mejor en la opinión disidente del juez Brennan que en la decisión de la mayoría. Él declara que con base en esa decisión mayoritaria: «[...] es difícil ver cómo una regimentación de nuestras mentes ordenada por el Estado puede alguna vez ser impedida. Pues si un Estado puede, en un esfuerzo por mantener o crear un nivel moral concreto, prescribir lo que sus ciudadanos no pueden leer o no pueden ver, entonces parece que debe concluirse que en la búsqueda de ese mismo objetivo un Estado podría decretar a la fuerza que sus ciudadanos leyeran ciertos libros o vieran ciertas películas».

La mejor afirmación, sin embargo, la hace una vez más el

juez Douglas, quien pone fin a su enérgico disenso con las palabras: «Pero nuestra sociedad —contrariamente a la mayoría en el mundo— presupone que la autonomía y la libertad están en un marco de referencia que hace al individuo, no al Gobierno, el guardián de sus gustos, de sus creencias y de sus ideas. Ésa es la filosofía de la Primera Enmienda; y es el artículo de fe que nos distingue de la mayoría de las naciones en el mundo».

Estoy totalmente de acuerdo con él; excepto en que no es un «artículo de *fe*», sino una convicción *demostrable* y racional.

En la vida de una nación, la ley desempeña el mismo papel que un proceso de pensamiento y de toma de decisiones desempeña en la vida de un individuo. Un individuo toma decisiones aplicando sus premisas básicas a una alternativa concreta; son premisas que él puede cambiar, aunque rara vez lo haga. Las premisas básicas de las leyes de una nación son establecidas por su filosofía política dominante e implementadas por los tribunales, cuya tarea es determinar la aplicación de principios amplios a casos específicos; en esa tarea, lo equivalente de las premisas básicas es el *precedente*, que puede ser desafiado, aunque rara vez lo sea.

Hasta dónde una disposición legislativa vagamente enunciada puede llegar en su papel de precedente queda aterradoramente demostrado por el fallo mayoritario del Tribunal Supremo en otro de los cinco casos de «obscenidad», el de Estados Unidos contra Orito. Ese caso tiene que ver con un hombre acusado de transportar a sabiendas material obsceno por medio de una empresa de transporte público en el comercio interestatal.

La cláusula que le confiere al Congreso el poder de regular el comercio interestatal es uno de los mayores errores de la Constitución. Esa cláusula, más que ninguna otra, fue la grieta en los cimientos de la Constitución, la cuña por la que penetró el estatismo y que permitió que el estado de bienestar se fuera estableciendo gradualmente. Pero yo me atrevo a decir que los redactores de la Constitución no pudieron haber imaginado en qué se ha convertido esa cláusula ahora. Si, al redactarla, uno de sus objetivos era facilitar el flujo del comercio e impedir el establecimiento de barreras comerciales entre los estados, esa cláusula ha llegado al destino opuesto. Ahora puedes contar con cincuenta fronteras diferentes dentro de este país, con agentes de aduanas registrando tu equipaje y tus bolsillos en busca de libros o de revistas permitidos en un estado pero prohibidos en otro.

El fallo del juez supremo Burger declara, citando una decisión anterior del Tribunal: «El motivo y el objetivo de una regulación de comercio interestatal son asuntos que deben ser juzgados por los legisladores, sobre cuyo ejercicio la Constitución no pone restricciones, y sobre los cuales a los tribunales no se les ha otorgado ningún control». Tal interpretación significa que a la decisión legislativa le ha sido dado un poder absoluto, más allá de la restricción de cualquier principio, más allá del alcance de cualquier control o equilibrio. Eso es un caso indignante de ignorar el contexto: la Constitución, tomada como un todo, es una restricción fundamental sobre el poder del Gobierno, tanto en lo legislativo como en cualquier otra rama.

«Es suficiente reiterar», declara el señor Burger, «el bien establecido principio de que el Congreso puede imponer requisitos y condiciones relevantes a quienes usan los canales del comercio interestatal para que esos canales no se conviertan en medios de promover o de propagar el mal, ya sea de naturaleza física, moral o económica». Como si eso no fuera lo suficientemente claro, es añadida una nota a pie de página: «El Congreso ciertamente puede regular el comercio interestatal hasta el punto de prohibir y castigar el uso de tal comercio como un medio para promover la inmoralidad, la deshonestidad o la difusión de cualquier maldad o daño para las personas de otros estados desde el estado de origen». La inmoralidad, la maldad y el daño... ¿según qué estándar?

Los únicos derechos que los cinco fallos mayoritarios te dejan es que tú puedes leer y ver lo que tú quieras en tu propia habitación, pero no fuera de ella; y el derecho a pensar lo que tú quieras en la privacidad de tu propia mente. Pero ése es un derecho que incluso una dictadura totalitaria es incapaz de suprimir. (Eres libre de *pensar* en la Rusia soviética, pero no de *actuar* con base en lo que piensas.) De nuevo, la disensión del juez Douglas es la única voz que se eleva en desesperada protesta:

«Todo nuestro patrimonio constitucional se rebela ante el pensamiento de darle al Gobierno el poder de controlar las mentes de los hombres».

La división entre las posiciones conservadora y liberal-izquierdista en cuanto a las opiniones de los miembros del Tribunal Supremo es más nítida y más clara que en los escritos menos solemnes o en los debates puramente políticos. Por la naturaleza de su tarea, el Tribunal Supremo tiene que convertirse en la voz de la filosofía, y lo hace.

La necesidad de lidiar con principios hace que los miembros del Tribunal Supremo parezcan arquetipos de las ideas —y casi del alma— de los dos campos políticos que representan. Ellos no fueron elegidos como arquetipos: en el caos indefinido, indeterminado y contradictorio de las posiciones políticas superficialmente etiquetadas «conservadoras» y «liberales» sería imposible seleccionar una característica esencial o un representante típico. Sin embargo, cuando uno lee las opiniones del Tribunal Supremo, las premisas esenciales sobresalen con una claridad extrañamente brillante y reveladora, y uno capta que bajo todas las menores diferencias e incongruencias secundarias de sus seguidores, *ésas* son las premisas básicas de un campo político o del otro. Es casi como si uno estuviera viendo no la filosofía de esos antagonistas, sino su sentido de vida.

El tema de los cinco casos de «obscenidad» no fue la obscenidad como tal —que es una cuestión marginal e insignificante—, sino un asunto mucho más profundo: el aspecto sexual de la vida del hombre. El sexo no es un atributo separado ni puramente físico del carácter del hombre: el sexo involucra una compleja integración de todos los valores fundamentales del hombre. Así que no es sorpresa que los casos que tienen que ver con el sexo (incluso en sus manifestaciones más desagradables) tengan que implicar la influencia de todas las ramas de la filosofía. Hemos visto la influencia de la ética, la epistemología, la política y la estética (esta última como víctima inmediata del debate). ¿Y qué pasa con la quinta rama de la filosofía, la rama básica, la fundamental de la ciencia de los fundamentos: la metafísica? Su influencia se revela en —y explica— las contradicciones internas de cada campo. El tema metafísico es la visión que cada uno de ellos tiene de la naturaleza del hombre.

Ambos campos mantienen la misma premisa *—la dicotomía cuerpo-mente—*, pero eligen lados opuestos de esa falacia letal. Los conservadores quieren libertad para actuar en el reino material; ellos tienden a oponerse al control del Gobierno sobre la producción, sobre la industria, sobre el comercio, sobre los negocios, sobre los bienes físicos, sobre la riqueza material. Pero ellos abogan por el control del Gobierno sobre el espíritu del hombre, es decir, sobre su consciencia; ellos defienden el derecho del Estado a imponer censura, a determinar los valores morales, a crear y hacer cumplir por la fuerza un *establishment* gubernamental de la moralidad, a dominar el intelecto. Los liberales de izquierdas quieren libertad para actuar en el reino espiritual; ellos se oponen a la censura, se oponen al control del Gobierno sobre las ideas, sobre las artes, sobre la prensa, sobre la educación (fíjate en su preocupación por «la libertad académica»). Pero ellos defienden el control del Gobierno sobre la producción material, sobre los negocios, sobre el empleo, sobre los sueldos, sobre los beneficios, sobre toda propiedad física; ellos abogan por eso hasta el punto de llegar a la expropiación total.

Los conservadores ven al hombre como un cuerpo físico vagando libremente por la Tierra, construyendo montañas de arena o fábricas, con un ordenador dentro de su cráneo, controlado desde Washington. Los liberales ven al hombre como un alma volando despreocupadamente hasta los más lejanos confines del universo, pero llevando cadenas de pies a cabeza cuando va a cruzar la calle para comprar una barra de pan.

Y, sin embargo, son los conservadores quienes son predominantemente fanáticos religiosos, quienes proclaman la superioridad del alma sobre el cuerpo, quienes representan lo que yo llamo los «místicos del espíritu». Y son los liberales los que son predominantemente materialistas, los que consideran al hombre como un conglomerado de carne y los que representan lo que yo llamo los «místicos del músculo».

Eso es sólo una paradoja, no una contradicción: *cada campo quiere controlar el reino que considera metafísicamente impor-*

tante; cada campo le concede libertad sólo a las actividades que desprecia. Observa que los conservadores insultan y humillan a los ricos o a quienes tienen éxito en la producción material, considerándolos como moralmente inferiores; y que los liberales tratan las ideas como si fueran un cínico juego y una estafa. «Controlar», para ambos campos, significa el poder de gobernar por medio de la fuerza física. Ninguno de los dos campos considera la libertad como un valor. Los conservadores quieren dominar la consciencia del hombre; los liberales, su cuerpo.

Bajo esa premisa, ningún campo se ha permitido a sí mismo observar que la fuerza es un asesino en ambos reinos. Los conservadores, congelados en sus dogmas místicos, están paralizados, aterrorizados e impotentes en el reino de las ideas. Los liberales, esperando lo inmerecido, están paralizados, aterrorizados y, con frecuencia, son incompetentes en el reino de la producción material, o son hostiles a él (no tienes más que fijarte en la cruzada por la ecología).

¿Por qué se aferran ambos campos a una fe ciega en el poder de la fuerza física? Cito de *La rebelión de Atlas*: «¿Os dais cuenta de qué facultad humana esa doctrina [la dicotomía cuerpomente] fue concebida para ignorar? Fue la mente del hombre la que tuvo que ser negada para poder descuartizarlo». Ambos campos, tanto conservadores como liberales, están unidos por su odio a la mente del hombre, o sea, por su odio a la *razón*. Los conservadores rechazan la razón en favor de la fe; los liberales, en favor de las emociones. Los conservadores, o bien son letárgicamente indiferentes a los temas intelectuales, o bien son activamente antiintelectuales. Los liberales son más listos en este sentido: ellos usan armas intelectuales para destruir y negar el intelecto (ellos dicen que es «para redefinirlo»). Cuando los hombres rechazan la razón, no tienen más medios para tratar unos con otros..., excepto la fuerza bruta, la fuerza física.

Cito de *La rebelión de Atlas*: «[...] los hombres que tú llamas materialistas y espiritualistas son sólo dos mitades del mismo humano seccionado, constantemente buscando ser completadas, pero lo buscan columpiándose entre la destrucción de la carne y la destrucción del alma, y viceversa [...], buscando cualquier refugio contra la realidad, cualquier forma de escapar de la mente». Puesto que los dos campos son sólo dos caras de la misma moneda —la misma moneda *falsa*—, cada vez se están acercando más y más uno al otro. Observa la fundamental similitud de sus posiciones filosóficas: en metafísica, la dicotomía cuerpo-mente; en epistemología, el irracionalismo; en ética, el altruismo; en política, el estatismo.

Los conservadores solían alegar que ellos eran leales a la tradición, mientras que los liberales se jactaban de ser «progresistas». Pero observa que es el juez supremo Burger, un conservador, quien propone un colectivismo militante y quien formula principios generales que extienden el poder estatal mucho más allá del asunto de la pornografía; y que es el juez Douglas, un liberal, quien invoca «las tradiciones de una sociedad libre» y quien aboga por «nuestra herencia constitucional».

Si alguien hubiera dicho en 1890 que las leyes antimonopolio contra los empresarios, tarde o temprano, conducirían a la censura contra los intelectuales, nadie lo habría creído. Puedes verlo tú mismo hoy. Cuando el juez supremo Burger les dice a los liberales que ellos no pueden explicar por qué los derechos «deberían ser severamente restringidos en el mercado de mercancías y de dinero, pero no en el mercado de la pornografía», siento, y estoy tentada de decir, que les está bien empleado..., sólo que todos nosotros somos las víctimas.

Si el fallo sobre la censura no es revocado, el siguiente paso será más explícito: sustituirá las palabras «mercado de la pornografía» por las palabras «mercado de las ideas». Eso servirá como precedente para los liberales, permitiéndoles determinar qué ideas *ellos* desean suprimir —en nombre del «interés social»— cuando les llegue su turno. Nadie puede ganar un concurso de ese tipo..., excepto el Estado.

No sé cómo los miembros conservadores del Tribunal Supremo pueden soportar mirar el Monumento a Jefferson, en Washington, donde sus palabras están grabadas en mármol: «He jurado [...] hostilidad eterna a toda forma de tiranía sobre la mente del hombre».

Permitidme añadir, sin presunción: «Yo también».

16

Una «doctrina equitativa» para la educación

La «doctrina equitativa» es una improvisación confusa y mal hecha de la economía mixta, y un pobre sustituto para la libertad de expresión. Ha servido, sin embargo, para retardar mínimamente la tendencia colectivista: ha impedido que el *establishment* asuma un control total sobre las ondas de radio. Por esa razón —como medida temporal en una grave emergencia nacional— la doctrina equitativa debería ser invocada ahora en nombre de la educación.

La doctrina equitativa es un producto típico del sentimentalismo socialista que sueña con combinar la propiedad del Gobierno con la libertad intelectual. Aplicada a las transmisiones de televisión y de radio, la doctrina equitativa exige que les sean dadas oportunidades iguales a todos los lados de un tema controvertido, con base en la noción de que «el pueblo es dueño de las ondas de radio» y, por consiguiente, que todas las facciones que conforman «el pueblo» deberían tener igual acceso a su propiedad comunitaria.

El problema con la doctrina equitativa es que no puede ser aplicada de forma justa. Como cualquier producto ideológico de la economía mixta, es una aproximación ambigua e indefinible, y, por lo tanto, es un instrumento de lucha entre grupos de presión. ¿Quién determina qué temas son controvertidos? ¿Quién escoge a los representantes de los distintos lados en una controversia dada? Si hay demasiados puntos de vista conflictivos, ¿a cuáles de ellos hay que dejar expresarse, y cuáles de ellos deben ser acallados? ¿Quién es «el pueblo» y quién *no* lo es?

Está claro que las opiniones del individuo están prohibidas por completo, y que la «justicia» se aplica sólo a los grupos. La fórmula empleada por las emisoras de televisión en Nueva York declara que ellas reconocen su obligación de darles igual tiempo a «puntos de vista *significativamente* opuestos». ¿Quién decide qué punto de vista es «significativo»? ¿Es el estándar cualitativo o el cuantitativo? Es obviamente este último, como uno puede observar en la práctica: cada vez que una respuesta le es dada a un editorial de la televisión, le es dada por un representante de algún grupo involucrado en el tema debatido.

La doctrina equitativa (así como el mito de la propiedad pública) está basada en la ilusión favorita de los socialistas sensibleros, o sea, quienes quieren combinar fuerza y libertad, a diferencia de los socialistas sangrientos, o sea, los comunistas y los fascistas. Esa ilusión es creer que las personas («las masas») serían esencialmente unánimes, que los grupos disidentes serían raros y estarían fácilmente satisfechos; que la voluntad monolítica de una mayoría prevalecería, y que si se cometiera cualquier injusticia sería sólo contra individuos recalcitrantes, quienes, en la teoría socialista, no importan en cualquier caso. (Para una discusión de por qué las ondas de radio deberían ser de propiedad privada, véase «El estatus de propiedad de las ondas de radio» en mi libro *Capitalismo: el ideal desconocido*.)

En la práctica, la doctrina equitativa ha llevado al precario régimen de una actitud «centrista»: de timidez, de concesiones y de miedo (con el «centro» deslizándose lenta e inexorablemente hacia la izquierda), o sea, de un control por el *establishment*, limitado sólo por los restos de una tradición de libertad: de alegar estar a favor de la «imparcialidad», de un temor a ser sorprendido en alguna «injusticia» demasiado obvia y de practicar el «poner un escaparate», lo cual consiste en algunos momentos ocasionales de emisión lanzados a algunos representantes de puntos de vista extremos y significativamente opuestos. Tal política, por su propia naturaleza, es temporal. Sin embargo, ese «escaparate» es la última oportunidad que tienen los defensores de la libertad, en lo que respecta a las ondas de radio.

No hay nada equivalente a la doctrina equitativa en un campo que es mucho más importante para el futuro de una nación que sus ondas de radio; el campo que determina las tendencias intelectuales de un país, o sea, las ideas dominantes en las mentes de las personas, en la cultura, en el *establishment*, en la prensa y, a la larga, en el aire: el campo de la educación superior.

Mientras la enseñanza superior fue provista predominantemente por facultades y universidades privadas, no existió ningún problema de injusticia. Un colegio privado tiene derecho a enseñar cualquier tipo de ideas que sus propietarios decidan, y de excluir todas las ideas opuestas; pero no tiene el poder de imponer por la fuerza tal exclusión sobre el resto del país. Los que se oponen tienen derecho a establecer sus propios colegios, y a enseñar sus ideas en un espectro más amplio de puntos de vista, si eso es lo que deciden. La competencia en el libre mercado de las ideas hace el resto, determinando el éxito o el fracaso de cada colegio, lo cual, históricamente, fue el curso del desarrollo de las grandes universidades privadas. Pero el crecimiento del poder del Gobierno, de las universidades estatales y de los impuestos puso a las universidades privadas bajo un control y una dependencia cada vez mayores por parte del Gobierno. El actual proyecto de ley para proveer «ayuda» federal a la enseñanza superior hará que el control y la dependencia sean prácticamente absolutos, estableciendo así un monopolio gubernamental sobre la educación.

La cuestión más ominosamente crucial que ahora se cierne sobre el futuro de este país es: ¿*qué* enseñarán nuestras universidades, a costa nuestra y sin nuestro consentimiento? ¿Qué ideas serán propagadas o excluidas? (Esa pregunta se aplica a todas las instituciones de enseñanza públicas y semipúblicas. Por «semipúblicas» me refiero a esas instituciones que antes eran privadas y que ahora han de ser sustentadas en parte por fondos públicos y controladas en su totalidad por el Gobierno.)

El Gobierno no tiene derecho a erigirse en árbitro de las ideas, y, por lo tanto, sus establecimientos —las escuelas públicas y semipúblicas— no tienen derecho a enseñar un punto de vista único, excluyendo a todos los demás. Esos establecimientos no tienen derecho a servir a las creencias de un grupo específico de ciudadanos, dejando a los demás ignorados y silenciados. Ellos no tienen derecho a imponer la desigualdad a los ciudadanos que soportan igualmente el coste de mantenerlos.

Como en el caso de las subvenciones gubernamentales para la ciencia, es horriblemente malvado forzar a un individuo a pagar por la enseñanza de ideas diametralmente opuestas a las suyas; es una profunda violación de sus derechos. La violación se vuelve monstruosa si *sus* ideas quedan excluidas de tales enseñanzas públicas: eso significa que ese individuo está obligado a pagar por la difusión de algo que él considera falso y malvado, y por la supresión de lo que él considera verdadero y bueno. Si hay una forma más vil de injusticia, desafío a cualquier residente de Washington D. C. a que la nombre.

Y, sin embargo, ése es el tipo de injusticia cometida por la política actual de una abrumadora mayoría de nuestras universidades públicas y semipúblicas.

Hay una impresión generalizada de que la televisión y la prensa son parciales y están sesgadas hacia la izquierda. Pero ellas son modelos de imparcialidad y equidad comparadas con la intolerancia feroz, la parcialidad, los prejuicios, las distorsiones y el oscurantismo salvaje que ahora se han desencadenado en la mayoría de nuestras instituciones de educación superior, en cuanto a cuestiones más profundas que la mera política. Con raras excepciones, cada uno de los varios departamentos y de las diferentes disciplinas son regidos por su propia camarilla particular, que se instala y virtualmente excluye la enseñanza de cualquier teoría o punto de vista que sea diferente al suyo. Si un colegio privado permite eso, tiene derecho a hacerlo; una escuela pública o semipública no lo tiene.

La controversia es la característica distintiva de nuestra era; no hay tema, sobre todo en las humanidades, que no sea considerado de formas fundamentalmente diferentes por diferentes escuelas filosóficas. (Eso no quiere decir que todas ellas sean válidas, sino simplemente que existen.) Sin embargo, la mayoría de los departamentos universitarios, sobre todo en las universidades principales, ofrecen un único punto de vista (camuflado con variaciones secundarias) y mantienen su monopolio por el simple medio de evadir: ignorando cualquier cosa que no encaje con su punto de vista, pretendiendo que ninguno de los otros existe y reduciendo la disensión a trivialidades, dejando así los fundamentos sin cuestionar.

La mayoría de los departamentos de filosofía actuales están dominados por el análisis lingüístico (el producto fallido de cruzar la filosofía con la gramática, una unión cuyo vástago es menos viable que una mula), con algunos restos de sus progenitores inmediatos, el pragmatismo y el positivismo lógico, aún aferrándose a su carro. Los departamentos más «tolerantes» incluyen una oposición: la otra cara de la misma moneda kantiana: el existencialismo. (Una cara afirma que la filosofía es gramática; la otra, que la filosofía son emociones.)

Los departamentos de psicología tienen un pequeño número de freudianos, pero están dominados por el conductismo, cuyo líder es B. F. Skinner. (Aquí la controversia es entre la alegación de que el hombre es movido por ideas innatas y la alegación de que no tiene ideas en absoluto.)

Los departamentos de economía están dominados por el marxismo, el cual se puede consumir puro o con hielo..., en forma de keynesianismo.

Lo que predomina en los departamentos de ciencias políticas y en las escuelas de administración de empresas queda bien ilustrado por el siguiente ejemplo: en una universidad distinguida de la Ivy League, un decano de la Escuela de Negocios sugirió recientemente cambiarle el nombre a la escuela por «Escuela de Gerencia», explicando que la obtención de beneficios es impopular entre los estudiantes y que la mayoría de ellos quiere trabajar para instituciones sin ánimo de lucro, como el Gobierno o las organizaciones de caridad.

Los departamentos de sociología están dominados por el hecho de que nadie ha definido jamás qué es la sociología.

Los departamentos de inglés están dominados por *The New York Times Book Review*.

No conozco el estado de los varios departamentos en las ciencias físicas, pero he visto una indicación de eso: los ensayos «científicos» de los ecologistas.

Como resultado de las políticas educativas actuales, la mayor parte de los graduados universitarios son virtualmente analfabetos, en el sentido literal y más amplio de la palabra. Ellos no aceptan necesariamente los puntos de vista de sus profesores, pero no saben que existen otros puntos de vista o que alguna vez hayan existido. Hay estudiantes avanzados de filosofía que se gradúan sin haber hecho un solo curso sobre Aristóteles (excepto como parte de estudios generales). Hay estudiantes avanzados de economía que no tienen ni idea de lo que es o lo que fue el capitalismo, tanto teórica como históricamente, y no tienen ni la menor noción de cómo funciona un mercado libre. Hay estudiantes avanzados de literatura que nunca han oído hablar de Victor Hugo (aunque hayan adquirido un gran vocabulario de palabrotas).

Mientras había variaciones entre los departamentos universitarios para elegir sus prejuicios dominantes —y mientras hubiera algunos supervivientes distinguidos con una visión anterior y más libre de la educación— los no conformistas tenían alguna posibilidad. Pero, con la propagación de la unidad «no polarizada» y del «estímulo» federal —la propagación del mismo dogma gris, pesado, sordo, ciego y mudo, histéricamente anquilosado—, esa posibilidad ha ido desapareciendo. Cada vez se está haciendo más difícil para una mente independiente conseguir o mantener un trabajo en una facultad universitaria, o que la mente independiente de un estudiante siga siendo independiente.

Ése es el resultado lógico de generaciones de filosofía estatista poskantiana y del círculo vicioso que ha establecido: al ir degenerando la filosofía en el irracionalismo, ella promueve el crecimiento del poder gubernamental, el cual, a su vez, promueve la degeneración de la filosofía.

Es una paradoja que, en nuestra época de escepticismo —con

su proliferación de frases trilladas tales como: «El hombre no puede estar seguro de nada»; «La realidad es incognoscible»; «No hay hechos incontestables ni conocimiento incontrovertible, todo es cuestionable, todo es "suave" (excepto el cañón de una pistola)»—, el dogmatismo dominante de los departamentos universitarios haría retorcerse de envidia a un clérigo medieval tratando de imponer un dogma religioso. Eso es una paradoja, pero no una contradicción, porque es la consecuencia necesaria —y el objetivo— del escepticismo, que desarma a sus oponentes declarando: «¿Cómo puedes estar seguro?»; y de esa forma les permite a sus líderes proponer absolutos a su antojo.

Es ese tipo de atmósfera intelectual y son esos tipos de camarillas cínicas, fanáticas, envidiosas y decadentes lo que el Gobierno federal propone ahora mantener con fondos públicos, y con la promesa hipócritamente reiterada de que las instituciones interesadas en obtener ganancias retendrán su total libertad para enseñar todo lo que quieran, que no habrá «compromiso alguno».

Bueno, hay un compromiso que todos los oponentes del *statu quo* intelectual tienen derecho a esperar y a exigir: la doctrina equitativa.

Si el público supuestamente es dueño de las universidades, como supuestamente es dueño de las ondas de radio, entonces, por exactamente las mismas razones, *no puede permitirse que ninguna ideología específica mantenga un monopolio en cualquier departamento de cualquier universidad pública o semipública*. En todas esas instituciones, a cada «punto de vista significativo» hay que darle una representación. (Por «ideología», en ese contexto, quiero decir un sistema de ideas derivado de una base teórica o de un marco de referencia.)

Las mismas consideraciones que condujeron a la doctrina equitativa en la radiodifusión se aplican a las instituciones educativas, sólo que de forma más crucial, más urgente y más desesperada, porque hay mucho más en juego que en algunos efímeros sonidos o imágenes electrónicas, porque la mente de los jóvenes y el futuro del conocimiento humano están en juego.

¿Funcionaría esa doctrina para las universidades? Funcionaría tan bien —y tan mal— como ha funcionado en la radiodifusión. No funcionaría como un motor de la libertad, sino como un freno sobre la reglamentación total. No conseguiría una verdadera equidad, ni objetividad ni imparcialidad. Pero actuaría como un impedimento temporal para los monopolios intelectuales, un retardador del apoderamiento por parte del *establishment*, una brecha en el letargo mental del *statu quo* y, ocasionalmente, una apertura para un disidente genial que supiese cómo aprovecharse de ella.

Recuerda que los *disidentes*, en el mundo académico de hoy, no son los defensores del eje misticismo-altruismo-colectivismo, no son las camarillas dominantes, los representantes del *statu quo* que ya está consolidado. Los disidentes son los defensores del eje razón-individualismo-capitalismo. (Si existen universidades en alguna parte que prohíben la enseñanza de teorías abiertamente malvadas, como el comunismo, los defensores de esas teorías tendrían derecho a la protección de la doctrina equitativa, siempre y cuando la universidad reciba fondos gubernamentales, porque son los ciudadanos que pagan impuestos quienes son comunistas. La protección se aplicaría al derecho a enseñar ideas, *no* a actos criminales tales como disturbios en el campus o cualquier forma de violencia física.)

Dado que la doctrina equitativa no puede ser definida objetivamente, su aplicación a casos específicos dependería en gran parte de interpretaciones subjetivas, que a menudo serían arbitrarias y, en el mejor de los casos, aproximadas. Pero no hay tal aproximación en las universidades de la Rusia soviética, como no la hubo en las universidades de la Alemania nazi. El objetivo de la aproximación es preservar y mantener vivo en las mentes de los hombres el principio de la libertad intelectual, hasta el momento en que pueda volver a ser implementado totalmente en las universidades libres, o sea, privadas.

La función principal de la doctrina equitativa sería trasladar la carga del miedo de la víctima a la camarilla consolidada, y trasladar el derecho moral de la camarilla consolidada a la víctima. Un disidente no tendría que estar en la posición de un mártir enfrentando el poder de un vasto *establishment* con todas las interconexiones de camarillas incognoscibles, con las misteriosas líneas de influencia secreta que conducen a autoridades gubernamentales omnipotentes. Él tendría la protección de un *derecho* reconocido. Por otra parte, los sicarios del *establishment* se verían obligados a ser cautelosos, sabiendo que hay una limitación (al menos, en principio) al poder irresponsable concedido en el uso de fondos públicos «sin compromiso alguno».

Pero la lucha por la doctrina equitativa requeriría claridad intelectual, objetividad y un buen juicio (o sea, contextual), porque los elementos a considerar son extremadamente complejos. Por ejemplo, el concepto de «tiempo igual» no sería enteramente relevante: una hora en la clase de un profesor capaz puede reparar el daño hecho por un semestre entero en las clases de los profesores incompetentes. Y sería imposible sobrecargar a los estudiantes con cursos sobre cada punto de vista dentro de cada tema.

No hay ninguna forma precisa de determinar cuáles son los puntos de vista de los profesores que son válidos como opuestos a otros, sobre todo en medio del eclecticismo que es prevalente hoy día. La política de alegar ser imparcial y de guardar las apariencias, que se practica en muchos colegios, y el eclecticismo que hay en algunas de las universidades más pequeñas son tales que ningún punto de vista concreto puede ser diferenciado en absoluto. Son los casos de extremos, los casos de unidad ideológica en la facultad y la monotonía monopolizadora en la enseñanza —sobre todo en las universidades punteras, las que establecen las tendencias para todas las demás— los que requieren la protesta de una opinión pública informada, de los profesores disidentes en la facultad y de las principales víctimas: los estudiantes.

La diversidad intelectual y los opuestos ideológicos pueden ser determinados sólo en términos de esenciales, pero es algo esencial en la filosofía moderna negar la existencia o la validez de los esenciales (es lo que ellos llaman «supersimplificación»). El resultado es que algunos defensores de un ingreso mínimo garantizado son considerados defensores del capitalismo, los preconizadores de teorías de ideas innatas son considerados campeones de la razón, la conformidad tribal de los *hippies* es considerada una expresión de individualismo, etcétera. Y la mayoría de los estudiantes universitarios han perdido o nunca han desarrollado la capacidad de pensar en términos de esenciales.

Pero —como en el caso de las campañas electorales políticas, en las que los esenciales son evadidos más estrictamente que en las universidades modernas— todo el mundo sabe implícitamente a favor o en contra de qué lado está, aunque a ninguna voz pública le importe identificar los temas explícitamente. La consistencia de los seguidores de tales políticos o profesores es notable para unos hombres que predican la incapacidad del hombre para distinguir cosas esenciales. (Lo cual nos da una pista de los motivos de los que defienden un enfoque «no simplificado», es decir, el enfoque limitado por lo concreto.)

La capacidad explícita de identificar lo esencial de cualquier tema que él estudie es el primer requisito para un estudiante que quiera luchar por la doctrina equitativa. Entonces, si ve que le ofrecen sólo un punto de vista en un asunto *fundamental* concreto —y sabe que otros puntos de vista «significativos» existen—, puede protestar, con base en su derecho a saber y a tomar una decisión informada.

Lo «significativo», en ese contexto, debería medirse por uno de dos estándares: o por el grado de influencia histórica lograda por una teoría dada o, si la teoría es contemporánea, por su valor para conseguir dar respuestas originales a preguntas fundamentales. Como ocurre en el caso de la radiodifusión, sería imposible presentar el punto de vista de cada individuo. Pero, si las grandes escuelas históricas de pensamiento fueran presentadas, la doctrina equitativa lograría su objetivo (o realizaría su función de «quebrar la coalición», si lo prefieres): la desintegración de ese adoctrinamiento unilateral que es la característica distintiva de las escuelas controladas por el Gobierno.

En todos los campos en los que entra el Gobierno (cuando sale de la esfera que le corresponde), hay dos motivos —uno malicioso, el otro virtuoso— que producen los mismos resultados. En el caso de las escuelas, el motivo malicioso es la ambición del poder, que incita a un maestro o a un burócrata educacional a adoctrinar a los estudiantes con un único punto de vista (del tipo que los desarma mentalmente, impide el crecimiento de su facultad crítica y los condiciona a que acepten pasivamente un dogma memorizado). El motivo virtuoso es la integridad de un maestro: un hombre de integridad tiene convicciones firmes sobre lo que él considera verdadero; él enseña de acuerdo con sus convicciones, y no propaga ni sostiene las teorías que él considera falsas (aunque él es capaz de presentarlas objetivamente, si es necesario). Un maestro así sería de un inestimable valor para una universidad privada; pero en una escuela controlada por el Gobierno, su posición monopolista lo convierte en un adoctrinador tan tiránico como el que tiene ambición de poder. (La solución no es la que sugieren los que se oponen a cualquier convicción firme: que el maestro honesto se convierta en un pragmático flexible que cambie sus ideas de un momento a otro, o en un cerdo escéptico que comerá cualquier cosa.) Las consecuencias de cualquier intento de decretar o de *defender* actividades intelectuales por medio de la fuerza serán malvadas, independientemente de los motivos.

(Eso no significa que disentir sea esencial para la libertad intelectual: lo que es esencial es la *posibilidad* de disentir.)

¿Quién implementaría la doctrina equitativa en la educación? No la rama ejecutiva del Gobierno, que es la que distribuye los fondos y tiene un interés creado en la uniformidad, o sea, en el conformismo. La doctrina tiene que ser invocada y defendida por individuos y grupos privados. Ésa es otra oportunidad para quienes desean ejercer una acción práctica contra el crecimiento del estatismo. Este tema podría convertirse en la meta de un movimiento *ad hoc*, uniendo a todos los hombres de buena fe, apelando (en nombre de la justicia intelectual) a cualquier elemento del liberalismo del siglo XIX que todavía exista en las mentes de los liberales académicos, en contraposición a los partidarios de Marcuse, quienes abiertamente proponen expulsar a todos los disidentes de las facultades universitarias. (¿Ha de lograrse la meta de los marcusianos a expensas del público y con apoyo gubernamental?)

Si un movimiento en pro de la justicia consiguiera los talentos de algunos abogados jóvenes e inteligentes, podría teóricamente encontrar soporte en los tribunales de justicia, los cuales supuestamente todavía están ahí para proteger los derechos civiles de un individuo. El precedente legal para una doctrina equitativa ha de ser hallado en el campo de la radiodifusión. La implementación práctica, o sea, el desafío al *establishment* en casos concretos, depende del esfuerzo voluntario, de la dedicación y de la capacidad de persuasión de los individuos.

Hay que recordar firmemente que una doctrina equitativa no es una cadena para la libertad de las universidades, sino una limitación para el poder del Gobierno de distribuir fondos públicos; ese poder ya ha demostrado su potencial de tener un control fantásticamente malvado y flagrantemente inconstitucional sobre las universidades. Bajo la amenaza de retener fondos y contratos gubernamentales, el Departamento de Salud, Educación y Bienestar está imponiendo ahora cuotas raciales y de género a las facultades de la universidad, exigiendo que cierto número no especificado de maestros esté compuesto por miembros de minorías étnicas y de mujeres. Como recochineo, el Departamento insiste en que eso no es una exigencia para tener cuotas ni una exigencia para poner las consideraciones raciales por encima del mérito, sino una exigencia para «demostrar» que una universidad (por ejemplo, la Universidad de Columbia) ha hecho un esfuerzo «para encontrar» maestros de igual mérito entre esos grupos. Trata de demostrarlo. Trata de demostrar que has «buscado». Trata de medir y de demostrar el mérito de los diferentes aspirantes..., cuando no se ha presentado ni se conoce ningún estándar de comparación preciso y objetivo. El resultado es que casi a cualquier mujer o a cualquier miembro de una minoría se le da preferencia sobre cualquier otra persona. La consecuencia es una desazón creciente acerca de su futuro entre jóvenes maestros del sexo masculino que no pertenecen a una minoría étnica: ellos son ahora víctimas de la discriminación más obscenamente malvada; obscena, porque es perpetrada en nombre de la lucha contra la discriminación.

Si los derechos de diversas minorías fisiológicas son tan ruidosamente reclamados hoy, ¿qué pasa con los derechos de las minorías intelectuales?

He dicho que la doctrina equitativa es un producto de la economía mixta. Toda la precaria estructura de una economía mixta, en su transición desde la libertad hacia el estatismo totalitario, estriba en el poder de los grupos de presión. Pero la lucha de grupos de presión es un juego al que dos (o más) lados ideológicos pueden jugar tan bien como uno. La desventaja de los estatistas es el hecho de que hasta el último minuto (e incluso después) tienen que jugar amparándose en los eslóganes de los derechos individuales y de la libertad. Los defensores de la libertad pueden ganarles en su propio juego, tomándolos al pie de la letra, pero jugando limpio. Es el momento justo para hacerlo. El *establishment* no es muy popular en este momento, ni política ni intelectualmente, ni en el país en general ni entre muchos de sus propios miembros. Un movimiento de los estudiantes serios y de los mejores maestros, que defendiera los derechos de las minorías intelectuales y exigiera una doctrina equitativa para la educación, tendría buenas probabilidades de crecer y de triunfar. Pero tomar parte en tal movimiento sería mucho más difícil y más exigente (y provechoso) que cantar eslóganes y bailar al corro de la patata en el césped de algún campus.

Si algunas minorías de estudiantes han tenido éxito exigiendo que se les den cursos sobre temas tales como el budismo zen, la guerra de guerrillas, el suajili y la astrología, entonces una minoría intelectual de estudiantes puede tener éxito exigiendo cursos sobre, por ejemplo, Aristóteles en filosofía, Von Mises en economía, Montessori en educación, Hugo en literatura. Como mínimo, tales cursos salvarían la mente de los estudiantes; potencialmente, salvarían la cultura.

No, la doctrina equitativa no reformaría las facultades ni las administraciones de las universidades. Habría un montón de hipocresía, de claudicaciones, de engaños, de contratación de defensores débiles para enseñar teorías pasadas de moda, de hacer «esfuerzos simbólicos» pretendiendo una igualdad racial o sexual, de poner fachadas como escaparates.

Pero piensa en lo que un escaparate puede hacer por un cuarto herméticamente cerrado, sin aire y sin luz.

17

¿Qué puede uno hacer?

Esa pregunta la hacen a menudo personas a quienes les preocupa el estado actual del mundo y quieren corregirlo. La mayoría de las veces, la pregunta asume una forma que indica la causa de la frustración: ¿qué puede *una sola persona* hacer?

Yo estaba justamente preparando este artículo cuando recibí una carta de un lector que presenta el problema (y el error) aún más elocuentemente: «¿Cómo puede un individuo difundir la filosofía de usted a una escala lo suficientemente grande como para efectuar los enormes cambios que deben hacerse en todos los aspectos de la vida, para poder crear el tipo de país ideal que usted describe?».

Si ésa es la forma como se plantea la pregunta, la respuesta es: no puede. Nadie puede cambiar un país él solo. Así que la primera pregunta que hay que hacer es: ¿por qué aborda la gente el problema de esa forma?

Suponte que eres un médico en medio de una epidemia. No preguntarías: «¿Cómo puede un médico tratar a millones de pacientes y restaurar en el país entero la salud perfecta?». Sabrías, da igual que estés solo o que formes parte de una campaña médica organizada, que tienes que tratar a tantas personas como puedas y de la mejor forma que seas capaz, y que nada más que eso es posible.

Es lo que queda de la filosofía mística —concretamente, de la división cuerpo-mente— lo que hace que las personas aborden cuestiones intelectuales de una forma que no acostumbrarían a hacer con problemas materiales. Ellos no tratarían de detener una epidemia de la noche a la mañana, o de construir un rascacielos ellos solos. Y tampoco dejarían de reconstruir su propia casa que está en ruinas, con la excusa de que son incapaces de reconstruir la ciudad entera. Pero en el reino de la consciencia del hombre, en el reino de las ideas, ellos siguen tendiendo a considerar el conocimiento como irrelevante, y esperan realizar milagros instantáneos, de alguna manera..., o se quedan paralizados al proyectar una meta imposible.

(El lector cuya carta cité estaba haciendo las cosas correctas, pero sintió que se requería una escala más amplia de acción. Muchos otros se limitan a formular la pregunta, pero no hacen nada.)

Si estás seriamente interesado en luchar por un mundo mejor, empieza por identificar la naturaleza del problema. La batalla es ante todo intelectual (*filosófica*), no política. La política es la consecuencia final, la implementación práctica de las ideas fundamentales (metafísicas, epistemológicas, éticas) que dominan la cultura de una nación dada. No puedes luchar o cambiar las consecuencias sin luchar contra las causas y modificarlas; y tampoco puedes intentar ninguna implementación práctica sin saber lo que quieres implementar.

En una batalla intelectual, no necesitas convertir a todo el mundo. La historia está hecha por minorías; o, más exactamente, la historia está hecha por movimientos intelectuales, los cuales son creados por minorías. ¿Quién pertenece a esas minorías? Cualquiera que sea capaz y que desee preocuparse activamente por temas intelectuales. Aquí, lo que cuenta no es la cantidad, sino la *calidad* (la calidad —y la consistencia— de las ideas que uno está defendiendo).

Un movimiento intelectual no comienza con una acción organizada. ¿A quiénes intentaría uno organizar? Una batalla filosófica es una batalla por las mentes de los hombres, no un intento de reclutar a seguidores ciegos. Las ideas pueden ser propagadas sólo por hombres que las comprenden. Un movimiento organizado debe estar precedido por una campaña *educativa*, la cual requiere maestros entrenados, es decir, autoentrenados (autoentrenados en el sentido de que un filósofo puede ofrecerte el material de conocimiento, pero es tu propia mente la que tiene que asimilarlo). Tal entrenamiento es el primer requisito para ser un médico durante una epidemia ideológica..., y es la precondición para cualquier intento de «cambiar el mundo».

«Los enormes cambios que deben hacerse en todos los aspectos de la vida» no pueden ser hechos individualmente, poco a poco o «al por menor», por así decirlo; un ejército de cruzados no sería suficiente para hacerlos. Pero el factor que subyace y determina todos los aspectos de la vida humana es la filosofía; enséñales a los hombres la filosofía correcta, y sus propias mentes harán el resto. La filosofía es «el mayorista» en los asuntos humanos.

El hombre no puede existir sin algún tipo de filosofía, o sea, sin alguna visión completa e integrada de la vida. La mayoría de los hombres no son innovadores intelectuales, pero son receptivos a las ideas, son capaces de juzgarlas críticamente y de elegir el curso correcto, cuando y si se les ofrece. Hay también muchísimos hombres que son indiferentes a las ideas y a cualquier cosa que vaya más allá del contexto de lo concreto en el momento inmediato; tales hombres aceptan subconscientemente cualquier cosa que les sea ofrecida por la cultura de su época, y cambian ciegamente y de un extremo a otro con cualquier corriente fortuita. Ellos no son más que un lastre social —sean jornaleros o presidentes de empresas—, y, por elección propia, son irrelevantes para el destino del mundo.

Hoy, la mayoría de las personas son extremadamente conscientes de nuestro vacío ideológico y cultural; están ansiosas y confundidas, y buscan respuestas a tientas. ¿Eres *tú* capaz de iluminarlas?

¿Puedes *tú* responder a sus preguntas? ¿Puedes *tú* ofrecerles un argumento consistente? ¿Sabes *tú* cómo corregir sus errores? ¿Eres *tú* inmune a la lluvia de ese constante bombardeo dirigido a la destrucción de la razón..., y puedes *tú* proveer a otros de proyectiles antimisiles? Una batalla política no es más que una escaramuza con mosquetones. Una batalla filosófica es una guerra nuclear.

Si quieres influir en la tendencia intelectual de un país, el primer paso es poner orden en tus propias ideas e integrarlas en un argumento consistente, en la medida de tu conocimiento y de tu capacidad. Eso no significa memorizar y recitar eslóganes y principios, sean objetivistas o de otro tipo: el conocimiento necesariamente incluye la capacidad para aplicar principios abstractos a problemas concretos, para reconocer los principios en temas específicos, para demostrarlos y para defender un curso de acción coherente. Eso no requiere omnisciencia ni omnipotencia; es la expectativa subconsciente de una omnisciencia automática en uno mismo y en otros lo que derrota a muchos potenciales cruzados (y la que sirve de excusa para no hacer nada). Lo que se requiere es *honestidad*, honestidad intelectual, que consiste en saber lo que uno sabe, ampliando constantemente el conocimiento de uno, y en *jamás* evadir o dejar de corregir una contradicción. Eso significa: desarrollar una mente activa como un atributo permanente.

Cuando (o si) tus convicciones están bajo tu control consciente y ordenado, entonces puedes comunicarlas a otros. Eso no quiere decir que debas pronunciar discursos filosóficos cuando es innecesario o inapropiado. Necesitas filosofía para que te respalde y te dé un argumento consistente cuando trates o discutas temas específicos.

Si te gustan las condensaciones (siempre que tengas en mente su pleno significado), diré que, cuando preguntas «¿Qué puede uno hacer?», la respuesta es: «HABLAR» (siempre y cuando sepas lo que estás diciendo).

Algunas sugerencias: no esperes a tener una audiencia nacional. Habla a cualquier nivel que esté disponible para ti, grande o pequeño; habla con tus amigos, con tus socios, con tus organizaciones profesionales, o en cualquier foro legítimo de discusión pública. Nunca sabes cuándo tus palabras alcanzarán la mente apropiada en el momento apropiado. No verás resultados inmediatos..., pero es a partir de tales actividades como se forma la opinión pública.

No dejes pasar la oportunidad de expresar tus puntos de vista sobre cuestiones importantes. Escribe cartas al director en periódicos y revistas, a los comentaristas de televisión y de radio y, sobre todo, a tus representantes políticos (que dependen de sus electores). Si tus cartas son concisas y racionales (en vez de incoherentemente emocionales), tendrán más influencia de lo que sospechas.

Las oportunidades para hablar están por todos sitios a tu alrededor. Sugiero que hagas el siguiente experimento: haz un «inventario» ideológico durante una semana, o sea, anota cuántas veces la gente expresa ideas políticas, sociales y *morales* erradas como si fueran verdades evidentes por sí mismas, con *tu* aprobación silenciosa. Luego, acostúmbrate a objetar tales comentarios; no, no es para que hagas largos discursos, que son raramente apropiados, sino simplemente para decir: «No estoy de acuerdo». (Y prepárate a explicar por qué, si tu interlocutor quiere saberlo.) Ésa es una de las mejores formas de detener la difusión de trilladas frases perniciosas.

(Si quien habla es inocente, eso le ayudará; si no lo es, eso socavará su confianza la próxima vez.) En cualquier caso, *no te mantengas callado* cuando tus ideas y tus valores están siendo atacados.

No hagas «proselitismo» indiscriminadamente, es decir, no fuerces discusiones ni entres en argumentos con quienes no están interesados o no quieren discutir. No es tu trabajo salvar las almas de todo el mundo. Si haces las cosas que están en tu poder, no te sentirás culpable por no hacer —«de alguna manera»— las cosas que no lo están.

Sobre todo, no te unas a grupos o movimientos *ideológicos* equivocados, para sentir que estás «haciendo algo». Por «ideológico» (en este contexto) quiero decir grupos o movimientos que proclaman objetivos *políticos* vagamente generalizados, indefinidos (y, por regla general, contradictorios). (Por ejemplo, el Partido Conservador, que subordina la razón a la fe, y que sustituye el capitalismo por la teocracia; o los *hippies* «libertarios», quienes subordinan la razón a los caprichos y sustituyen el capitalismo por el anarquismo.) Unirse a tales grupos significa revertir la jerarquía filosófica y traicionar los principios fundamentales en aras de alguna acción política superficial que está destinada al fracaso. Significa que estás ayudando a derrotar *tus* ideas y a la victoria de tus enemigos. (Para una discusión de las razones, véase «La anatomía de las concesiones», en mi libro *Capitalismo: el ideal desconocido*.)

Los únicos grupos a los que uno válidamente puede unirse hoy son comités *ad hoc*, o sea, grupos que se organizan para lograr una meta única, específica y claramente definida, sobre la cual los hombres con puntos de vista diferentes pueden estar de acuerdo. En esos casos, nadie puede tratar de adscribirle sus puntos de vista a todos los miembros del grupo, o usar al grupo para servir a algún propósito ideológico oculto (y *eso* tiene que ser vigilado con mucha, muchísima atención).

Estoy omitiendo la contribución más importante a un movimiento intelectual —escribir— porque esta discusión está dirigida a hombres de todas las profesiones. Los libros, los ensayos y los artículos son el combustible permanente de un movimiento, pero es peor que inútil tratar de convertirse en escritor sólo por el bien de una «causa». Escribir, como cualquier otro trabajo, es una profesión y debe ser abordada como tal.

Es un error pensar que un movimiento intelectual requiere algún deber especial o algún esfuerzo y autosacrificio por tu parte. Requiere algo mucho más difícil: una convicción profunda de que las ideas son importantes para *ti* y para tu propia vida. Si integras esa convicción en cada aspecto de tu vida, encontrarás muchas oportunidades para iluminar a otros.

El lector cuya carta cité indica el patrón correcto de acción: «Como profesor de Astronomía que soy, durante varios años he estado activamente dedicado a demostrarles el poder de la razón y el absolutismo de la realidad a mis alumnos... También me he esforzado en presentarles las obras de usted a mis colegas, siguiendo lo que ellos leen con una discusión siempre que es posible; y me he propuesto usar la razón en todas las acciones personales en las que me envuelvo».

Ésas son algunas de las cosas correctas que hay que hacer, tan a menudo y tan ampliamente como sea posible.

Pero la pregunta de ese lector implicaba la búsqueda de algún atajo en forma de un movimiento organizado. Ningún atajo es posible.

Es demasiado tarde para un movimiento de personas que apoyan una mezcla convencional de nociones filosóficas contradictorias. Es demasiado pronto para un movimiento de personas dedicadas a una filosofía de la razón. Pero nunca es demasiado tarde o demasiado pronto para propagar las ideas correctas..., excepto bajo una dictadura.

Si alguna vez se implanta una dictadura en este país, será por la negligencia de quienes se han quedado callados. Todavía somos lo suficientemente libres para hablar. ¿Tenemos tiempo? Nadie puede saberlo. Pero el tiempo está de nuestro lado, porque contamos con un arma indestructible y con un aliado invencible (si aprendemos a usarlos): la razón y la realidad.

18

No lo dejes ir

Para poder formarse una hipótesis sobre el futuro de un individuo, uno debe considerar tres elementos: su curso actual de acción, sus convicciones conscientes y su sentido de vida. Los mismos elementos deben ser considerados al formar una hipótesis sobre el futuro de una nación.

Un sentido de vida es el equivalente preconceptual a una metafísica, es una valoración emocional y subconscientemente integrada del hombre y de la existencia. Representa la filosofía que un individuo tiene, una filosofía sin identificar, pero que puede ser identificada e incluso corregida si es necesario; esa filosofía afecta a los valores que el individuo elige y a sus respuestas emocionales, influye en sus acciones, y, a menudo, choca con sus convicciones conscientes. (Para una discusión detallada, véase «Filosofía y sentido de vida», en mi libro *El manifiesto romántico*.)

Una nación, igual que un individuo, tiene un sentido de vida, el cual no está expresado en su cultura formal, sino en su «estilo de vida»: en los tipos de acciones y de actitudes que la gente da por hechas y que considera autoevidentes, pero que en realidad son producidas por evaluaciones complejas en cuanto a una visión fundamental de la naturaleza del hombre.

Una «nación» no es una entidad mística o sobrenatural: es un gran número de individuos que viven en la misma localización geográfica y bajo un mismo sistema político. La cultura de una nación es la suma de los logros intelectuales de hombres individuales, logros que sus conciudadanos han aceptado en todo o en parte y que han influido en la forma de vida de la nación. Dado que una cultura es un complejo campo de batalla de ideas y de influencias diferentes, hablar de una «cultura» es hablar sólo de las ideas *dominantes*, recordando siempre que existen disidentes y excepciones.

(El dominio de ciertas ideas no está necesariamente determinado por el número de sus seguidores: puede estar determinado por la aceptación de la mayoría, o por la mayor actividad y persistencia de una facción determinada, o por defecto, o sea, por el fracaso de la oposición, o —cuando un país es libre— por una combinación de persistencia y de verdad. En cualquier caso, las ideas y la cultura resultante son el producto y la preocupación activa de una minoría. ¿Quiénes constituyen esa minoría? Quienesquiera que decidan preocuparse por ellas.)

Del mismo modo, el concepto del sentido de vida de una nación no quiere decir que todos y cada uno de los miembros de una determinada nación lo compartan, sino sólo que una mayoría dominante comparte sus elementos esenciales en diversos grados. En ese caso, sin embargo, el dominio es numérico: aunque la mayoría de los hombres puedan ser indiferentes a las tendencias culturales e ideológicas, ningún hombre puede escapar al proceso de integración subconsciente que forma su sentido de vida.

El sentido de vida de una nación está formado por las primeras impresiones del mundo que rodean a cada individuo, a cada niño concreto: por las ideas que le enseñan (que él puede aceptar o no) y por la forma de actuar que él observa y evalúa (que él puede evaluar correctamente o no). Y, aunque hay excepciones en ambos extremos del espectro psicológico —los hombres cuyo sentido de vida es mejor (más verdadero filosóficamente) o peor que el de sus conciudadanos—, la mayoría desarrolla los elementos esenciales a partir de la misma filosofía subconsciente. Ésa es la fuente de lo que observamos y que llamamos las «características nacionales».

Las tendencias políticas de una nación son el equivalente al curso de acción de un hombre, y están determinadas por la cultura de esa nación. La cultura de una nación es el equivalente a las convicciones conscientes de un hombre. De la misma forma que el sentido de vida de un individuo puede chocar con sus convicciones conscientes, entorpeciendo o frustrando sus acciones, así también el sentido de vida de una nación puede chocar con su cultura, entorpeciendo o frustrando su curso político. De la misma forma que el sentido de vida de un individuo puede ser mejor o peor que sus convicciones conscientes, así también puede serlo el de una nación. Y de la misma forma que un individuo que nunca ha traducido su sentido de vida a convicciones conscientes corre un gran peligro —por muy buenos que sean sus valores subconscientes—, también corre peligro una nación.

Ésa es la situación de Estados Unidos hoy.

Si Estados Unidos ha de ser salvado de la destrucción —específicamente, de una dictadura—, será salvado por su sentido de vida.

En cuanto a los otros dos elementos que determinan el futuro de una nación, uno (nuestra tendencia política) está acelerando rápidamente hacia el desastre; el otro (la cultura) es virtualmente inexistente. La tendencia política es estatismo puro, y está avanzando hacia una dictadura totalitaria a una velocidad que en cualquier otro país ya habría alcanzado esa meta hace mucho tiempo. La cultura es algo peor que inexistente: está operando bajo cero, o sea, realizando lo contrario de su función. Una cultura provee el liderazgo intelectual de una nación, provee sus ideas, su educación, su código moral. Hoy, el esfuerzo concertado de nuestro *establishment* cultural está orientado a la destrucción de la facultad racional del hombre. Voces histéricas proclaman la impotencia de la razón, ensalzando el «poder superior» de la irracionalidad, fomentando el dominio de emociones incoherentes, atacando a la ciencia, glorificando el estupor de *hippies* drogados, pidiendo excusas para usar la fuerza bruta, exhortando a la humanidad a que vuelva al cieno prehistórico, con gruñidos y gemidos como formas de comunicación, con sensaciones físicas como medio de inspiración, y con un garrote como medio de argumentación.

Este país, con su magnífico poder científico y tecnológico, ha quedado abandonado en el vacío de una era preintelectual, como las hordas errantes de los «años oscuros» medievales, o en la situación de un adolescente antes de haber aprendido plenamente a conceptualizar. Pero un adolescente tiene su sentido de vida para guiar sus decisiones. Y también lo tiene este país.

¿Cuál es el sentido de vida típicamente norteamericano?

Un sentido de vida es una integración tan compleja que la mejor forma de identificarlo es por medio de ejemplos concretos, y contrastándolo con las manifestaciones de un sentido de vida diferente.

El punto emocional típico de la mayoría de los europeos es el sentimiento de que el hombre pertenece al Estado, como una propiedad que puede ser usada y desechada, de acuerdo con su destino natural, metafísicamente determinado. Un europeo típico puede desaprobar a un Estado concreto y puede rebelarse, tratando de establecer otro que él considere mejor, como un esclavo que esté buscando un amo mejor a quien servir; pero la idea de que *él* es el soberano y el Gobierno es su sirviente no tiene ninguna realidad emocional en su consciencia. El típico europeo considera el servicio al Estado como la máxima sanción moral, como un *honor*, y si le dijeras que su vida es un fin en sí misma, él se sentiría insultado, rechazado o perdido. Generaciones enteras criadas en la filosofía estatista, y actuando en consecuencia, le han implantado eso en su mente desde los años más tempranos y más formativos de su infancia.

Un norteamericano típico nunca puede llegar a entender a fondo ese tipo de sensación. Un norteamericano es una entidad independiente. La expresión popular de protesta contra «que te empujen de un lado a otro» es emocionalmente ininteligible para los europeos, quienes creen que ser empujados de un lado a otro es su condición natural. Emocionalmente, un norteamericano no tiene el concepto de servicio (o de servidumbre) hacia nadie. Aunque se enrole en el ejército y oiga decir «servicio a su país», su sentimiento es el de un generoso aristócrata que *ha elegido* hacer una tarea peligrosa. Un soldado europeo considera que él está cumpliendo con su deber.

«¿No es mi dinero tan bueno como el del vecino?», solía ser una popular expresión norteamericana. No sería popular en

Europa: una fortuna, para ser buena, debe ser antigua, y debe provenir de un favor especial del Estado; para un europeo, el dinero ganado por el esfuerzo personal es vulgar, bajo o, de alguna forma, deshonroso.

Los norteamericanos admiran el logro; ellos saben lo que cuesta. Los europeos consideran el logro con una sospecha cínica y con envidia. La envidia no es una emoción muy extendida en Norteamérica (todavía no); pero sí es una emoción abrumadoramente dominante en Europa.

Cuando los norteamericanos sienten respeto por sus figuras públicas, es un respeto por sus iguales; ellos sienten que un oficial del Gobierno es un ser humano igual que ellos, alguien que ha escogido esa línea de trabajo concreta, y que se ha ganado una cierta distinción. Ellos llaman a las celebridades por sus nombres de pila, llaman a los presidentes por sus siglas («FDR» o «JFK»), no por insolencia o por presunción igualitaria, sino en señal de afecto. La costumbre de dirigirle la palabra a una persona como «Herr Doktor Doktor Schmidt» sería imposible en Norteamérica. En Inglaterra, el país más libre de Europa, el logro de un científico, de un empresario o de una estrella de cine no es valorado como algo totalmente real hasta que ha sido tocado en la cabeza con la espada del Estado y nombrado caballero.

Hay consecuencias prácticas para esas dos actitudes diferentes.

Un economista norteamericano me contó la siguiente historia. Él había sido enviado a Inglaterra por una empresa industrial estadounidense para investigar a su filial europea: a pesar de usar las últimas tecnologías y el equipo más moderno, la productividad en la filial inglesa había ido quedándose muy por detrás de la productividad de la empresa matriz en Estados Unidos. Él encontró la causa: una mentalidad rígidamente circunscrita, una especie de sistema psicológico de castas, en todas las jerarquías del trabajo y de la administración de las empresas británicas. Lo explicó así: en Estados Unidos, si una máquina se avería, un trabajador se ofrece voluntario para arreglarla, y normalmente lo hace; en Inglaterra, el trabajo se detiene y las personas esperan a que el departamento de turno designe al ingeniero de turno. No es cuestión de pereza, sino de un sentimiento profundamente arraigado de que uno tiene que mantenerse en su lugar, cumplir con su deber asignado y no aventurarse nunca más allá. No se le ocurre al trabajador británico que él es libre de asumir la responsabilidad por algo que está más allá de los límites de su puesto de trabajo concreto. La *iniciativa* es una característica norteamericana «instintiva» (o sea, automatizada); en una consciencia norteamericana, esa iniciativa ocupa el lugar que en una consciencia europea está ocupado por la *obediencia*.

En cuanto a las diferencias en la atmósfera social, he aquí un ejemplo. Una mujer europea ya entrada en años, una bioquímica investigadora en Suiza, de visita en Nueva York, me dijo que quería comprar algunas cosas en una tienda de baratijas. Como ella apenas sabía hablar inglés, me ofrecí a acompañarla; ella vaciló, asombrada y perturbada, y luego preguntó: «¿Pero eso no la avergonzaría a usted?». Yo no entendí lo que quería decir: «¿Avergonzarme? ¿Por qué?». «Bueno», explicó ella, «usted es una persona famosa, y ¿qué pasaría si alguien la viera en esa tienda?». Yo me reí. Me explicó que en Suiza, por una ley tácita, hay diferentes tiendas para diferentes tipos de personas, y que ella, como profesional que era, tenía que comprar en ciertas tiendas, aunque su sueldo fuera modesto; que, aunque los mejores productos a los precios más bajos están disponibles en las tiendas de los trabajadores, su estatus social se resentiría si la vieran yendo de compras allí. ¿Puedes imaginarte vivir en una atmósfera de ese tipo? (Fuimos a la tienda de baratijas.)

Un europeo, de cualquier nivel social, vive emocionalmente en un mundo hecho por otros (él nunca sabe claramente por quién), y busca o acepta su lugar en él. La actitud americana está perfectamente expresada en la línea de un poema: «El mundo comenzó cuando yo nací, y el mundo es mío para conquistar» (*The Westerner*, por Badger Clark).

Años atrás, en una fiesta en Hollywood, conocí a Eva Curie, una distinguida francesa, la hija de Marie Curie. Eva Curie era una autora de bestsellers, autora de libros de no ficción, y, políticamente, una liberal de izquierdas; en esa época estaba en una gira de conferencias por Estados Unidos. Ella enfatizó su gran asombro ante el público norteamericano. «¡Son tan felices!», no paraba de repetir, «¡tan *felices*...!». Lo decía sin desaprobación y sin admiración, solamente con un débil tono de diversión; pero su asombro era real. «La gente no es así en Europa... Todo el mundo es feliz en Norteamérica..., excepto los intelectuales. Oh, los intelectuales son infelices en todas partes.»

Ese incidente ha permanecido en mi memoria porque ella había nombrado, sin darse cuenta, la naturaleza de la brecha entre el pueblo norteamericano y los intelectuales. La cultura de una Europa desgastada y desmoronándose, con su misticismo, su resignación letárgica, su culto al sufrimiento, su noción de que la miseria y la impotencia son el destino del hombre en la Tierra y de que la infelicidad es el sello distintivo de un espíritu sensible..., ¿de qué le podría servir todo eso a un país como Estados Unidos?

Fue un europeo quien descubrió América, pero los americanos fueron la primera nación en descubrir esta Tierra y el lugar apropiado del hombre en ella, el potencial del hombre para ser feliz, y que el mundo está ahí para ser conquistado por el hombre. Sin embargo, los americanos fracasaron a la hora de descubrir las palabras para nombrar su logro, los conceptos para identificarlo, los principios para guiarlo, o sea, la filosofía correcta y su consecuencia: una cultura *americana*.

Los Estados Unidos de América nunca habían tenido una cultura *original*, es decir, un cuerpo de ideas derivadas de su base filosófica (*aristotélica*) y que expresaran su profunda diferencia con todos los demás países en la historia.

Los intelectuales norteamericanos fueron los dependientes pasivos y los parientes pobres de Europa casi desde el principio. Ellos vivieron de las migajas y de las modas descartadas de Europa, incluso de las prendas heredadas de Freud y Wittgenstein. La única contribución de Estados Unidos a la filosofía —el pragmatismo— fue un reciclaje mal hecho de las premisas kantianas-hegelianas.

Las mejores mentes de Estados Unidos se dedicaron a la ciencia, a la tecnología y a la industria, donde alcanzaron logros incomparables. ¿Por qué descuidaron el campo de las ideas? Porque representaba los establos de Augías, en los que ningún hombre felizmente activo querría entrar. La infancia de Norteamérica coincidió con el aumento de la influencia de Kant en la filosofía europea, y la consiguiente desintegración de la cultura europea. Norteamérica estaba en la situación de un impaciente niño precoz a quien han dejado al cuidado de un guardián desastrado, senil y decadente. El niño tenía buenas razones para hacer novillos.

Un adolescente puede funcionar con su sentido de vida durante algún tiempo. Pero, al hacerse mayor, él debe traducirlo en conocimiento conceptual y en convicciones conscientes, o llegará a tener problemas serios. Un sentido de vida no es un sustituto para el conocimiento explícito. Los valores que uno no puede identificar, sino que sólo siente implícitamente, no están bajo su control. Uno no puede decir de qué dependen o qué requieren, qué curso de acción es necesario para ganarlos y/o para mantenerlos. Uno puede perderlos o traicionarlos sin saberlo. Durante casi un siglo, ésa ha sido la trágica situación de Estados Unidos. Hoy, el pueblo norteamericano es como un gigante sonámbulo desgarrado por conflictos profundos (cuando hablo del «pueblo norteamericano» en ese contexto, me estoy refiriendo a todos los grupos, incluyendo a los científicos y a los empresarios, menos a los intelectuales; o sea, a todos aquéllos cuyas profesiones tienen que ver con las humanidades. Los intelectuales son los guardianes de un país).

Los norteamericanos son las personas más orientadas a la realidad que hay sobre la Tierra. Su característica sobresaliente es su forma infantil de razonar: el sentido común. Es su única protección. Pero el sentido común no es suficiente cuando se requiere un conocimiento teórico: puede hacer conexiones simples, ligadas a lo concreto, pero no puede integrar temas complejos o lidiar con abstracciones amplias, o pronosticar el futuro.

Por ejemplo, mira la tendencia estatista en este país. La doctrina del colectivismo nunca ha sido propuesta explícitamente a los votantes norteamericanos; si lo hubiera sido, habría sufrido una derrota aplastante (como han demostrado los distintos partidos socialistas). Pero el estado de bienestar les ha sido impuesto a los norteamericanos poco a poco, gradualmente, al amparo de algún «americanismo» indefinido, y culminando con el disparate de la declaración de un presidente de que Estados Unidos debe su grandeza a «la predisposición por el autosacrificio». La gente siente que algo va mal; no puede captar qué ni cuándo empezó a ir mal. Ése es el castigo que la gente paga ahora por seguir siendo una mayoría silenciosa (y sorda).

Los norteamericanos son antiintelectuales (por buenas razones, en vista de los especímenes actuales), pero tienen un profundo respeto por el conocimiento y la educación (respeto que ahora está en entredicho). Los norteamericanos están seguros de sí mismos, son confiados, generosos, enormemente benévolos e inocentes. «Esa famosa "inocencia" norteamericana es una cualidad que, en términos filosóficos, es simplemente una ignorancia del ser cuestionable que realmente es el hombre, y es algo que impresiona al europeo como si fuera algo extraño [...]», declara un existencialista, William Barrett, en *El hombre irracional.* La palabra «cuestionable» es un eufemismo que quiere decir miserable, culpable, impotente, servil, malvado..., y ésa es la visión europea del hombre. Los europeos creen en el pecado original, o sea, en la depravación innata del hombre; los norteamericanos, no. Los norteamericanos ven al hombre como un valor, como un ente limpio, libre, creativo, racional. Pero la visión norteamericana del hombre no ha sido expresada o defendida en términos *filosóficos* (por lo menos, no desde la época de nuestro primer padre fundador, Aristóteles; podéis ver su descripción del «hombre magnánimo»).

Barrett continúa: «Sartre relata una conversación que sostuvo con un norteamericano cuando visitó este país. El norteamericano insistió en que todos los problemas internacionales podrían ser solucionados si los hombres simplemente se reunieran y fueran racionales; Sartre disintió, y un rato después la discusión entre ellos se volvió imposible. "Yo creo en la existencia del mal", dice Sartre, "y él no"». Eso, de nuevo, es un eufemismo: no es que los europeos crean simplemente en la existencia del mal, sino que creen en su *poder.* Los norteamericanos no creen en el poder del mal y no comprenden su naturaleza. La primera parte de su actitud es (filosóficamente) verdadera, pero la segunda los hace vulnerables. El día en que los norteamericanos comprendan a fondo la causa de la impotencia del mal —su pequeñez estúpida, dominada por el miedo y carcomida por la envidia— quedarán libres de todos los manipuladores de la historia que odian al hombre, tanto extranjeros como domésticos.

Hasta ahora, la protección de la que goza Estados Unidos ha sido un factor muy bien expresado por un proverbio atribuido a los estafadores: «No puedes engañar a un hombre honesto». La inocencia y el sentido común del pueblo norteamericano han desbaratado los planes, las nociones tortuosas, las estrategias tramposas y las trampas ideológicas que los intelectuales tomaron prestados de los partidarios del estatismo europeo, quienes diseñaron todas esas cosas para embaucar y dominar a las impotentes masas de Europa. Nunca ha habido «masas» en Norteamérica: el norteamericano más pobre es un individuo y, subconscientemente, un individualista. El marxismo, que ha conquistado nuestras universidades, es un fracaso absoluto en lo que respecta a personas: los norteamericanos no se tragan nada del tema de la lucha de clases; los trabajadores no se consideran parte de un «proletariado», sino que están entre los más orgullosos de los propietarios. Son los profesores y los empresarios quienes abogan por la cooperación con la Rusia soviética; los sindicatos norteamericanos no lo hacen.

El enorme esfuerzo propagandístico destinado a lograr que los norteamericanos teman el fascismo, pero no el comunismo, ha fracasado: los norteamericanos odian a ambos por igual. El terrible fraude de las Naciones Unidas ha fracasado. Los norteamericanos nunca expresaron demasiado entusiasmo por esa institución, pero le concedieron el beneficio de la duda durante demasiado tiempo. Las encuestas actuales, sin embargo, indican que la mayoría se ha vuelto en contra de la ONU (más vale tarde que nunca).

El último asalto contra la vida humana —la cruzada por la ecología— probablemente acabará en derrota para su liderazgo ideológico: los norteamericanos limpiarán con entusiasmo sus calles, sus ríos y sus patios, pero en lo que respecta a prescindir del progreso, de la tecnología, de sus vehículos y de su nivel de vida, los norteamericanos demostrarán que los que odian al hombre «todavía no han visto nada».

La emoción del sentido de vida que, en Europa, hace a las personas indecisas, maleables y fáciles de dominar, es desconocida en Norteamérica: esa emoción es una culpa fundamental. Nadie, hasta ahora, ha podido contagiar a los norteamericanos con esa despreciable emoción (y dudo que nadie lo haga jamás). Los norteamericanos no pueden ni empezar a entender el tipo de corrupción que implica y exige esa emoción.

Pero un hombre honesto puede engañarse a sí mismo. Su inocencia puede hacerle confiarse y llegar a tragar venenos recubiertos de azúcar, de los cuales el más mortífero es el *altruismo*. Los norteamericanos lo aceptan, no por lo que es —no como una malvada doctrina de autoinmolación—, sino en el espíritu de un deseo supergeneroso de un hombre fuerte y seguro de sí mismo por aliviar el sufrimiento de otros, cuyo carácter él no comprende. Cuando un hombre así se da cuenta de que han traicionado su confianza —cuando se da cuenta del hecho de que su generosidad lo ha llevado casi a ser enganchado al arnés permanente que están a punto de imponerle sus diversos beneficiarios— las consecuencias son impredecibles.

Hay dos formas de destruir un país: la dictadura o el caos, o sea, un *rigor mortis* inmediato o la agonía más larga del colapso de todas las instituciones civilizadas y la desintegración de una nación en pandillas armadas errantes luchando unas contra otras, hasta que llega algún Atila y conquista a todas las demás. Lo cual significa: el caos como preludio a una tiranía, como fue el caso en la Europa occidental en la Edad Media, o en los trescientos años que precedieron a la dinastía Románov en Rusia, o bajo el régimen de los jefes militares en China.

Un europeo está desarmado para hacer frente a una dictadura: él puede odiarla, pero siente que está equivocado y que, metafísicamente, el Estado tiene razón. Un norteamericano se rebelaría desde el fondo de su alma. Pero eso es lo único que su sentido de la vida puede hacer por él: no puede resolver sus problemas.

Una única cosa es segura: una dictadura no puede echar raíces en Estados Unidos hoy día. Este país, hasta el momento, no puede ser dominado; pero puede estallar. Puede explotar en la furia incontenible y en la violencia ciega de una guerra civil. No puede ser acobardado, sometido a la pasividad, a la malevolencia y a la resignación. No puede ser «empujado de un lado a otro».

Desafío, no obediencia, es la respuesta del norteamericano a una autoridad despótica. La nación que construyó un ferrocarril subterráneo para ayudar a seres humanos a escapar de la esclavitud, o que empezó a beber, *por principio*, en respuesta a la prohibición de la ley seca, no va a decir «sí, señor» a los que quieran imponerle cupones de racionamiento y precios de los cereales. Todavía no.

Si Estados Unidos sigue arrastrándose en su estado actual durante algunas generaciones más (lo cual es improbable), la dictadura se tornará posible. Un sentido de la vida no es una cualidad permanente. El sentido de vida típico americano está siendo erosionado diariamente por todo nuestro alrededor. Un gran número de personas lo han perdido (o nunca lo han desarrollado) y se están hundiendo hasta el nivel psicológico de la peor gentuza de Europa.

Eso es predominante entre los dos grupos que son los principales defensores de la tendencia estatista: los muy ricos y los muy pobres; los primeros, porque quieren dominar; los segundos, porque quieren ser dominados. (Los líderes de la tendencia son los intelectuales, los que quieren hacer las dos cosas.) Pero este país nunca ha tenido una élite hereditaria que no se lo haya ganado. Estados Unidos es todavía el país de los *self-made men*, el país de la clase media, el grupo más productivo y más explotado en cualquier sociedad moderna.

La coalición entre las universidades y la *jet set* está intentando domar el carácter norteamericano al ir sembrando deliberadamente el desespero y la resignación, y lo hace en esas incubadoras letárgicas conocidas como las escuelas «progresistas», que están dedicadas a la tarea de destruir la mente de los niños, paralizando su desarrollo cognitivo. (Véase «The Comprachicos», en mi libro *The New Left: the anti-industrial revolution*.) Parece, sin embargo, que los «progresistas» ricos serán las primeras víctimas de sus propias teorías sociales: son los hijos de las personas acomodadas los que emergen de las guarderías y de las universidades caras para convertirse en *hippies*, destruyendo los restos de sus paralizados cerebros mediante las drogas.

La clase media ha creado un antídoto que es tal vez el movimiento más útil de los últimos años: el resurgimiento espontáneo, no organizado, de raíces populares, del sistema de educación Montessori, un sistema que apunta al desarrollo de la facultad cognitiva (es decir, racional) del niño. Pero es un proyecto a muy largo plazo.

En la actualidad, incluso una figura tan deprimente como la del presidente Nixon es un signo esperanzador, precisamente por ser tan deprimente. Si cualquier otro país estuviera en un estado de confusión tan desesperadamente precario como el nuestro, una docena de *Führer* extravagantes habría surgido de la noche a la mañana para asumir control de él. El hecho de que tal *Führer* no haya aparecido dice mucho a favor de Estados Unidos; y si alguno lo hiciera, es dudoso que llegara muy lejos.

¿Puede lograr este país un renacimiento pacífico en el futuro previsible? Considerando todos los precedentes, no es muy probable. Pero Estados Unidos es un fenómeno sin precedentes. En el pasado, la perseverancia norteamericana se convirtió, a veces, en una larga paciencia. Pero cuando los norteamericanos cambiaron de dirección, *cambiaron de verdad*. Lo que puede ocurrir con el estado de bienestar es lo que ocurrió con la ley seca.

¿Queda aún lo suficiente de ese sentido de vida norteamericano en la gente, bajo la constante presión de los esfuerzos políticos y culturales para destruirlo? Es imposible decirlo. Pero aquéllos de nosotros que aún mantenemos ese sentido de vida debemos luchar por él. No tenemos alternativa: no podemos rendir este país a un cero: a hombres cuyo grito de batalla es la sinrazón.

No podemos luchar contra el colectivismo a menos que luchemos contra su base moral: el altruismo. No podemos luchar contra el altruismo a menos que luchemos contra su base epistemológica: el irracionalismo. No podemos luchar *contra* algo a menos que luchemos *por* algo; y por lo que debemos luchar es la supremacía de la razón, y una visión del hombre como ser racional.

Ésos son temas filosóficos. La filosofía que necesitamos es un equivalente conceptual al sentido de vida norteamericano. Difundirla requiere la más difícil de las batallas intelectuales. Pero ¿no es ése un magnífico objetivo por el que luchar?